福岡の名刹・古刹55ヶ寺

西原そめ子

海鳥社

普門院（朝倉市）の本尊・十一面観音菩薩像。普門院は聖武天皇の勅願寺として行基が開創。行基が一刀三礼して謹刻したというこの像は聖武天皇の姿を模した等身大の観音像と伝えられている。秘仏であり国の重要文化財に指定されている。先年の九州北部豪雨（2017年）では奇跡的に難を逃れた仏像である

平成 23（2011）年に完成した東長寺（福岡市博多区）の五重塔。相輪の伏鉢には空海が持ち帰ったと言われる仏舎利が納められている

上：千如寺大悲王院（糸島市雷山）開山堂に鎮座する清賀上人坐像。清賀上人はインドの霊鷲山（りょうじゅせん）から渡来し、本寺をはじめ怡土七カ寺と言われる寺々を開いた高僧と伝えられる。本尊である十一面千手千眼観世音菩薩立像と共に国指定重要文化財

下：千如寺が本山に準じた特別な扱い受ける「別格本山」であることを記す石碑

左：独鈷寺（糟屋郡新宮町）開創の由緒である伝教大師（最澄）が空に放ったと伝えられる檀鏡と独鈷杵
右：放った独鈷杵と檀鏡が載っていたとされる大石。ここで最澄が座禅をしたことから座禅石と呼ばれる

承天寺（福岡市博多区）本堂前の庭園。玄界灘と中国大陸を表現した枯山水の「洗濤庭」

はじめに

北部九州一帯は仏教伝来の先進地域である。なかでも福岡市周辺は仏教公伝（五五二年）以前からインド（天竺）や中国、一部は朝鮮から何人もの僧侶が来日してその教えを伝え、寺に発展させている。また中世の鎌倉・室町時代には北方民族（元や清）に国を奪われた中国の禅僧たちが祖国を見限って大勢来日した。（その背景には博多に住む日・中の貿易従事者の存在と活躍も見逃せないが）。しかし、その僧侶たちは長崎や福岡に足がかりだけを残して中央に向かい、京都や鎌倉で活躍して日本の禅宗興隆に多大な貢献をなし、名前や功績を残した。

港町の宿命だと言えばそれまでだが、福岡の地はそれら多くの痕跡を千年近くも大事に守り、根付かせ、発展させているのが特色である。風土の豊かさと住む人々のおおらかさ故か、仏都として奈良・京都・鎌倉に遜色ない立派な歴史と実績を持ちながら、宣伝することもなく、その知名度が低いのは誠に残念である。

福岡の地は仏教伝来が早く、その痕跡が多い理由には次のことが考えられる。①地理的に大陸に近い　②太古の昔から大陸や半島沿岸の航海を掌る安曇族がいた　③博多湾という天然の

良港がある　④大陸貿易の港町として千数百年の歴史をもつ　⑤国の行政機関大宰府が近いことなどが挙げられようか。

また近年は、糸島の千如寺大悲王院（69頁参照）が非公開だった寺の縁起書（訳文）を公開、寺の開創年が神亀二（七二五）年から成務天皇四八（一七八）年へ、いっきに五五〇年も遡った。これに連動して北部九州への仏教伝来も今まで最古と考えられていた彦山の継体天皇二十五（五三一）年から三五〇年も早まることになる。さらにインドから渡来した清賀上人（せいがしょうにん）（油山観音と雷山千如寺の開山）は糸島地方に怡土七カ寺（名前はわかっているが雷山千如寺の他は廃寺が多い）を開創している。これは現在広く定着している仏教伝来（公伝五五二／五三八説）が六世紀中葉から二世紀へと、三世紀半も早まることになり、問題が大きすぎて学界のコンセンサスを得るにはまだまだ時間が必要だろう。

実は私は、地元寺院（主に古刹）の本を書くようになって十数年になるが、当初からある疑問と執筆者の良心に悩んでいた。それは上記の油山と雷山千如寺のことで、開山は同じ清賀上人だが開創年は油山が敏達天皇時代（五七二）、かたや雷山は天平年間（七二五）とする一五〇年のズレだった。直接寺に聞くのも失礼と聞けず、釈然とせぬままいつも原稿を書いてきた。ある時偶然に、県立図書館の郷土資料室で見つけた油山の資料には開創成務天皇時代とある。えっ、セイム？　聖武の間違いでは……？　のちに成務天皇が神代時代の天皇と知るが、現代のように簡単にネットで調べられる時代ではなく、名前だけはしっかり記憶していた。

この度、雷山の縁起のなかに成務天皇が出てきて、頭のなかの記憶が蘇り、すべての話がスッとつながった。また一五〇年のズレも油山観音が敏達天皇、雷山千如寺が聖武両天皇の勅願寺になった年を創建としていたことがわかり、永年の疑問が一挙に氷解し安堵した。

それにしても、本文にも書いたが仏教公伝（五五二年）の三百数十年も前から福岡の地には仏教が伝来していたこと、盛衰はあっただろうが同じ地で二千年近く法灯が守られてきたことは稀有なことだと感動を覚える。

では成務天皇とはどんな天皇だったのか？　左図を見てほしい。現天皇家の祖先、大王家時代の十二代景行天皇の第四皇子、武人として名高い日本武尊（やまとたけるのみこと）の弟にあたる人。父の跡をつぎ十三代天皇になる。内政に尽力して在位六十年、皇位を兄武尊の子仲哀天皇に戻しているから、きっとまじめで律儀な天皇だったのだろう。

⑫景行天皇（⑪垂仁天皇第三子）
日本武尊（景行天皇第三子）
⑬成務天皇（景行天皇第四子）
⑭仲哀天皇
神功皇后
⑮応神天皇

日本武尊とは父景行の意を受けて、まつろわぬ地方豪族を屈服させるべく東奔西走、女装して宴席で熊襲（くまそ）を殺害するなど、戦いに明け暮れた皇子である。東国遠征の帰途、伊勢近くの荒野で敵の放った火に巻かれ、愛刀の草薙（くさなぎ）の剣（つるぎ）（三種の神器の一つ）で燃え盛る草木を薙ぎ払うがついに焼死。その魂は白鳥となって東へ飛び去ったという。悲劇の伝説の皇子である。

仲哀天皇は在位九年と短く、香椎で薨去（こうきょ）、今も香椎宮に祀られるが天皇としては影が薄い。しかしその妻と子が有名な神功皇后と応神天皇で、北九州や福岡ではなじみ深い。もっとも神功皇后は神話のなかの人として実在を疑う学者も少なくない。また、神託をよくしたので卑弥呼に擬する学者もいるが、卑弥呼は独身で神功皇后は応神天皇というれっきとした実在天皇の母、同一人物であるはずがなく、私は実在を確信する。

寺巡りをしていると福岡や北九州一帯では神功皇后伝説によく出合う。宇美の地で応神の誕生、各地での戦勝祈願、北九州市の帆柱山（ほばしらやま）は皇后が三韓出兵の時に船の帆柱に使う木を伐りだした山などなど、ちょっと数えるだけでも十指にあまる伝説をもつ、地元にゆかり深い人である。清賀上人の生没年は不詳だが、上人がもし若い時代に来日していたならば、二世紀後半から三世紀初頭の北部九州で、神功皇后と同じ時代を生きていたことになる。これってスゴイことではないだろうか。福岡って本当に面白く興尽きない土地だとしみじみ思う。あとの諸々は本文を読み、各人に感じとっていただきたい。

もう一つ、日本への仏教伝来が三世紀半も早まるということは、素人の物書きに過ぎぬ私には、畏怖すら覚えることであり、今は事実の記述だけにとどめて、今後のもっとキチンとした歴史学者や宗教史の専門家の論述と検証を待ちたい。

地元の寺巡りから始めて四半世紀、国内千余カ寺、中国・韓国・シルクロード・インドと、大乗仏教圏寺院と仏跡、若干の東南アジアの小乗仏教圏の寺院を巡り終えた。興赴くままにひたすら寺を巡った。地元の寺巡りから始めて四半世紀、国内千余カ寺、中国・韓国・シルクロード・インドと、大乗仏教圏寺院と仏跡、若干の東南アジアの小乗仏教圏の寺院を巡り終えた。興赴くままにひたすら寺を巡った。今、振り返ってみると、二五〇〇年前に釈迦が説いた素朴な教え、その教えの充実と発展（理論の深化と体系化、仏像という芸術の誕生）、さらに変質と細分化（日本で生まれた多くの宗派と宗祖の出現）をしみじみ思う。また、その器とも言うべき各国の寺院の盛衰を目の当たりにして思うことは、日本という国は仏教にとって真にやさしいと言うか、安住の地だったのだ、だからこれほど発展したのだということだ。世界広しといえども、こんな国はほかにないと確信する。

日本に伝来した仏教はわが国古来の宗教である神道や山岳信仰、自然崇拝ともうまく折り合い、融合しながら、しかし根本の教えは変わることなく一五〇〇年余、しなやかに定着して人々の生活に浸透し、その精神生活にまで深い影響を与えている。仏教は偉大であり、日本人もまた懐が大きいと心から思う。

令和二年七月

西原そめ子

福岡の名刹・古刹55ヶ寺◉目次

・本書は「西日本新聞」にて二〇一七年十二月から二〇一八年三月まで四十回連載された「ふくおか古刹・名刹巡り」に大幅に加筆・修正を加えたものです
・連絡先の記載事項については、各寺院の意向によりました
・本文中、南北朝時代の和暦の表記については、各寺院の由緒によりました

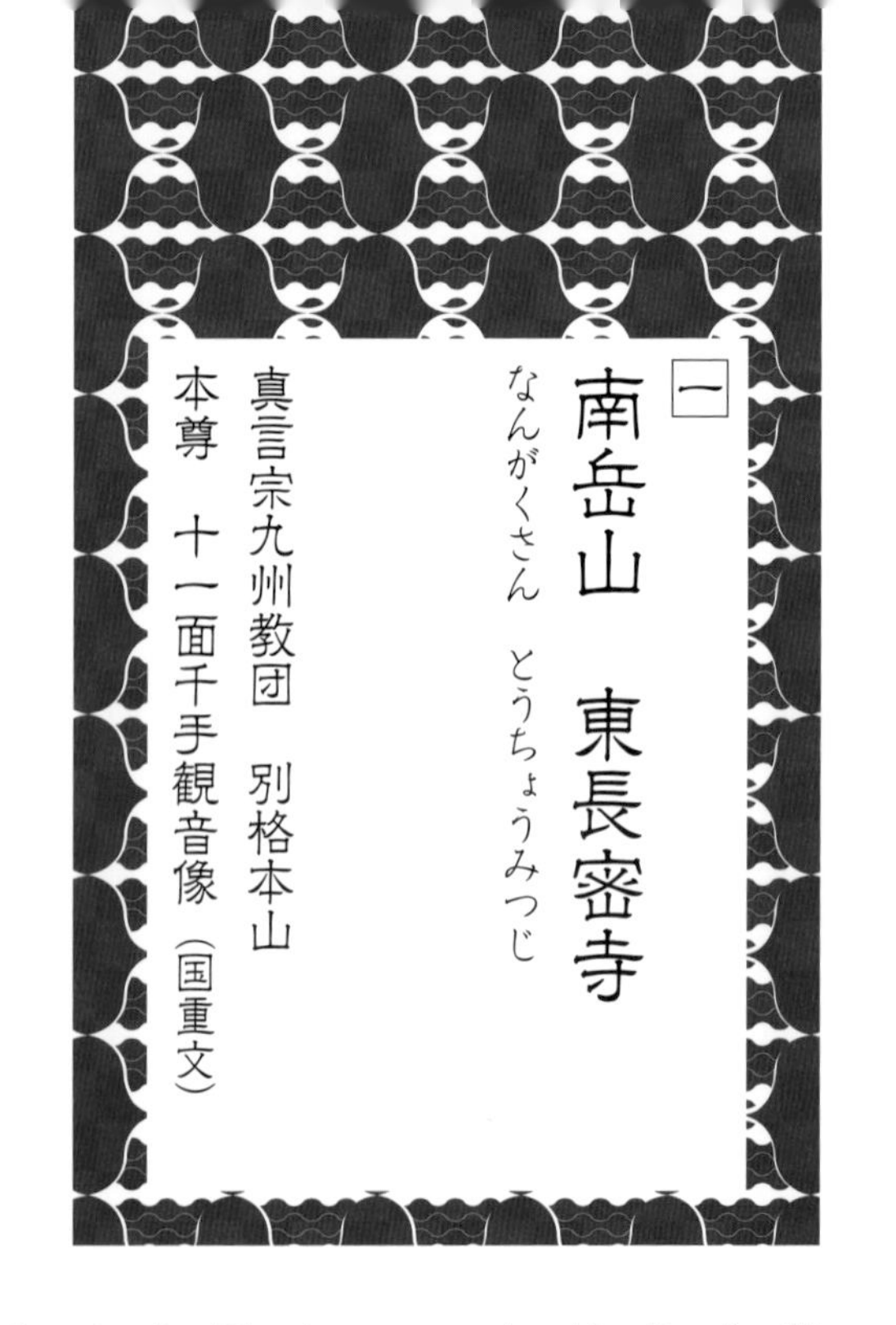

一 南岳山 東長密寺

なんがくさん とうちょうみつじ

真言宗九州教団 別格本山

本尊 十一面千手観音像（国重文）

唐から帰朝した空海が最初に建てた寺

ＪＲ博多駅の正面玄関を背に、大博通りを海の方角に数分歩くと、通りの右側に立派な山門と五重塔をもつ寺院が見える。ここが東長寺である。この寺は空海こと弘法大師が、自ら招来した真言密教が東に長く伝わるように祈願し東長密寺と命名した。

大同元（八〇六）年、唐の長安青龍寺の恵果阿闍梨から真言密教を皆伝されて帰国、博多に上陸した空海は大宰少弐田中朝臣の後援を得て、招来した仏像や多くの経典類、密教の法具類を納めるために博多息浜に一宇を建立した。それが東長寺の始まりという。またここで空海は朝夕一心に勤行したので、後に勤行の「勤」の字が取れて行町という地名になった。現在、その場所を博多古地図（一八〇二～四）で確認すると、昭和通りの北（海）側の奈良屋と古門戸町の間にあった短い通りで、横に「弘法大師云々」の墨書き説明もある。中世の兵火で堂宇は焼失したが、貴重な寺宝類は戦乱を避けて志摩郡志登（現糸島市志登）に疎開させていたから、無事だったという。

現在地への移転は江戸初期、黒田長政公の都市計画によって寺地を賜り、二代忠之公の外護で寛永十一（一六三四）年より堂宇再建に着手、藩主菩提寺となる。今も境内の一角に真言宗に帰依した二代忠之・三代光之・八代治高公ら三藩主の墓と、忠之公に殉死した家臣の墓五基がある。ちなみに忠之公の

五重塔と本堂

墓石は、個人墓として全国で二番目の大きさという。

藩主廟所一帯は現在、福岡市の史跡・文化財（平成七〈一九九五〉年）に指定されている。

東長寺は平成十八（二〇〇六）年に開創千二百年を迎えた。その前後の三十年間に本堂を耐火建築で再建（昭五十九〈一九八四〉年）、大仏と大仏殿の造・建立（平成四年）、大師堂の前に高さ二九・五メートルの五重塔（平二十三〈二〇一一〉年）を建立して、寺容を一新した。空海が持ち帰った仏舎利八十粒のうち数粒が貴重な寺宝として伝世していたが、この度その仏舎利を五重塔の相輪の下に奉納したという。ご住職をはじめ関係者の喜びと安堵は如何ばかりと拝察する。開創千二百年の大祭は中国西安市青龍寺の住持寛旭老師が来日し盛大に行われた。その記念碑「密教東漸日本最初霊場」（寛旭老師揮毫）が山門の横に建つ。

本尊の十一面千手観音像（国重文／平安後期造）は秘仏で、行事の時だけ開帳される。『石城志』によると博多七観音の一体という。また、大仏様こと木造釈迦如来坐像は高さ一〇・八メートル、重さ三〇トンあり、仏師高井琮玄師が四年の歳月をかけて造立した。他にも特筆する寺宝に「弘法大師筆千字文」がある。これには次のような話が『石城志』に残る。天正十（一五八二）年本能寺の変の時、博多の豪商嶋井宗室は信長の朝茶に招かれて本能寺に滞在中に変に遭遇、咄嗟に床の間に架かる千字文の軸と胡銅の釣花活を抱えて、猛火を逃れて博多に戻った。後にその軸を大師所縁の東長寺に寄進したという。

山門横の古色を帯びた六角堂（天保年間造　昭六三福岡市文化財）は博多商人豊後屋（太田）栄蔵が商人

山門と「密教東漸日本最初霊場」の碑

らによびかけ、浄財を募り建立・寄進した堂と伝える。屋根が行基（ぎょうき）葺（ぶ）きと言われる変形六角形の珍しい形で、九州では富貴寺とここの二カ所だけという。堂内には六体の仏像が安置され、扉に彫られた書画の中には聖福寺の仙厓和尚の絵もあるという。

花の季節に境内を彩る数本の桜のうち寺務所前の大樹は現ご住職のご母堂の、本堂前の若木には夫人の名前が付けられている。いつも裏方で寺を支えてくれるお二人への住職の感謝の気持ちという。満開の季節には近隣界隈のＯＬが境内の床几（しょうぎ）やベンチで昼食の弁当を広げる姿もあり、廟所で枝を張る大樹と共に都心での貴重なオアシスになっている。節分や青葉まつりなどの年行事の日には数百人の信者や参詣人が集まり、秘仏の本尊や寺宝も公開される。日頃は外国人、特に中国・韓国からの観光客が多い。

ご詠歌

み教えを東に長く伝えんと初（はつ）に開きし南岳の寺

■年行事
1月1日〜　初詣
2月3日〜　星まつり・節分祭
4月8日　花まつり・誕生仏
6月15日　青葉まつり
7月15日　祇園山笠へ挨拶
8月16日　大施餓鬼会
10月20日　土砂加持法要
12月31日　除夜の鐘

■アクセス
〒812－0037福岡市博多区御供所町2－4
TEL092（291）4459
FAX092（291）4584
JR博多駅から徒歩10分
地下鉄祇園駅から徒歩3分

MAP 1

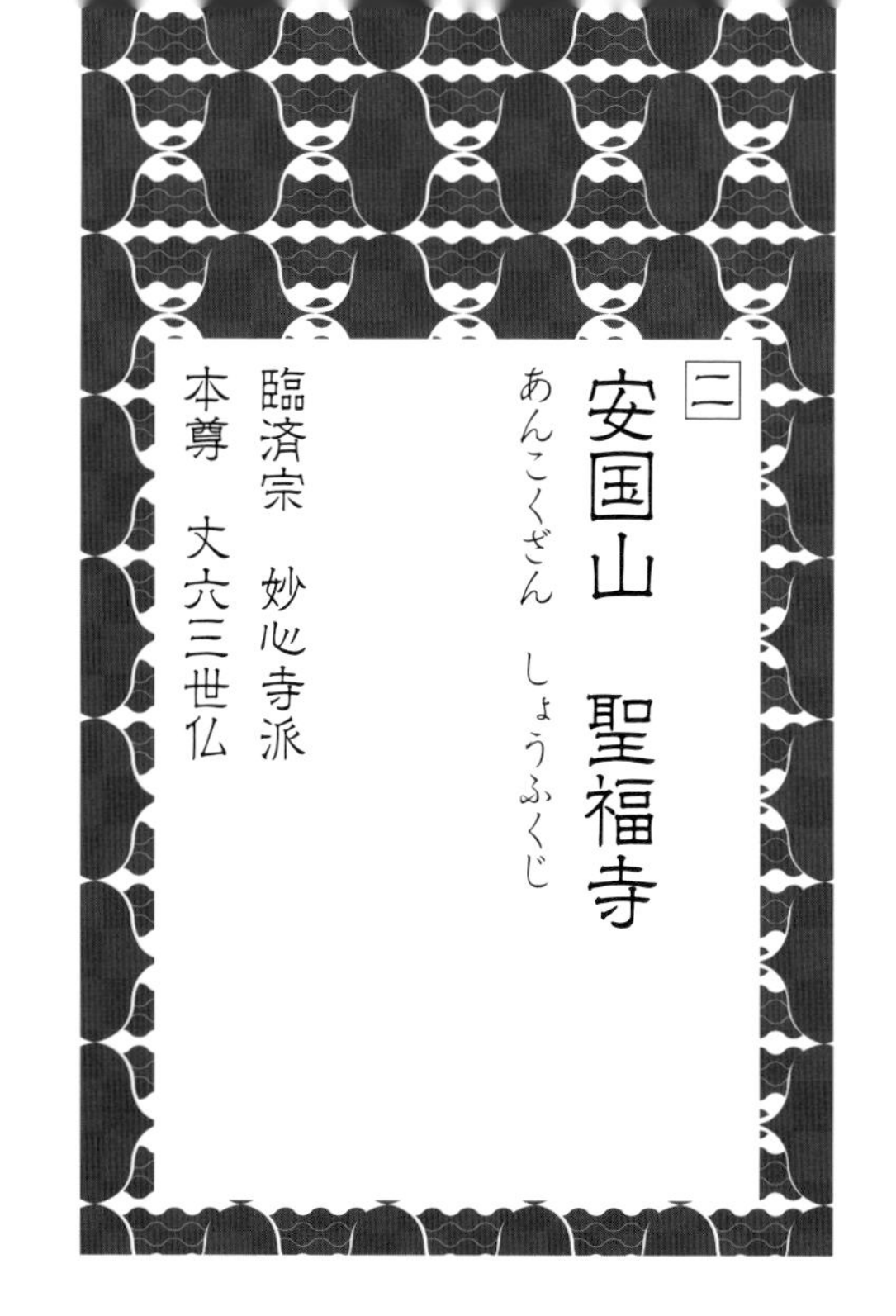

二　安国山　聖福寺

あんこくざん　しょうふくじ

臨済宗　妙心寺派
本尊　丈六三世仏

「扶桑最初禅窟」の勅額を掲げる寺院

　博多の寺町こと御供所町一帯には古刹・名刹が建ち並ぶが、その中で最も広大な寺域を有し、今も境内塔頭（本寺と親子関係にある子寺、子院ともいう）六カ寺を持つ寺院が聖福寺である。勅使門の扉に打ち付けられた笹竜胆の寺紋（源氏の紋）が格式の高さを誇る。後鳥羽上皇の勅額「扶桑最初禅窟」を掲げた大きな山門・仏殿・法堂が一直線に並ぶ、典型的な禅寺の建築様式を備えた広い境内は都心とは思えない緑と静謐に満ちている。

　この寺は建久六（一一九五）年、明庵栄西禅師が鎌倉幕府の直許を得て、日本最初の本格的な禅宗寺院として開創した。栄西は二十八歳の時に南宋天台山に半年ほど学ぶが、すでに天台山に天台宗はなかった。再入宋の機会を求めて今津（現福岡市西区）に十年余り滞在した。その間、天台（宗）阿闍梨として請われるまま今津に誓願寺（「十六 誓願寺」参照）を開基、ここを基点に「誓願寺創建縁起」（国重文）などの起草や、経典の書写・研究、仏蹟巡りなどで時を過ごした。

　文治三（一一八七）年に四十七歳で念願の再入宋は果たすが、天竺（インド）行きは南宋が通行手形を不許可、さらに海難事故で瑞安まで流された。

　栄西はもう一度天台山を拝登してから帰国しようと万年寺に行き、虚庵懐敞禅師と出会う。修行僧たちが熱心に修行する姿に感銘を受け天台山で再度学ぶことを決意、万年寺と天童寺で修行、虚庵禅師から臨済禅を嗣法、南宋の孝宗皇帝から「千光」の号を賜り、建久二（一一九一）年に帰国した。

　栄西禅師は貿易に携った宋人たちの居住地「博多百堂」跡地に臨済宗寺院の建立を幕府に願い出て、源頼朝公から方八町の地を賜り聖福寺を創建する。開基は源頼朝公、山門には上述の勅額を掲げた。

三世仏を祀る仏殿

禅師は正治元（一一九九）年に鎌倉に赴き、翌正治二（一二〇〇）年に鎌倉に寿福寺を、建仁二（一二〇二）年に二代将軍頼家公の外護を受けて京に建仁寺を創建する。こうして禅師は禅宗祖師としてその活躍の場を中央に移し、また旺盛な執筆活動もおこなう。そして建保三（一二一五）年、京都建仁寺で遷化、今もその開山堂に祀られる。禅師の著作では「興禅護国論」（一一九八）、「喫茶養生記」（一二一一）が有名である。九州では他に今津に二、三カ寺と香椎に報恩寺、筑後に千光寺を創建した。

　室町時代の聖福寺は京都五山十刹の二、三位に列する寺格を保つが、戦国時代に何度か兵火で被災する。その末期には太閤町割りと江戸初期の長政公の都市計画で寺地を削られ、現在の広さは創建当時の四分の一という。江戸時代には三十八院あった塔頭も現在は幻住庵など六院だけが残る。昭和四十四（一九六九）年に聖福寺の山内全体が国の史跡に指定される。

　聖福寺は平成二十六（二〇一四）年に、「栄西禅師八百年遠諱」が数百人の参詣者を迎えて盛大に執り行われた。その記念事業として創建当時にあったと伝えられる丈六（像高四・八メートル）三世仏（釈迦・弥陀・弥勒の三体の仏像）の再興と仏殿の屋根の葺き替えと堂の拡幅工事を十二年前から着手、三年毎に一体ずつ仏像を造立・安置し、最後に仏殿を修築する大事業だった。

博多の仙厓和尚と親しまれる一二三世老師の僊厓義梵禅師が描く洒脱な禅画は有名で、今も熱心な収集家が多い。

「勅願所　扶桑最初禅窟」の石碑と勅使門

栄西禅師には臨済禅の他にもう一つ、茶種と抹茶法を招来した茶祖としての功績もある。禅師は持ち帰った茶種を境内と背振山の霊仙寺に播いた。栄西禅師から栂尾高山寺の明恵上人に贈られた茶種が栂尾茶に、さらに宇治に植えられて宇治茶になる。

お茶と抹茶法は初め禅の修行時の眠気冷ましの妙薬として喫され、それが次第に民間にも広まり、禅林の茶から変化して茶道となった。現在聖福寺では、不定期ではあるが現住職白峰老師の肝いりで禅林の茶「四頭の茶」が開催されて、茶道が盛んな博多の地元愛好者が二、三百人参会する。

無染池（放生池）と山門

■年行事

1月1～2日　祝聖・大般若会・羅漢供養
1月5日　開山忌・大般若会
2月10日　初午祭
2月15日　涅槃会
3月17日　彼岸施餓鬼会
4月8日　降誕会
4月17日　観音講
5月17日　山門羅漢供養・大般若会・祠堂施餓鬼会
6月17日　観音講
7月17日　山門施餓鬼会
9月4～5日　開山忌
9月19日　大般若会・彼岸施餓鬼会
10月5日　達磨忌
11月17日　観音講
12月8日　成道会
12月31日　除夜の鐘

■アクセス

〒812-0037福岡市博多区御供所町6-1
TEL092（291）0775
FAX092（291）0758
JR博多駅から徒歩10分
地下鉄祇園駅から徒歩3分

MAP 1

三　瑞松山　圓覚寺

ずいしょうざん　えんがくじ

臨済宗　妙心寺派

本尊　阿弥陀如来（南宋渡来）

蘭渓道隆が開山・時頼公が開基の寺

圓覚寺は聖福寺の東隣りにあるが少し奥まっているから、御供所通りに架かる看板「茶道南方流」の下の路地を進むと寺に至る。

寺伝によると開創は鎌倉時代。寛元四（一二四六）年、南宋の高僧蘭渓道隆（らんけいどうりゅう）禅師（後の大覚禅師）は故国を出て弟子の義翁（ぎおう）らと共に来日した。元大宰府官

境内には茶室があり、茶道教場も開かれている

僚で学堂の博士だった藤原道信公（剃髪後は道如）は驚き、この南宋禅林の大棟梁のために自宅を提供する。伝え聞いた鎌倉の北条時頼公が道隆禅師のために伽藍を建立してお移り頂いた。これが圓覚寺の始まりという。

　このような経緯から今も圓覚寺では開山を蘭渓道隆大和尚、開基を道如居士、勧請開基が北条時頼公になっているという。もともと道如居士は天台宗を信仰していたが、これを機に臨済宗に転じたと伝えられる。

　蘭渓道隆禅師（一二一三～七八）は南宋禅の無明慧性の法嗣である。禅院の清規（様々の決まりごとや作法）に詳しい高僧で、筑前の圓覚寺にしばらく滞在後、時頼公の招きで鎌倉に到り、建長元（一二四九）年に建長寺を開山、住持となる。その後は日本に帰化し、建長寺に腰を据えて後の大応国師こと南浦紹明ら多くの弟子を厳しく育て日本の禅の興隆に大きく貢献した。弘安元（一二七八）年に鎌倉で遷化、今も開山堂に祀られる。後嵯峨天皇から大覚禅師の勅諡号を賜る。また、禅師は墨跡の世界でも有名な人で、見事な楷書で多くの法語を残し、その中には国宝になった書もあるという。

　さて、その後の九州の圓覚寺だが、度重なる中世の兵火で寺宝や文書も焼失し、寺伝はしばらく空白が続く。寛永十三（一六三六）年に現在地へ移転、聖福寺の塔頭の一つとなり現在に至っている。

　圓覚寺のもう一つの顔に茶道がある。寺の山門前には「茶道南方流　無聲庵」の看板が掲げられている。南方流とは黒田藩士立花実山自筆の茶書「南方録」を基に三百年ほど前に地元の博多に生まれた茶

圓覚寺は「南方流」の茶道を今に伝える

道の流儀である。大正の頃、現在より四代前の住職の猷山和尚が茶道南方流の皆伝を受けたため大正時代に、それまで立花家が秘匿していた「南方録」が、猷山和尚の皆伝取得と共に圓覚寺に移って来た。先々代ご住職の環州和尚は南方流茶道の特色を〝形茶ではなく心茶〟であると提唱され、書き残しておられるという。つまり茶道（点茶）においては技（順序や作法）よりも心（茶道の精神の修得）が大事というわけである。ともすれば細かい技の修得と道具の蒐集のみに走りがちな、現代の茶人に対する禅僧らしい警鐘かと思う。圓覚寺の茶道教場はいま、現住職が指導される。ちなみに「南方録」は平成六（一九九四）年に福岡市の文化財に指定され、今は福岡市博物館が収蔵する。

■年行事
1月　初釜茶会
3月　春彼岸法要
4月　南坊流献茶会
8月　お盆法要
9月　秋彼岸法要
10月　香椎宮献茶会
11月　実山忌献茶会
11月　開山忌

■アクセス
〒812－0037福岡市博多区御供所町13－11
TEL・FAX092（291）3988
JR博多駅から徒歩10分
地下鉄祇園駅から徒歩3分
西鉄バス奥の堂または祇園バス停から徒歩5分

MAP 1

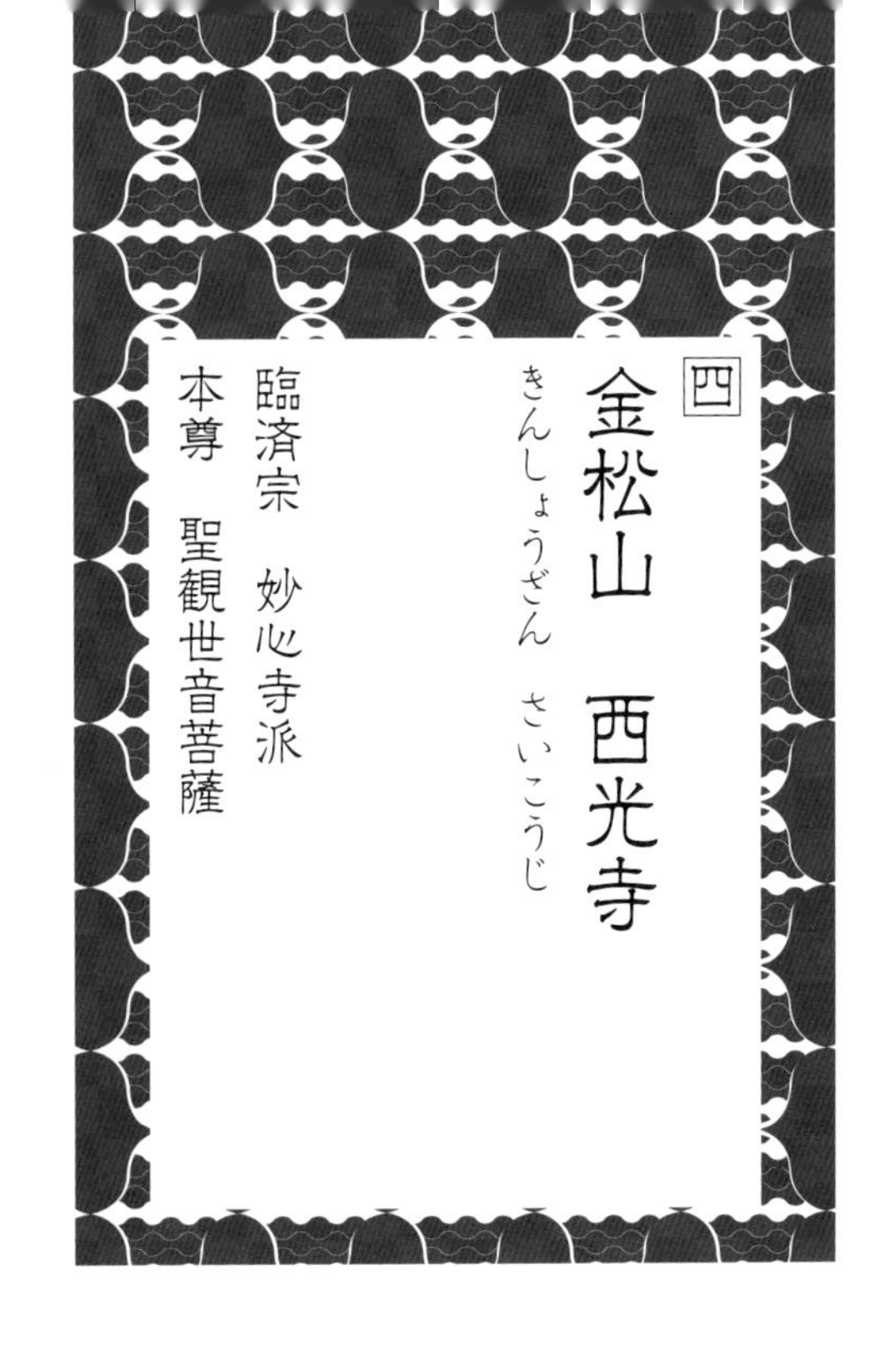

四 金松山（きんしょうざん） 西光寺（さいこうじ）

臨済宗　妙心寺派
本尊　聖観世音菩薩

博多の虚無僧寺一朝軒を継承する

西光寺は聖福寺の境内塔頭の一寺で、本殿大雄宝殿の左斜め奥に伽藍がある。寺伝によると西光寺は栄西禅師が中国から帰国の時に伴った宋人に阿弥陀経を伝えて九品宗と寺名金松山西光寺を与えたと伝えるが、その後は長い空白が続く。昭和二〇年代、同じ境内塔頭の幻住庵住職の韜光（とうこう）和尚が再興した。

西光寺の特色は博多矢倉門の虚無僧寺（総本寺は京都の明暗寺）の普門山一朝軒（ふもんさんいっちょうけん）を継承し、今は虚無僧の寺とか普化（ふけ）尺八の寺として知られる。

普化宗（ふけしゅう）一朝軒は江戸初期に京都から托鉢に来た一翁祖貞（?〜一六四六）が博多の浜辺にあった無住の堂に入り、円通寺一朝軒としたのが始まりという。その後、五世一空の時代に矢倉門に寺地を賜っ

西光寺の山門と本堂（奥）

西光寺本堂

て堂を建立、釈迦像・達磨大師像・普化禅師像・楠正勝公などの像を安置、普門山一朝軒を創建した。ところが明治四（一八七一）年に政府は普化宗を禁宗にし、一朝軒は廃寺となる。しかし尺八の技は継承されて、昭和二十六（一九五二）年に後継者二十世一光が博多区大乗寺前町に再興した。

一光（現住職の母上）は西光寺の先代住職（後の二十一世譲山）と結婚したので、普化宗法竹こと一朝軒明暗流尺八は西光寺に移り、当代二十二世玄明住職へと、西光寺で伝承された。

普化宗とは法竹（尺八）を吹くことを通して禅の修行をするという禅宗の一派で、中国唐代の禅僧普化禅師を祖師とする。鎌倉時代に日本に伝わった。建長六（一二五四）年に留学僧の無本覚心が尺八の曲「虚鈴」を伝授されて帰国、日本の普化宗の始祖となる。覚心禅師は無門恵開禅師の元で修行して嗣法、我が国の臨済宗法燈派禅の始祖となる。法燈国師という国師号も賜わり、尺八だけでなく禅の世界でも大きな足跡を残した高僧である。

また尺八と縁が深い虚無僧とは、南北朝時代の南朝方武将楠正成公の孫、正勝公が虚竹了円（覚心禅師の尺八の弟子で虚竹派の祖）から数代後の虚風に師事して尺八をぶ。正勝公は南朝敗北後、武士を捨てて出家、名前も虚無と改め、手には尺八、頭に天蓋、首に頭陀袋、背中に風呂敷、手甲脚絆に草鞋履きの黒衣姿、つまり虚無僧姿で尺八を吹きながら、全国を托鉢して歩いた姿から出た言葉で、正勝公は虚無僧の祖と言われる。虚無僧は慶長一九（一六一四）年に、徳川家康公が出した「慶長掟書」により「虚無僧は武者修行で全国を行脚する有髪の僧」と認識され、托鉢僧の身分を保障されていたが、明治政府は幕府施政の一掃とばかりに普化宗も虚無僧も廃絶した。

一方で禅修行の法具の法竹は尺八と名を変え江戸時代から民間で大流行、琴・三味線・尺八と三大和楽器の一つとなり、都山流・琴古流など数流の家元が興り、明治・大正・昭和の戦前まで庶民が最も身近に親しむ楽器として隆盛する。

昭和四十（一九六五）年に福岡県は「一朝軒伝法竹」を無形文化財に指定した。今、一朝軒伝法竹は保存会を結成、西光寺を拠点に技の習得・発表会・献奏会と活躍する。殊に技の習得では月に三回、会員三十余名に一人ずつご住職（二十二世）による直々の指導が行われている。

私事になるが、昭和十年代の私が子供の頃、休日の夜になると隣家のご夫婦の尺八と琴の合奏が聞こえて来た。我が家にも父の尺八が二本あり、玩具代わりに私も時おり吹いていたが、なかなかキレイな音が出ない、難しかった思い出がある。一本は満州の家に置いたまま引き揚げで帰国、もう一本は昭和五十年代まで我が家にあったから、尺八を嗜む私の職場の同僚に差し上げた。「イイ音が出る」と喜んでくれた。私は今も「尺八」の活字を見ると、お隣サンの合奏の音色と、吹き口の竹の感触が耳と唇に蘇って来る。

■アクセス
〒812－0037福岡市博多区御供所町6－16
TEL092（291）4886
JR博多駅から徒歩10分
地下鉄祇園駅から徒歩5分
西鉄バス祇園町バス停から徒歩5分

MAP 1

博多寺町の中心「御供所町」は真言宗と臨済宗の発祥寺院を持つ

　博多には大博通りの東側奥に長大な寺町エリアがある。

　それは博多駅前一丁目の承天寺から昭和通りの石堂橋袂の正定寺まで、ほぼ御笠・石堂川西岸沿い凡そ一キロに及ぶ一帯で、ここに甍を連ねる十数カ寺の寺々が持つ千年に及ぶ歴史と、山笠など様々の文化が博多の街に輝きと重みを添える。

　そのエリアの中核が御供所町で、そこは大博通りに面した東長寺の背後一帯をいう。

　御供所町とは、「寺社の供物を調える所」の意味で、郷土史家筑紫豊氏の著書によると「昔、筥崎宮の秋季神輿祭の時、ここに住む箱崎宮油座の奥氏（灯明油を扱う有力氏子か？）の地所まで神輿を運び、ここで神前に供物を捧げたこと」（『博多と太宰府』）が町名の由来になったという。

　この町には巨刹で古刹が多く、寺地が九割を占め、大半が聖福寺（塔頭、法縁寺院を含む）の寺域である。墓地も広く、福博の著名人が大勢眠る。

　この地はもともと博多の古湊「袖の湊」の隣接地で、日宋貿易最盛期の平安末期（十二世紀中葉）には貿易に携わる宋人たちの集住地(チャイナタウン)だったと伝えられて、宋人百堂とか博多百堂の言葉が今に残る。

　ちなみに袖の湊とは大宰府長官時代の平清盛が博多浜に築いた貿易港で、日宋貿易で大いに稼ぎ、平家興隆の礎になったらしいが、平家滅亡後は急速に衰退して宋人たちも去り、無人の荒れ地となっていたらしい。十三世紀初頭の鎌倉初期、明庵栄西はこの地を幕府から拝領して聖福寺を創建する。

江戸初期の十七世紀、行の町にあった東長寺と北浜の妙樂寺（十四世紀に対明貿易や文化交流の拠点となった寺）がこの地に移転して来た。それは新しく入府した藩主長政公の商都博多防衛のための都市計画、政策の一環だったと聞く。

　こうして同じ町内に、日本仏教界の二大宗派とも言える臨済宗と真言宗の発祥寺院が由緒ある「太閤町割り」の小路を挟んで伽藍を構えることになった。こんな土地は全国でも珍しい。歴史のある湊町なればこそと思う。各寺の詳細は本文に譲るが、東長寺と聖福寺それぞれの山門前には「密教東漸日本最初霊場」と「扶桑最初禅窟」の大きな石碑が建つ。御供所通りとは大博通りから一本御笠川寄りの一方通行の小路のことで、毎年恒例の祇園山笠も通る。

　また太閤町割りとは天正十五（一六〇〇）年、島津を下し天下統一を遂げた秀吉公が箱崎浜に滞陣中、つぎの朝鮮出兵を視野に、戦乱で焦土となった博多をその兵站基地にするための都市計画を、配下の武将黒田官兵衛（後の黒田藩藩祖）に、さらに官兵衛が家臣久野四兵衛（後の家老）に命じてつくらせた計画という。これがのちに太閤町割りと呼ばれ、現代まで続く博多の都市構造の基礎になった。

　寺町エリアの御笠川下部の上・中呉服町（旧堅町）一帯の石堂川沿いにも、江戸時代の博多の多くの商家を檀家とする大乗寺系の浄土宗寺院（中・近世創建）が数カ寺あり、ここもおもしろい歴史や文化を秘めているが、本書の趣旨上、残念ながら割愛せざるを得なかった。

　大博通りに建ち並ぶホテル・銀行・大小の商業ビル群は華やかに発展する近代都市「博多」の表の顔、その内側に横たわる寺町エリアの数多くの寺院が持つ長い歴史とさまざまの文化は裏の顔として、博多の魅力にいぶし銀の輝きを添えていることを見落としてはなるまい。

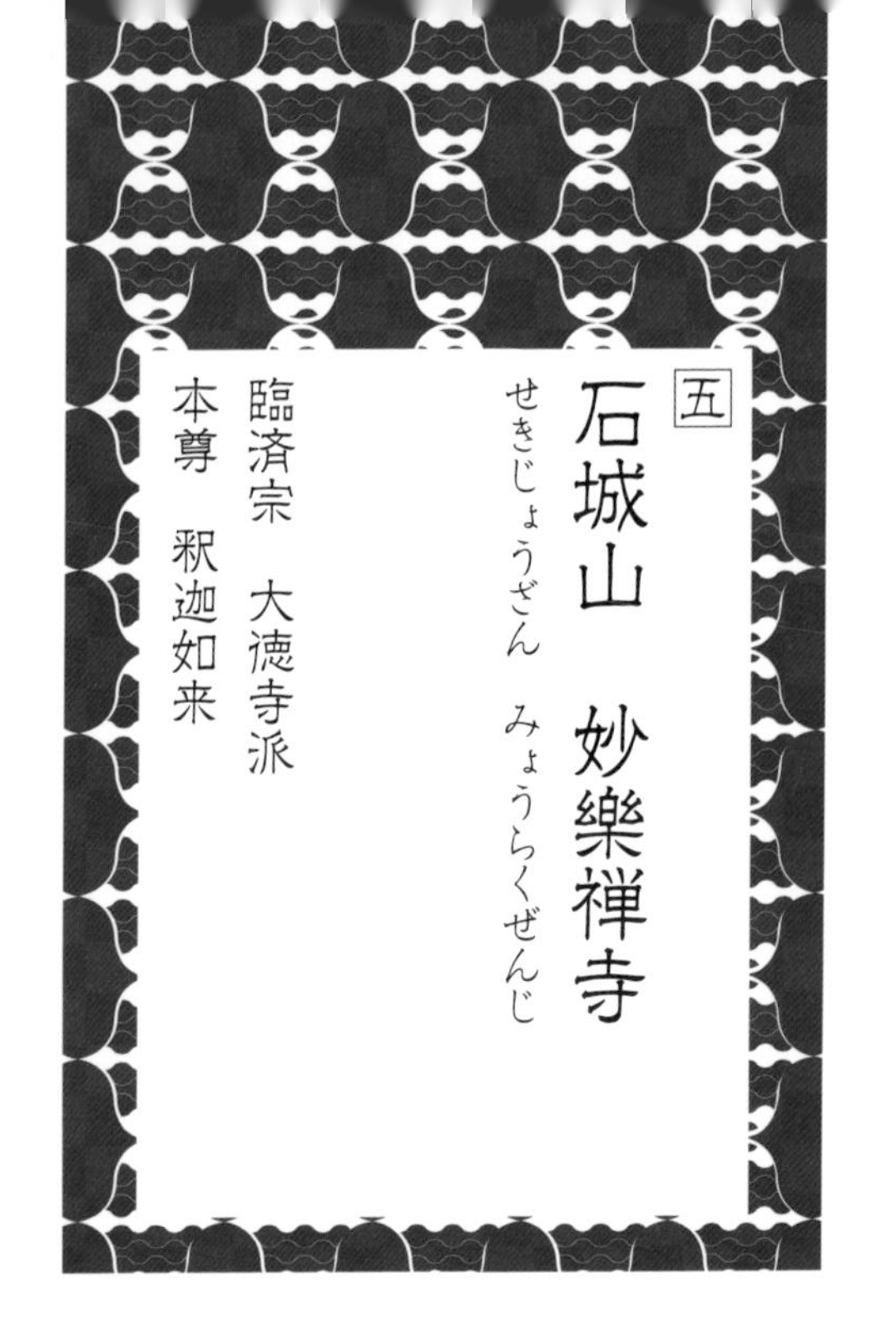

五 石城山（せきじょうざん） 妙樂禅寺（みょうらくぜんじ）

臨済宗　大徳寺派
本尊　釈迦如来

博多の豪商神屋宗湛が眠る寺

　妙樂寺は御供所町の圓覚寺の東隣りにある。山門はこじんまりしているが奥行きは長く広くて、その寺域は御供所では聖福寺、東長寺に次いで大きい。

　最初、この寺は正和五（一三一六）年に博多の北浜に、大応国師の高弟の月堂宗規（がっどうそうき）禅師を開山住持に迎えて創建された。その寺地は海沿いの、元寇防塁が築かれている地だったから、山号を石城山にしたという話が残る（『筑前国続風土記』）。いま、その場所を博多古地図で確かめると、対馬小路（つましょうじ）に隣接して妙樂寺前町の名があり、現在の石城町よりも少し西寄りの地であったことが分かる。

　月堂宗規禅師は弘安八（一二八五）年、太宰府生まれで姓は宗氏、観世音寺で得度した記録が残る。二十歳で太宰府横嶽にあった崇福寺の大応国師に再入門し禅法の奥義を大悟する。

　『石城志』によると、当時の妙樂寺は現糸島市に七十六町に及ぶ広い寺領を持ち、子院と塔頭は二十七を数え、博多湾の海沿いに立派な堂塔伽藍を構えて

博多商人や福岡藩重臣の墓地がある妙樂寺

いたという。特に三世住持の無我禅師時代に建立した山門「呑碧楼」は風雅な高楼で、博多湾に出入りする船の目印になったという。この高楼は国内ばかりか中国や朝鮮から来日する僧侶たちにも知られていたらしく、中国杭州の霊隠寺の見心来復禅師は『石城山呑碧楼記』を残している。

このように中世、特に北浜時代の妙樂寺、は博多における対外交流の拠点として遣明使節の中国への渡航や帰朝・来朝する役人や僧侶らの宿泊所を務めていた。さらに新しく興った禅風の拠点でもあった。だから鎌倉から下向する探題はみな妙樂寺を庇護し、時の権力者北条時頼公の愛顧も受けたと伝えられる。しかし、天文七（一五三八）年の博多の火災、天正十四（一五八六）年の大友島津の兵火で寺も博多の街も焼失する。

御供所通りに面した妙樂寺山門

その後、十数年を経て寺は再建されたが、慶長五（一六〇〇）年に国守として筑前に入国した黒田長政公（一五六八～一六二三）の施政の方針（都市計画）で現在地に移転する。その後は藩主や重臣、博多商人らの帰依や外護を受けつつ、禅刹としての結構を整えた。しかし、昭和二十（一九四五）年の福岡大空襲で再び焼失し、寛文三（一六六三）年建立の本堂はじめ大応国師像・月堂禅師像他の諸仏像や寺宝・什器類、庫裏が一夜にして灰燼に帰した。

現本堂の再建は昭和三十八（一九六三）年、その後も書院や庫裏の再建、梵鐘の再鋳など、寺内の整備と充実が弛みなく続けられて、現在に至る。

庫裏の奥にある墓地には博多の豪商神屋宗湛や伊藤小左衛門、博多商人や藩の重臣らの墓がある。小左衛門は海外貿易で巨万の富を得たが、徳川幕府の

ういろうの発祥の寺であることを示す碑

鎖国政策に触れて、密貿易の罪で一族すべて三歳の幼児に至るまで断罪、処刑された。宗湛の墓石は赤茶色の大きな縦長の自然石である。初代小左衛門吉次の墓は宝珠が載った重厚なもので、生前の財力を偲ぶことができる。

　妙樂寺が和菓子ういろうの発祥地であることを知る人は少ない。塔頭の月照庵の開基檀越の一人だった帰化人陳延祐が作った菓子（もともとは痰を取る薬とか）で、将軍家にも賞味されたと伝えられる。珍しい名前の由来は陳氏が中国の元の順宗に官僚として仕えていた頃の役職名、礼部員外郎（陳外郎と呼ばれていた）が菓子の名になったという。本堂の横には「ういろう伝来の地」と書かれた碑がある。また、妙樂寺は大徳寺の古渓和尚所縁の大同庵や古渓水とも関わり深い寺である。

ご詠歌

石城の寺へ詣りて今を知る妙に楽しき法の道かな

■年行事

3月彼岸入り日　春季彼岸法要
8月10日　盂蘭盆施餓鬼法要
9月彼岸入り日　秋季彼岸法要
10月25日　開山忌法要
12月31日　除夜の鐘

■アクセス

〒812-0037福岡市博多区御供所町13-6
TEL092（281）4269
FAX092（281）4283
JR博多駅から徒歩12分
地下鉄祇園駅から徒歩5分

MAP 1

妙樂寺と古渓水

利休や宗湛の得度の師である京都大徳寺の古渓和尚は天正一六（一五八八）年、秀吉の勘気（かんき）を蒙（こうむ）って配流され博多に来た。嶋井宗室や神屋宗湛らが奔走し、奈良屋の近くに小庵（大同庵）を建立・寄進した。

古渓和尚は赦免されて京に戻るまでの二年間、近隣の人々と交流しつつここで過ごした。帰洛にあたり和尚は衆縁報謝、つまり地域の人々が優しく接してくれたことを感謝、お礼に誰でも使える井戸を掘り、火除（よ）けの水の印を結んで地元に寄進した。人々は古渓井戸とか古渓水と呼んで感謝した。大同庵は後に寺になり、この地は古渓町となる。井戸枠が腐ると近隣住人の西頭氏が修復、ついで妙樂寺二十八世の竺峰（じくほう）和尚が古渓水の由来を碑文に認（したた）めてもらい、石に刻み井戸脇に建てた。

昭和二十（一九四五）年の福岡大空襲で寺も井戸も焼失、唯一焼け残った石碑は妙樂寺で保管していた。平成十（一九九八）年、古渓和尚四百年遠忌を機に、先代の妙樂寺三十九世渡辺桂堂和尚が奔走し、近くに土地を求めて、井戸と石碑を再興した。

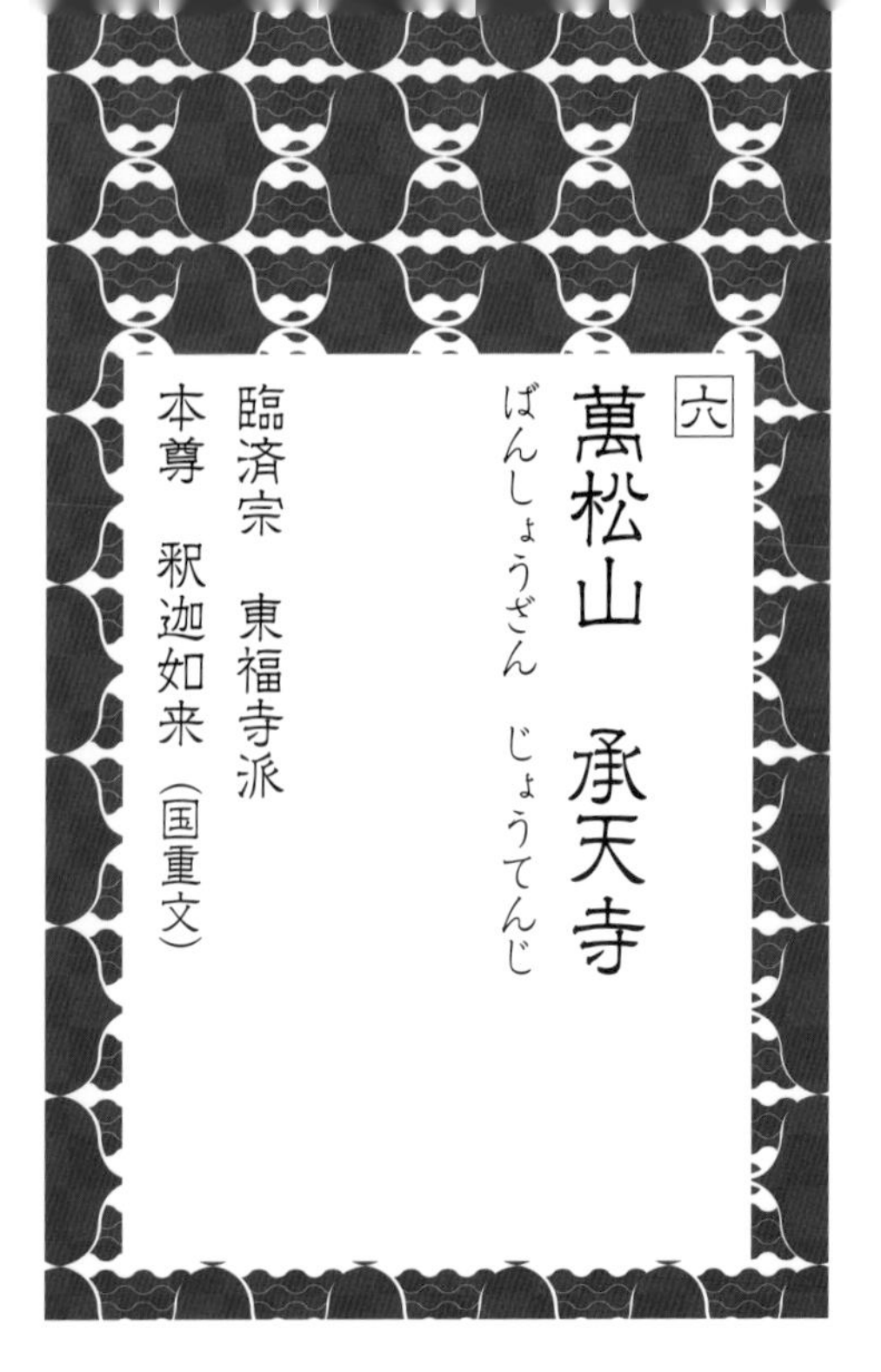

六 萬松山 承天寺

ばんしょうざん　じょうてんじ

臨済宗　東福寺派

本尊　釈迦如来（国重文）

博多山笠・博多織・うどん・饅頭発祥の寺

承天寺の境内に一歩足を踏み入れると、禅寺らしい清浄閑雅，しかしどこかピンと張りつめたような空気が体を包む。寺からわずか徒歩五分の距離に博多駅と博多バスターミナルがある。毎日新幹線・JR・地下鉄と合わせ千本近い電車と三五〇〇台のバスが発着、三十万人近い人が利用する駅界隈の超近代的な巨大都市空間と中世の香りが残る閑雅・静寂の空間との共存は興味深く貴重、素晴らしい町だと思う。また承天寺は博多祇園山笠や博多織・饅頭の発祥の地としても有名で、八〇〇年余の歴史と文化を持つ。

承天寺境内を二分していた無粋な市道（博多駅移転時の都市計画による）は、両側に季節の花や樹木が植えられ、美しい庭園道路に変貌した。古風な白木の門「博多千年門」（二〇一四年建立）も建立、今は承天寺通りという趣ある道に変わり、外国人観光客がカメラを構え、地元の人らしい老夫婦が散策する観光スポットになった。

承天寺は仁治三（一二四二）年、筑前守護職の武藤（むとう）資頼（すけより）公が数万坪に及ぶ寺地を、博多在住の宋人綱（ごう）

承天寺通りと博多千年門

上・承天寺本堂
下・禅刹らしい庫裏の玄関

首（船主兼貿易商）謝国明が七堂伽藍を建立して寄進、円爾（後の聖一国師／一二〇二〜八〇）を開山に迎えて創建された。円爾は杭州の径山万寿寺の無準師範の許で六年間臨済禅を学び、その法を継いで前年帰国したばかりだったが、承天寺の開創にあたり、師の無準師範から贈られて持ち帰っていた、多くの揮毫を寺号や諸堂に掲げる額碑にしたという。

承天寺は翌寛元元年（一二四三）に勅許を得て官寺（国の監督を受けて経済的に保証された寺院）となり、西海の巨刹として隆盛を誇る。

しかし、円爾の承天寺在寺は短かかった。藤原道家公の招きで上洛、建長七（一二五五）年に東福寺を創建、その開山一世となり、京都に腰を据えて多くの弟子を育て、後に東福寺派と言われる法脈を確立、禅の興隆に大きく貢献、弘安三（一二八〇）年遷化。花園天皇は日本人として初の国師号「聖一国師」を諡号した。

承天寺の寺宝には国指定重要文化財の木造釈迦如来像と両脇侍像、絹本着色の禅家六祖像六幅、梵鐘（朝鮮鐘／清寧十一〈一〇六五〉年の銘）などがある。開山堂、唐門、鐘楼は福岡市文化財である。

国師はまた禅の興隆ばかりではなく、日本の生活文化の向上にも大きな貢献をなした。国師が招来した茶は故郷の駿河阿倍の地で茶園となって栄え、現在生産量日本一を誇る静岡茶のルーツになる。博多でも施餓鬼台に乗って町を廻り、疫病退散を念じながら水を撒いたことが、今やユネスコ無形文化遺産になった「博多祇園山笠」の起源となる。また饅頭やうどんの製法を伝えたことは有名であるが、製粉のための機械「水磨様」（水力を利用して製粉する技術）の図面も招来し、日本の粉食文化向上に大きな貢献をなした。今、国師の故郷静岡では国師が持ち帰った図面を基に、木製の製粉機水磨様の復元が試みられていると聞く。また国師に同行した満田弥三右衛門は彼地で学んだ広東織や緞子織から今や全国的に有名になった博多織を創案、承天寺の境内にはそれらの碑が建つ。国師は禅だけでなく日本の文化や産業の発展にも大きく貢献した人である。

　承天寺は平成三（一九九一）年、開創七五〇年を迎えたが、これを機に山門や諸堂、庭を修復・再建して寺容を一新。方丈の前庭は「洗濤庭」（波が洗う庭）と命名され、京都竜安寺の石庭にも劣らぬ立派な白砂の庭となり、静謐の空間を現出した。また、毎年近隣の寺と協同で行われるイベント「博多千年煌夜」で照らし出された庭は荘厳かつ幻想的で、毎年大勢の見物客が訪れる。

■年行事

1月24日　地蔵まつり
3月23日　春彼岸会
4月8日　花まつり
6月2日　夏祈祷
7月15日　山笠
8月11～15日　盆　棚行廻り
9月23日　秋彼岸会
10月7日　開山忌
12月31日　除夜の鐘

■アクセス

〒812-0011福岡市博多区博多駅前1-29-9
TEL・FAX092（431）3570
JR博多駅、博多バスターミナルから徒歩5分

MAP 1

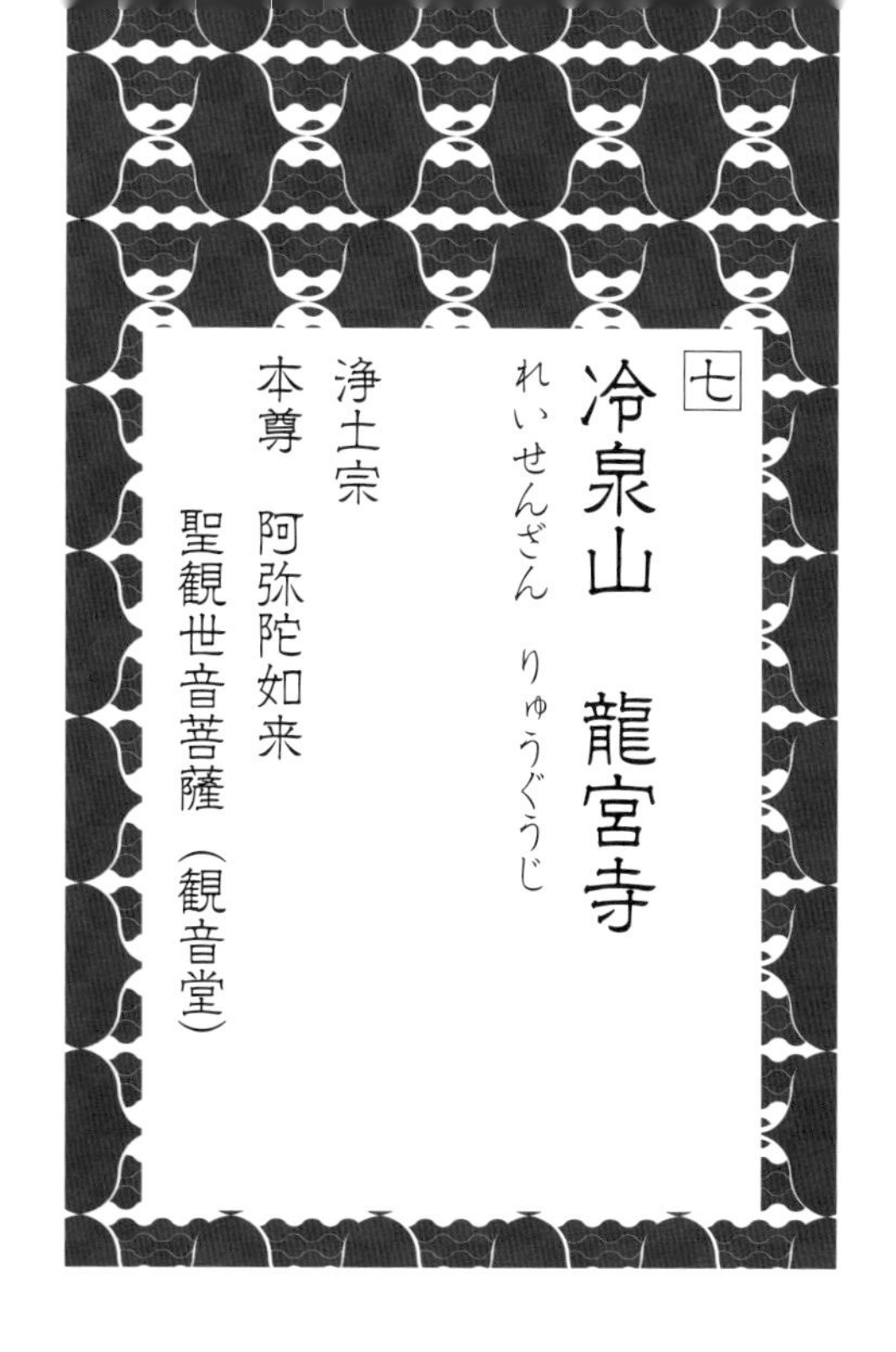

七

冷泉山　龍宮寺
れいせんざん　りゅうぐうじ

浄土宗
本尊　阿弥陀如来
　　　聖観世音菩薩（観音堂）

博多湾に上がった人魚の骨を祀る寺

大博通りの東長寺の向かい側、建ち並ぶビルの間に石の鳥居（櫛田神社の一の鳥居）と「三宝荒神」と彫られた大きな石碑、瓦葺の龍宮寺山門が並ぶ。この寺には次のような話が伝わる。

『石城志』によると、寺の前身は袖湊（そでのみなと）にあったと伝えられる浮御堂（うきみどう）である。

貞応元（一二二二）年、博多湾に人魚が揚がった。このことを朝廷に奏上すると、占い博士安倍大富（あべのおおとみ）博士から人魚の出現は国家長久の瑞兆と言われた。朝廷は喜び、勅使冷泉（れいぜい）中納言が下向、浮御堂で人魚をねんごろに供養、埋葬したという。さらに堀川院の勅命で堂を寺に昇格させ、人魚は龍宮の使いだから寺名を龍宮寺に、山号を冷泉中納言にちなみ冷泉山にしたという話が『石城志』に残る。開山は谷阿（こくあ）上人である。今、浮御堂の場所を博多古地図（文化八年製／一八一二）で確かめると、西町上に「貞応

観音堂前に建つ人魚塚

元（一二二二）年四月十四日漁人ここで人魚を漁すにより龍宮寺に埋る」の書き込みがあり、横に楊（やなぎ）ヶ池（いけ）社がある。この社を頼りに探すと、呉服町交差点から少し西よりの明治通り沿いの某ビル前に、「楊ヶ池神社跡」の石碑を見つけた。浮御堂はこの辺りにあったのではないか。昔はこの辺一帯は袖湊という入海だったと伝えられているから。

龍宮寺の現在地への移転は慶長五（一六〇〇）年、姫路から入寺して中興開山となった本誉上人の時代である。現在の地名、冷泉町はこの寺の山号に由来する。昔は馬場新町とか小山町上と言った。両隣りも本願院（廃寺）、天福寺（南片江に移転）という寺だったが今はなく、元々は本願院に所属した荒神堂（伝行基作の三宝荒神を祀る）だけが龍宮寺の境内に残る。

上・博多七観音の一体で「袖湊観音」とも呼ばれる聖観音像（慈覚大師作）
下・聖観音像が安置される観音堂

「人魚塚」の斜め奥にある観音堂に祀る聖観音像「袖湊観音」（慈覚大師作）が博多七観音の一体である。

この寺は、連歌法師の飯尾宗祇とも所縁が深い。室町時代の著名な連歌師宗祇は都の戦乱を避けて、宿願の筑紫路名所巡りを思い立ち、周防の大内義弘公を頼り西下した。その頃、大内氏支配下の博多に大内氏家臣の杉弘相（すぎひろすけ）を頼ってやって来た。文明十二（一四八〇）年、太宰府天満宮の参詣をおえて博多に来た宗祇は紀行文「筑紫道記（つくしのみちのき）」に次のように記す。

「夕日ほのかなるに博多と言ふ（処）に着きぬ。宿りは龍宮寺と云へる浄土門の寺なり（略）ここの院主は連歌の道を好ける人にて……」と、龍宮寺と博多の町や風景について記す。翌日、この寺で連衆十人と連歌の会を催した記録が、今に伝わる『博多百韻』である。但し寺に伝わる原本は享保の大火で焼失したが、明治時代に上述の杉弘相(すぎひろすけ)の子孫の杉敏介氏が書写した古写本が北九州市立図書館に収蔵される。また『石城志遺聞』に収録が残る。

昔は広かった寺域も都市開発や道路拡張で狭められ、堂宇も享保十七（一七三二）年の火災や昭和二十（一九四五）年の戦火で罹災するなど曲折がある。現在の本堂と庫裏は昭和五十九（一九八四）年の再建である。寺宝には人魚の骨、人魚の絵の掛物が伝世する。

ご詠歌

海(わたつみ)の御魂(みたま)捧ぐる乙女子が
明かすも法(のり)の声や聞くらむ

■年行事
3月彼岸中日の前日　彼岸法要・三宝荒神祈願祭
5月26日　法然上人御忌法要
7月29日　大施餓鬼法要
9月彼岸中日の前日　彼岸法要
11月17日　十夜法要

■アクセス
〒812－0039福岡市博多区冷泉町4－21
TEL・FAX092（291）1003
JR博多駅から徒歩6～7分
地下鉄祇園駅・西鉄バス祇園町バス停から徒歩1分

MAP 1

博多七観音

博多七観音とは大乗寺の千手観音(弘法大師作)、妙音寺の聖観音（運慶作）、観音寺の聖観音（行基作）、聖福寺の千手観音（定朝作）、龍宮寺の聖観音（慈覚大師作）、乳峰寺（承天寺塔頭）本尊の十一面観音、東長寺の千手観音（古仏）の七体であるが、現在明らかな像は乳峰寺、妙音寺、龍宮寺の三体のみ。残る四体は焼失や不明である。

八　瑞鳳山（ずいほうざん）　東林禅寺（とうりんぜんじ）

曹洞宗
本尊　釈迦如来（伝定朝作）

茶書『南方録』著者立花実山が眠る

立花実山（たちばなじつざん）の寺として知られる東林寺は博多駅前の全日空ホテルの斜め裏（住吉寄り）にある。もとは旧矢倉門町（現祇園町）にあったが、旧博多駅の建設に伴い明治四十二（一九〇九）年に現在地に移転した。現在地は旧地名を春吉人参畑といい、藩主用の高麗人参を栽培していたので、この名が起こる。

この寺は元禄十（一六九七）年、立花実山こと立花五郎左衛門重根（しげもと）（一六五五〜一七〇八　実山宗有は剃髪後の法号）が檀越となり、明光寺の祖忠上座が開基、加賀大乗寺の前住職卍山（まんじざん）禅師を開山に招いて開創した。

実山はこの寺に黒田如水の位牌を安置、また曽祖父の鷹野増時（こものますとき）、宗茂公の養父立花道雪・実父高橋紹運ら立花家所縁の先祖の武将らを祀って立花家の菩提寺とした。

鷹野増時とは立花山山麓の鷹野を祖地とする戦国武将で、立花城主の戸次道雪（後に立花）の家臣。後に主筋の姓をもらい子孫は代々立花姓を名乗る。道雪公の養子立花宗茂公が関ヶ原の戦いに敗れて東北の小藩に移る時に、長政公に懇望されて鷹野立花家

東林禅寺境内

は黒田藩に移り、幕末まで代々藩の重役を務める家柄となる。

実山も八歳から出仕、三代藩主光之公に四十五年の長きにわたり、最も信頼される側近として仕えた。光之公隠居後は実山も職を退いて東林寺で出家、住吉に小庵、松月庵（後に真言宗寺院の般若院）を構えて閑居、茶の研究や『南方録』の執筆に勤しんだが、光之公没後に四代藩主綱政公の命で捕えられ、幽閉先の鯰田村で自害（一説では刺客による殺害）させられた。実山の『南方録』については文末の「注記」に譲るが、実山は書画や和歌、茶道に堪能な文化人で、『黒田家譜』『筑前国続風土記』の校閲監修者でもある。幽閉中の日記「梵字艸（ぼんじそう）」を見ると、

立花実山の墓

本来の資質は剛直な武人で愛情豊かな人だったらしい。墓所は山門を入って左手奥の塀際にある。

柳川の立花家の出である四代藩主綱政公の夫人心空院は東林寺の寺地が房州（ぼうしゅう）堀の跡地と知り、先祖（豊後大友家）に所縁の寺と言い、戸次道雪と薦野増時の墓がある立花山山麓の梅岳寺や東林寺に心を寄せ、終生外護（げご）篤かったと伝えられる。

房州堀とは博多の街の南端と筑紫郡との境界を示す水路で、博多川と三笠川に通じていた。戦国時代の博多は豊後大友家の支配下にあり、この水路を開鑿（かいさく）した大友家臣の臼杵安房守にちなみ房州堀の名がある。この堀は明治二十二（一八八九）年の旧博多駅開設時に消滅したが、今も博多警察署と万行寺を結ぶ辺りに堀跡遺構の石垣が処々に残る。

なお、如意輪観音像をお祀りする観音堂に架かる立派な扁額「袖湊（そでのみなと）大悲観音」は聖福寺の仙厓和尚の揮毫という。寺宝に「卍山和尚語録」（『東林語録』収載）、前述の「梵字艸」ある。

東林寺は南坊流門下の茶人にとっては流祖を祀る

大事な寺で、足場もよいから今もいろいろな節目ごとに茶会が開催される。

ご詠歌

み仏の恵みも広く世に覚ふ袖の湊の名こそ高けれ

［年行事］
1月1～3日　転読大般若
2月15日　涅槃会
3月17～23日　利休忌・南坊忌
4月8日　花まつり
7月29日　施食会
8月13～15日　盂蘭盆会
9月20～26日　秋彼岸会
11月10日　開山（実山）忌　春彼岸会
12月8日　成道会
毎月第3日曜日　月例座禅会

〒812－0011福岡市博多区博多駅前3－7－21
TEL092（431）0990
FAX092（431）0992
JR博多駅から徒歩10分
西鉄バス博多駅前4丁目バス停から徒歩3分

MAP 1

九　横岳山（おうがくざん）　崇福寺（そうふくじ）

臨済宗　大徳寺派
本尊　釈迦三尊

大応国師の法窟のちに藩主菩提寺

崇福寺は仁治元（一二四〇）年に随乗坊湛慧（ずいじょうぼうたんね）禅師によって大宰府の横岳（現四王寺山々麓）に創建された。その翌年、宋から帰国した円爾弁円（えんにべんえん）（後の聖一国師（しょういちこくし））が請われて開堂説法を行い、師の無準師範（ぶじゅんしばん）から贈られた「勅賜萬年崇福禅寺（ちょくしまんねんそうふくぜんじ）」の八字を掲げて寺名を崇福禅寺、山号は地名に因んで横岳山としたと伝えられる。

寛元元（一二四三）年に承天寺と共に官寺に列せられ、「西都法窟」の勅額を賜る。

その後の崇福寺は湛慧禅師が守ったが、文永五（一二六八）年に虚堂智愚の法を継いで帰国、三年ほど姪浜の興徳寺住持を務めた気鋭の禅僧の南浦紹明（一二三五～一三〇九／後の大応国師）が文永九（一二七二）年から崇福寺に転じ、三十三年間もの長きにわたり腰を据えて、大勢の弟子を育て、後に大応派と言われる禅の一大法脈を創った。得難い住持に恵まれた崇福寺はその後、大いに発展した。しかし、天正一四（一五八六）年の島津と大友の兵火で岩屋城落城のときに崇福寺も焼失、堂宇、什宝全てを失う。二人の国師が開堂し禅風を靡かせた名刹はしばし衰退する。

旧福岡城の表御門が崇福寺山門として移築された

近世になり、黒田如水・長政公親子の参禅の師大徳寺の春屋宗園から、往年の名刹崇福寺を再興するようにとの強い要請を受けていた長政公は、筑前に入国すると、さっそく再建に着手した。

慶長五（一六〇〇）年に、長政公は崇福寺を大宰府から現在地（博多区千代）に移して再建、黒田家の菩提寺とすることで再興し、師の春屋宗園の要請に応えた。方丈・三門・仏殿・開山堂・僧堂など禅寺としての結構を長政公が整えて、大徳寺から江月宗玩和尚を招いて住持とした。このとき長政公の意を受けて奔走したのが博多の豪商嶋井宗室である。この功績により宗室は境内に嶋井家の墓所を拝領し

湛慧禅師ゆかりの旭地蔵尊を祀る地蔵堂

た。

境内に隣接する黒田家廟所には初祖の如水夫妻、初代長政、弟熊之助、四代綱政、六代継高、七代治之（はるゆき）、九代斉隆（なりたか）、十代斉清（なりきよ）ら藩主と一族が眠る。当初の墓地は現在の五倍以上あったそうだが、戦後に整理・縮小された。この廟所は平成二十六（二〇一四）年に黒田家から福岡市に寄贈され、土日祝日は市民に開放される。

勅額が架かる大きな山門は元福岡城の本丸表御門、風趣ある唐門は名島城遺構、元治元（一八六四）年建立の経蔵が県文化財に指定される。茶室は神屋宗湛の茶室「宗湛庵」（戦前の国宝　昭和二十年福岡大空襲で焼失）の遺構を伝える。

境内の旭地蔵尊は開創の湛慧禅師遷化の跡地に建てられた地蔵尊で、寺の移転にともない博多に来た。日限（ひぎり）地蔵とも言い、願掛けに霊験がある地蔵尊と信者が多く香煙が絶えない。

■年行事
1月24日　初地蔵（堂内でぜんざい接待）
8月24日　地蔵盆（千灯明他）
※拝観は地蔵堂のみ可

■アクセス
〒812-0044福岡市博多区千代4-7-79
地下鉄千代県庁口から徒歩5分
西鉄バス県庁前バス停から徒歩5分

MAP 1

『南坊録』と『南方録』

『南坊録』とは利休十哲の一人、堺の南宗寺の南坊宗啓（なんぼうそうけい）が師の教えを書き留めて整理、巻物にまとめたもので、利休の三回忌法要に仏前に備えたと伝えられるが、この『南坊録（巻物）』の原本は今、所在不明である。

貞享三（一六八六）年、藩主の供で参勤（江戸へ出府）の途次、たまたまその写しを入手した立花実山は翌年、博多にその写しを持ち帰り、茶の仲間を語らって元禄三（一六九〇）年から数年をかけてこれを研究、更に残巻も堺の宗啓親族から入手、清書して七冊（覚書・会・棚・書院・台子・墨引・滅後）と自著四冊（秘伝・追加・目録乾・々坤）の計十一冊にまとめたのが『南方録』である。

書名は崇福寺の古外和尚が命名した。そして、実弟寧拙（ねいせつ）と三人の仲間の、計四人にだけ筆写を許した。その後、上述（39頁参照）のような不幸な出来事があり、実山の南方録原本は明治になるまで長く秘匿される。

『南方録』が江戸に流出したきっかけは、肉親の甥で実山の茶の弟子だった笠原道桂（かさはらどうけい）が熱心に書写を乞い、寧拙ら四人承諾の上で寧拙本の書写を許した。

さらに道桂から江戸の旗本安藤勝定へ、それがきっかけとなって各地に広がり、各地に南坊流が生まれ、茶道の一流派に成長した。そして長い間、〝まぼろしの書〟と言われた『南方録』は三〇〇年以上を経た二十世紀後半に初めて活字化された。

今、福岡市は原本の実山本『南方録』を文化財に指定し、原本は福岡市博物館に収まる。

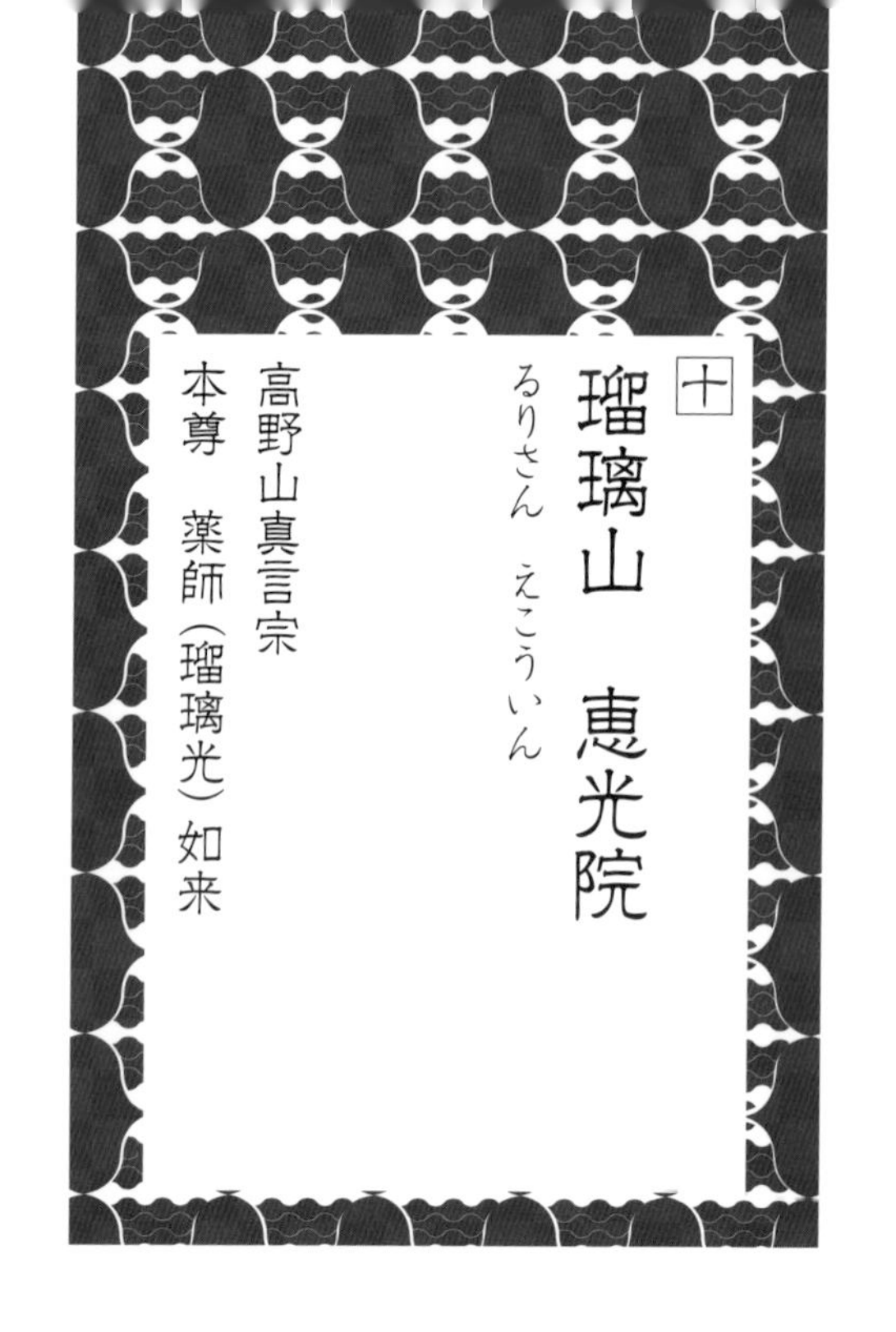

十

瑠璃山　恵光院

るりさん　えこういん

高野山真言宗

本尊　薬師（瑠璃光）如来

秀吉が野点茶会をした筥崎宮の結縁寺

恵光院は筥崎宮の社前の通りを隔てた反対（浜）側にある。正式寺名は瑠璃山医王密寺恵光院といい、筥崎宮代々の座主法印や祇官の御霊を祀る結縁寺である。

筥崎宮は筥崎八幡宮とも言い、創建は延喜二十一（九二一）年に、応神天皇・神宮皇后・玉依姫命（神武天皇の母）を祭神とし、石清水、宇佐と共に日本の三大八幡宮の一つに数えられる由緒あるお宮（祖宮は穂波郡の大分宮）である。古来、海上交通・海難・海防に霊験ある神仏習合の霊地として知られている。

恵光院の創建は寛永年間（一六二四〜四四）、元筥崎宮の結縁寺五智輪院弥勒寺（筥崎宮座主法印正範大和尚が開創）の奥の院として発足した。開基は二代藩主黒田忠之公である。しかし明治初（一八六八）年に神仏分離令が公布されると、お宮は神社として発足すべく、恵光院だけを残し、他に数ヶ寺あった結縁寺や仏堂を全て廃した。こうして各寺堂の仏像・什宝・小堂などは恵光院に移された。本尊の薬師瑠璃光如来像を始め、

筥崎宮の結縁寺である恵光院

福岡市文化財の釈迦三尊像、弥勒菩薩像、不動明王像など、他にも多くの貴重な仏像・仏画を収蔵する。

境内には燈籠堂というさまざまな歴史を秘めた小堂が山門の前に建つ。もともと燈籠堂は筥崎宮参道西側の慈眼院（じがんいん）境内にあった。この堂が世人を興味深くしていることが二つある。その一つはこの堂の本尊、石造の十一面観音像で、それは承元二（一二〇八）年に箱崎の海中から現れたという石仏である。像高七〇センチほどの坐像、蓮の花を抱き、日本の観音像とは趣を異にする独特の風貌をもつ。南宋時代（一一二七～一二二九）に造られた中国からの渡来仏らしいと言われているが不詳。芦屋の浜では鰶（このしろ）漁の網にかかった観音像の例もある。きっと大陸貿易の難破船から漂い出て、いつしか箱崎の砂浜に打ち上げられ、また砂に埋っていたが、たまたま現れたと考えると、もの言わぬ石像にロマンを感じる。この石仏は江戸時代に盛んだった「筑前国中三十三観音霊場」の四番札所の本尊でもある。

400年以上の歴史を持つ燈籠堂

もう一つはこの堂は茶道に所縁があり、茶道史上で有名な堂であること。それは天正十五（一五八七）年、島津氏を下してついに九州を平定して箱崎浜の陣に戻った豊臣秀吉公はその六月、この燈籠堂で後にわが国の野点茶会の魁（さきがけ）となる茶会を開いたこと。取り仕切ったのは利休とその長男の千道安（せんのどうあん）である。この出来事は、当日に茶会に客として招かれた地元の豪商、神屋宗湛（一五五一～一六三五）が自らの茶会記『宗湛日記』に茶席設え・道具組・料理の献立・相客に至るまで詳述しているから、茶会のことから当時の堂内部の様子までも手に取るようにわかる。

この燈籠堂は四百数十年を経た現在も、移転や修復で若干様子が変わったとはいえ、目の前に見ることができる茶道史上の貴重な堂である。今も千家家元はじめ茶道関係者のお詣りや見学が絶えないという。福岡県は昭和五（一九三〇）年にはこの燈籠堂を県の史跡に指定した。

もう一つ、境内に祀る延命地蔵尊は「九州二十四地蔵尊霊場」の二十一番霊場の札所本尊である。

ご詠歌
慈しむ眼（まなこ）をひらく箱崎の浜地分け来て仰ぐ諸びと

■年行事
1月6日　毘沙門天・福徳祭
2月3日　節分星供法要豆まき・初午祭
3月　春彼岸
3月21日　弘法大師正御影供
4月8日　釈尊誕生花祭り
6月第1日曜日　弘法大師ご誕生法会・お砂踏み・菩提樹祭
7月　土用丑の日・うり封じ護摩祈祷
8月　お盆会　大施餓鬼法要
9月　秋彼岸
11月　初亥の日・愛染明王亥の子金幣祭

■アクセス
〒812-0054福岡市東区馬出5-36-35
TEL092（651）5133
FAX092（651）5141
JR鹿児島本線箱崎駅より徒歩10分
地下鉄箱崎宮前駅から徒歩3分
西鉄バス箱崎宮前バス停から徒歩2分

MAP 1

平安時代から盲僧琵琶の本寺

福岡市南区高宮の高台にある成就院は平安時代から盲僧琵琶を伝承する玄清法流（げんせいほうりゅう）の本寺で、また盲僧琵琶にルーツを持つ筑前琵琶にも所縁深い寺である。成就院の開祖で盲僧の玄清法印（七七六～八二二伝）には次のような話が伝わる。

大宰府の官人 橘（たちばな） 左近尉（さこんじょう） 光政（みつまさ）の子として生まれた玄清法印は幼くして仏門に入り、七歳で受戒、十七歳で失明して盲僧となる。玄清法印は延暦四（七八五）年、比叡山の根本中堂（こんぽんちゅうどう）（一乗止観院（いちじょうしかんいん））建立の時、地鎮祭の法を行った功績で、成就院の号と般若心経、荒神払いの法を授けられた。延暦八（七八九）年に大宰府に戻った玄清法印は四王寺山の坂本に成就院を建立する。やがて成就院は天台宗の比叡山末流の盲僧本寺となり、法印は筑紫（つくし）九カ国の盲僧の長（おさ）となる。実はその墓は永らく不明だったが、明治三十四（一九〇一）年に太宰府坂本で、偶然にも発見され、昭和四十三（一九六八）年に没後一一五〇年忌の法要が営まれたという。

永仁六（一二九八）年、成就院は寿讃大徳（じゅさんだいとく）和尚の時代に太宰府から博多蔵本町に移転、寺名を臨江山妙音寺に改めた。そして九州・中国・山陰地方の盲僧寺院の長（おさ）として隆盛する。しかし天正年間（一五七三～九二）に大友・竜造寺の兵火で博多の町が焼亡した時、成就院も堂宇・仏像・什宝類すべてを焼失する。

成就院本堂

その後しばらくは承天寺末の妙応禅寺という比丘尼寺になり、その頃、妙樂寺を開山した月堂和尚の母が、この比丘尼寺に住していたという話が『石城志』に残る。

慶長五（一六〇〇）年、黒田長政公が入府し福岡城が築かれると、二代藩主忠之公は承応元（一六五二）年、成就院を蔵本町から城の鬼門に当たる片原町（櫛田神社の東側）に移転させ、太宰府天満宮華台坊の良悦(りょうえつ)を住持に招いて天台宗寺院として再興し、寺産四〇石を与えて藩の祈禱寺とした。

今、この寺の観音堂に祀る聖観音像は『石城志』には「唐船、博多に来たりし頃、持ち来たるを当寺に安置せり……」と、また博多古地図の書き込みでは運慶作と伝える。沖（息(おき)）の観音とか息浜(おきのはま)観音と言い、永らく成就院の本尊だった。龍宮寺の「袖湊(そでのみなと)観音」と共に、現存する「博多七観音」の貴重な一体に数えられる地元では有名な観音像である。

明治三十八（一九〇五）年、妙音寺は福岡県他七県の玄清法流本部となる。さらに国鉄（現ＪＲ）の旧博多駅の建設に伴い、同四十（一九〇七）年の良諦和尚の時代に現在地に移転した。これを機に寺名を再び旧名の成就院に戻す。昭和七（一九三二）年、玄清法印を祀る開山堂を建立する。薩摩琵琶の常楽院法流と共に、長く琵琶界に君臨してきた成就院に伝わる「玄清法流盲僧琵琶法楽」は、昭和三十九（一九五四）年に、福岡県無形文化財に指定された。

このように成就院は長い歴史を持ち、琵琶に所縁が深い寺である。今も毎年一月十七日に開催される「初観音星祭(はつかんのんほしまつり)護摩祈願会(ごまきがんえ)」には観音経の読経と琵琶弾奏が響き合う中で護摩焚きが行われる。

話は変わるが、筑前琵琶は成就院の盲僧琵琶を

「博多七観音」の一体「息浜観音」を祀る観音堂

ルーツとする。筑前琵琶の創始者市丸智定師（後の橘旭翁（一八四九～一九一九）は博多の盲僧琵琶の家系（成就院と縁戚の寿福院）に生まれ、博多赤間町（現冷泉町）の寿福院の前で明治二十二（一八八九）年から琵琶教授を始めた。さらに盲僧琵琶の曲と楽器を、語りの内容を正しく格調高くし、楽器の琵琶も当時の小ぶりな笹琵琶から大型化し、弦も増やし音域を拡げるなど改良して筑前琵琶を作った。明治末期から大正時代にかけては近代化した新しい琵琶歌を次々に創作、筑前琵琶を東京に進出させて、金子堅太郎、頭山満ら地元出身の知名士たちの篤い支援を得て、筑前琵琶を大流行させたのである。境内には筑前琵琶の発祥を記した石碑が数基建つ。

ご詠歌

臨む江の岸打つ波を明け暮れに
法の妙なる声とこそ聞け

■年行事
1月17日　初観音星祭護摩祈願法要
8月6日　先祖大施餓鬼法要
毎月17日　観音護摩祈願法要（除く8月）

■アクセス
〒815－0083福岡市南区高宮1－21－7
TEL092（531）6667
FAX092（526）1565
西鉄バス高宮2丁目バス停から徒歩5分
西鉄天神大牟田線平尾駅から徒歩7分

MAP 2

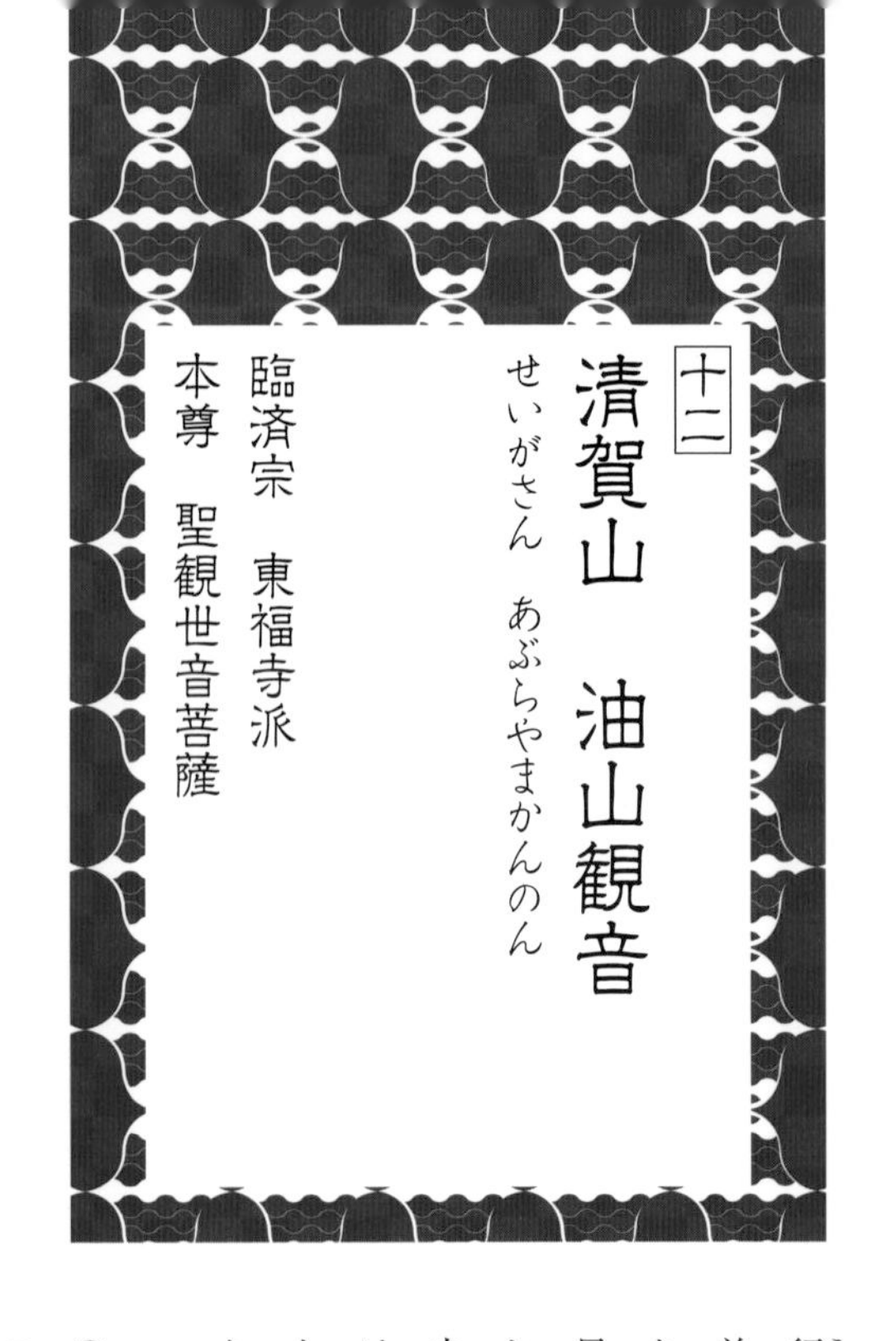

十二

清賀山　油山観音

せいがさん　あぶらやまかんのん

臨済宗　東福寺派

本尊　聖観世音菩薩

油山の名前の由来となった寺

福岡市民に一番近くて姿が美しい山として親しまれている油山（五九七メートル）の中腹に油山観音がある。この寺は神話の時代とされる第十三代成務天皇（二世紀）時代に天竺（インド）からの渡来僧清賀（せいが）上人が庵を結んだことに始まる。

伝えられるところでは、成務天皇とは第十二代景行（けいこう）天皇の第四皇子、熊襲征伐で有名な日本武尊（やまとたけるのみこと）の弟にあたる人と言う。このような人々が活躍していた時代に上人は油山にやって来た。そしてこの山で見つけた白ツバキの大木で三体の観音像を彫り、これを本尊に寺を開いた。それが油山観音・雷山千如寺（糸島市）・小田の光明寺（福岡市西区小田　今は廃寺、観音堂だけ残る）であると伝える。また、上人はツバキの実から灯明用の油を搾る方法も伝えたことが油山の地名の由来という。

この寺は往古は泉福寺と言い、東西の油山で七二〇もの僧房を持つ、一大法城の座主坊で、敏達（びんたつ）天皇（三十代天皇／六世紀／皇后は後の推古（すいこ）女帝）の勅願寺だったと伝える。

建久元（一一九〇）年に、弁阿弁長（べんあべんちょう）（一一六二～一二三八）こと後に浄土宗鎮西派の開祖となる聖光上人が油山の学頭を務めていた頃、その講義は評判がよく「学徒が席を争い座れない人は大勢が後ろに立ったまま（林立して）受講した」と伝えられる。それほどに繁栄していた。

延元二（一三三七）年に平田慈均座主（?～一三六四）が東西の坊を統一する。

　慈均座主は相模の生まれ、二十七歳で中国（元）に留学した南北朝期の臨済宗僧侶で道山玄晟の法嗣、晩年は京都で東福寺二十四世、南禅寺二十五世と住持を務めた。重文指定の「絹本着色平田慈均像」が南禅寺塔頭の天授庵に残るという。

　油山は天正年間（一五七三～九一）に佐賀龍造寺の兵火で巨大な法城は焼失したという。現在まで伝世する聖観音（現本尊）・千手観音・不動明王・毘沙門天・竜樹権現など木造の仏像数体だけは難を逃れたが、その他は堂宇・什宝の全てを焼失して、しばし衰退する。

　江戸時代の慶安三（一六五〇）年、二代藩主黒田忠之公が観音堂・拝殿・楼門を再建寄進する。元禄七（一六九四）年に寺名を正覚寺に改める。宝暦七（一七五七）年と寛政元（一七八九）年に本殿と拝殿を修復するなど、藩主の篤い庇護を受ける。現在の本堂は昭和四十五（一九七〇）年に承天寺一二四世前川大道禅師が兼務住職時代に建立した。

　本尊の木造聖観音像（像高七九センチ座像、南北朝時代の作）が、山岳信仰の対象として明治二十九（一九〇六）年に旧国宝指定、現在は国の

上・本堂。小正月にはこの本堂に供えられた米で粥開きが行われる
下・本尊の聖観世音菩薩像

緑につつまれた油山観音の境内にいたる参道

重要文化財である。丸顔で切れ長の目元が美しい観音像である。この像は筑前西国霊場（江戸中期創立）、今、住職が会長を務める九州西国霊場や百八観音霊場の霊場本尊である。

　他にも珍しい観音像として、平成六（一九九四）年に建立された昭和の歌姫美空ひばりを祀る雲雀（ひばり）観音がある。観月楼展望台横の「雲雀堂」に安置され、百円玉を入れるとひばりの唄が一曲流れる。

　この寺には江戸時代から続く珍しい行事「粥開き」がある。小正月の日に炊いた小豆粥を十五日間本堂に置き、生えるカビの状態からその年の気象とコメの作柄を占う行事である。なお今年、令和二（二〇二〇）年の作柄は豊作（上）であると。

　境内の展望台からは野鳥の声に耳を傾けながら福岡市内を一望できる。周囲の美しい自然は福岡市民の憩いの森で、お詣りを兼ねた市民が四季を通じて訪れる。

ご詠歌

ともし火をかかげ月おけ油山
登りてたのめ老いも若きも

■年行事

2月1日　粥開き
6月24日　雲雀観音供養祭
毎月17日　月例観音祭

■アクセス

〒814-0155福岡市城南区東油山508
TEL092（861）4006
FAX092（863）1976
JR博多駅から車で30分、天神から20分
西鉄バス油山バス停から徒歩30分

MAP 3

十三 耕雲山（こううんざん） 金龍寺（きんりゅうじ）

曹洞宗

本尊　釈迦如来

貝原益軒も眠る黒田藩士の菩提寺

鳥飼神社の西側、明治通りに面して金龍寺がある。大きな山門を入ると、左手に庫裏、客殿、本堂、奈良の大仏殿の屋根に似た立派な納骨堂が並ぶ。右手は大小の苔むした墓石群と中程に井戸と十三仏堂がある。正面のまっすぐに伸びる石畳道の奥の古風な裏門は旧唐津街道に面した旧山門だったという。長い歴史と寺格の高さが偲ばれ、白砂を敷き詰めた広い境内は清々しく禅寺らしい静謐（せいひつ）の気が満ちる。建物群は創建五百年を記念した平成の再建。また境内の掃除は住職自らなさるとか。

山門の仁王像は珍しく内を向いて立つ。それは「回向返照（えこうへんしょう）」の思想――睨みを利かせて山内を治めるとその徳が外に及ぼし（照り返し）て行くという考

境内に建つ貝原益軒の銅像

え——に基づくという。

この寺には黒田藩所縁の人々が眠る。著名な儒者貝原益軒と東軒夫人、黒田孝高（如水）・長政公親子を支えた黒田二十四騎のうち林太郎右衛門（林直利）、衣笠久右衛門（衣笠景延）、吉田六郎太夫（吉田長利）らである。

金龍寺は永正五（一五〇八）年、高祖城主原田興種が父弘種の菩提を弔うために怡土高祖山麓（現糸島市）に建立した。しかし中世の戦乱で落城、一族は肥後に逃れ寺も衰微した。

慶長十六（一六一一）年に黒田家の重臣高橋伊豆守（匡順、長政公に殉死）が荒廃していた金龍寺を福岡城下の荒戸山（現西公園）に移して再建した。ところが荒戸山に東照権現を祀ることになり、慶安二（一六四九）年　に現在地に再移転して耕雲山金龍寺となる。開基は耕雲道牛居士、当代住職で三十七世を数える。また高橋公は旧寺も原田家累代の墓があるからと再興、太祖山金龍寺として旧地に残した。

貝原益軒は朱子学派の儒者で「黒田家譜」「筑前国続風土記」「大和本草」「養生訓」などの著者、編者として著名である。本堂の真向かいに座像と石碑が建つ。

また近くに劇作家倉田百三の歌碑もある。大正

金龍寺山門

「回向返照」の思想から掲げられた扁額

七（一九八一）年、百三は結核治療のために九州大学の久保猪之吉（くぼいのきち）博士を頼って西下し、家族で金龍寺の益軒記念堂に仮寓（けぐう）して武者小路実篤、柳原白蓮、児島善三郎、薄田研二ら著名な文人、歌人らと交流したとう。

また、十三仏堂横に妙清（みょうせい）地蔵とか朝鮮地蔵とよばれる珍しい地蔵がある。林太郎右衛門は朝鮮出兵の折、戦乱で孤児となった幼女を連れ帰り養育した。太郎右衛門歿後、その子は林の菩提を弔いたいと出家し妙清尼となったが、自分の墓は故国朝鮮の方に向けて建てて欲しいと言い遺したので地蔵は今も西向きに建つ。

■アクセス
〒810－0064　福岡市中央区今川2－3－23
TEL092（741）8942
地下鉄西新駅から徒歩7分
西鉄バス今川橋バス停から徒歩1分

MAP 4

十四 愛宕山（あたごさん） 観音寺（かんのんじ）

真言宗　大覚寺派
本尊　愛宕勝軍地蔵菩薩

古社鷲尾権現と愛宕権現の別当寺を引き継ぐ

室見川河口左岸の高台にある愛宕山は古くは鷲尾（わしお）山（やま）と言った。愛宕山観音寺はその西南の中腹にあり、愛宕神社の別当（神宮）寺円満寺や、もっと古い鷲尾権現時代の別当寺東林寺を引き継ぐ寺である。

愛宕（鷲尾）山々頂に祀られる鷲尾権現の創建は景行天皇二（西暦七二）年、神話の時代から続く約

観音寺山門

二千年の歴史を持つ社である。平安時代の貞観元（八五九）年に別当寺東林寺（天台宗）が建立された。しかし元寇の頃に、海辺の高台で見晴らしがいい境内に城砦（探題城）が築かれて荒廃する。続く南北朝時代にも兵火で神社も寺も焼失し衰退した。

江戸時代の寛永十一（一六三四）年、二代藩主黒田忠之公が京都の愛宕権現を鷲尾山に勧請して社殿を造営、さらに新しい別当寺円満寺（真言宗）を創建した。そのとき藩主の妹姫が本地仏（神社の祭神に当る本尊）として、京都の愛宕権現と同じ勝軍地蔵菩薩騎像を寄進した。これが現在の観音寺本尊である。宝暦年間（一七五一～六四）には東林寺を廃寺にし、現観音寺の寺地にあった観音堂や諸仏像を円満寺が引き継いだ。その後、鷲尾権現は愛宕権現と言われるようになり、歴代の藩主祈願所となる。また、地元の人々からも諸難を除いてくれる権現様として、広く信仰されるようになる。

入母屋造りの本堂

勝軍（将軍）地蔵とは字の如く、戦勝をもたらし

慈忍尼が残したと伝えられる石仏群

たり、災厄に打ち勝つという有難い地蔵尊で、鎌倉時代以降に武家で広く信仰された。甲冑に乗馬姿で、右手に錫杖、左手に如意宝珠を持つ勇ましい尊像である。

明治初（一八六八）年に神仏分離令が施行されると、愛宕権現は円満寺を廃寺にし、明治三十四（一九〇一）年に鷲尾愛宕神社として新しく発足する。円満寺本尊の勝軍地蔵菩薩像や諸仏像は観音堂に移された。

そして戦後、宗教法人法の制定に則り昭和四十三（一九六八）年に観音堂跡地に愛宕山観音寺が発足した。昭和六十三（一九八八）年に再建された入母屋造りの本堂中央には本尊の勝軍地蔵菩薩騎像、左右に地蔵尊と鷲尾太郎坊天狗が安座する。中段には本尊の下に前鬼と後鬼を従えた役行者、その左右には毘沙門天と不動尊。下段には阿吽二体の獅子と狛犬を安置する。これは愛宕権現曼荼羅に基づく配地と言う。本堂内右手に安置される四臂十一面観音坐像は御流神道の本尊である。四臂の十一面観音像は珍しく全国でも十数体しか伝わっていないが、その中でも座像は特に希少という。

現在、本尊の勝軍地蔵菩薩像は九州百八霊場の八十五番霊場の本尊である。

また、住職の話では篠栗八十八所霊場を発願した慈忍尼はこの寺の前身の円満寺観音堂の尼僧だったという。境内には今も慈忍尼が残したと伝えられる八十八カ所石仏群がある。

神社の境内から続く一帯は桜の名所で、花の季節には参詣を兼ねた花見客が多い。寺の境内から見る景色も素晴らしい。脊振から飯盛山、長垂から今津まで、西区の大半が遠望できる眺望絶佳の地である。

ご詠歌
前は神うしろは地蔵大菩薩
　諸難を除く愛宕権現

■年行事
1月1日　新年開運祈念祭
2月3日　節分大護摩法会
8月日第3日曜日　成仏大施餓鬼会
12月31日　大晦日燈籠会、除夜の鐘供養
毎月24日　本尊将軍地蔵護摩焚き

■アクセス
〒819－0015福岡市西区愛宕2－22－7
TEL092（881）0514
地下鉄室見駅から徒歩10分
西鉄バス姪浜2丁目バス停から徒歩5分

MAP 5

十五

海晏山（かいあんざん）　興徳禅寺（こうとくぜんじ）

臨済宗　大徳寺派
本尊　釈迦牟尼仏

大応国師が帰国後最初に開基した寺

　姪浜の興徳寺は国道二〇二号の旧道、唐津街道沿いにある。広い境内の奥まった山門を入ると左手に鐘楼と江戸時代の建立という趣ある唐破風（からはふ）造りの中門が見える。中門を潜ると、本堂の前庭いっぱいに枝を拡げた大楠が目を奪う。樹齢は不詳というが、幹周りの太さから考えても数百年は優に……、とこ

の寺が古刹であることを偲ばせる。

興徳寺の創建は鎌倉時代の文応元（一二六〇）年に時の鎮西探題北条時定公が身内の女性妙恵禅尼のために姪浜の旧旦過町に建立した小庵がその前身という。南宋から帰朝し鎌倉の建長寺に戻ったばかりの南浦紹明（後の大応国師）は文永七（一二七〇）年に時定公に乞われてこの興徳寺に入寺し、その開山一世となる。しかし、三年後には大宰府の崇福寺に住持として移った。

今、興徳寺は創建以来七五〇年余り、大応国師から当代まで八十六世を数える。最初の寺地は旧下野間町にあったが焼失したので、天和二（一六八二）年に現在地に移転する。近辺に子院八院を持つ大寺だった。本堂中央に祀られる本尊釈迦牟尼像の横に、開山の大応国師像が安置される。境内奥の歴代住持墓所にも大応国師の立派な墓碑があり、大切にお祀りされていることがよくわかる。

南浦紹明（一二三五〜一三〇九）は駿河国の生まれ、博多の承天寺開山の聖一国師の血縁の甥にあたるとか。十五歳で鎌倉建長寺の蘭渓道隆こと大覚禅師に学び正元元（一二五九）年に入宋、当時の禅界の巨頭虚堂智愚の元で九年間修行、嗣法して文永四（一二六七）年に帰国、建長寺に戻る。文永七（一二七〇）年に西下、筑前姪浜の興徳寺を開山する。文永九（一二七二）年に太宰府の崇福寺に転じた後、三十三年の長きに亘り腰を据えて大勢の弟子を育てた。嘉元二（一三〇四）年に後宇多上皇の招きで上洛し京都の万寿寺住持に。徳治二（一三〇七）年に再び鎌倉に戻り建長寺住持を務めるが、二年後に七十四歳で遷化する。後宇多上皇から日本人僧侶として初の国師号「円通大応国師」の諡号を賜る。

大応国師（南浦紹明）が太宰府崇福寺で育てた弟子の中に、後に大徳寺（京都）を開く宗峰妙超（後の大

唐津街道沿いにある興徳禅寺の山門

前庭には大きくみごとな楠が枝を広げる

灯国師）や妙心寺開山の関山慧玄がいるので、国師は日本における臨済禅の脊梁をなす法脈の祖「応・灯・関」の基礎を創った人として広く崇敬される。その頃、中国では南宋が倒れて元となり、南宋禅は衰退する。しかし、南宋禅はその二大巨頭、蘭渓道隆と虚堂智愚から直接学んだ大応国師を通じて、その正統の法脈が我が国に伝わり花開いた。だから大応国師は「日本の達磨」と呼ばれている。今、静岡市では国師の生地に残る井戸が「紹明産湯の井」として市の文化財に指定されているとか。

少し大応国師の説明が長くなったが、要するに興徳寺は禅の巨匠が最初に開山し、その一世住持となった由緒ある寺である。

寺宝であり国の重要文化財指定を受ける「絹本著色大応国師像」には国師の自賛があるという。また、その絵は国師の頂相の中でも優秀作と伝えられ、毎年開山忌にのみ公開される。

昔は広々した田園だっただろう寺の周辺も、今は住宅が密集、寺の広い境内が唯一地域の緑の空間となってしまった。その境内のそこここに建つ年古りた石仏や墓碑、鬱蒼と茂る樹木の中に身を置くと、町中の喧騒をしばし忘れて心が安らぐ。

■年行事
3月彼岸入り2日目　彼岸会
8月8日　盂蘭盆会
11月29日　開山忌
毎月第2・4日曜日　座禅会

■アクセス
〒819-0002福岡市西区姪浜5-23-1
TEL・FAX092（881）0315
地下鉄姪浜駅から徒歩15分
西鉄バス姪浜駅前バス停から徒歩15分

MAP 5

天台阿闍梨時代の栄西が開いた寺

福岡市西区今津の毘沙門山の西麓にある誓願寺は天台僧時代の栄西阿闍梨（あじゃり）の直筆文書（現在、国宝や国指定重要文化財）が残る寺として知られる。この僧は栄西禅師と言われるように、禅（臨済禅）や茶の招来者として有名だが、この寺に在住する栄西はまだ天台僧で、天竺への渡航を望んで西下、博多に十年以上も滞在していた頃の話である。

筑前怡土（いと）・志摩（しま）の荘園の主で、地元豪族仲原氏の娘の発願で丈六の阿弥陀如来像（現本尊）を造立、一寺が建立されたころ、船便を求めて比叡山から西下、今津に滞在していた栄西阿闍梨が懇請を受け、安元元（一一七五）年に新しい寺の落慶法要を行い、さらに「誓願寺創建縁起（せいがんじそうけんえんぎ）」という縁起書を著した。これが後に栄西自筆の書として国宝となる文書である。

仲原氏が建立にあたり、三つの誓願（①丈六弥陀像を造る　②大般若妙典の書写　③法華侍者千人を供養）をしたことが寺名の由来という。法要当日は僧侶や近在の人が大勢参詣し、栄西阿闍梨の開堂説法を聞いたと伝える。

こうして誓願寺に留錫（るしゃく）した栄西は二度目の入宋までの十年余、仁王門や毘沙門堂を建立など寺の充実に努める傍ら、仏典研究や著作に没頭し時を過ごす。この時代の代表的な著作に「誓願寺盂蘭盆一品経縁起」（国宝）がある。

ちなみに山号登志山の登志とは今津の古称である。

国宝である栄西自筆の文書を蔵していた誓願寺

この地は糸島半島の東端にあり、寺の背後の小高い山に、栄西は小堂を建立して毘沙門天を安置、奥の院としたので、毘沙門山の名が起こる。毘沙門堂は格好の見晴らし台で、今津の湊はもちろん、博多の港まで遠望でき、海上交通の要所であることを、改めて実感する。

文治三（一一八七）年、四十七歳で再び念願の入宋を果たした栄西は渡印は叶わなかった、が新しい禅を学び、建久二（一一九一）年に帰国、その後の活躍については「二、聖福寺」や「十八、東林寺」に譲る。

誓願寺も発展して、最盛期には四十二坊を数えたと伝えられるが、戦国時代の兵火で衰退する。唯一残る大泉坊が本寺を引き継ぎ寺名を誓願寺にすると、本尊はじめ各坊の諸仏像、夥しい寺宝・什宝がすべて移って来た。現本堂の中央に安座する阿弥陀像は旧誓願寺の本尊である。他にも福岡県の文化財である薬師如来像（鎌倉時代の作）、平安時代の菩薩像、江戸時代作の虚空蔵菩薩像・愛染明王他の諸像が居並ぶ。さらに国の重要文化財に指定される「孔雀文（くじゃくもん）沈金経箱（ちんきんきょうばこ）」と「銭弘叔八万四千塔（ぜんこうしゅくはちまんしせんとう）」、栄西ほかの貴重な紙本墨書・経典の類など、夥しい寺宝を所蔵する。寺では今、寺宝の墨書や法具を分類、国宝と国重文は九州国立博物館に、県や市指定の文書類は九州歴史資料館へ、と分けて寄託・収蔵してもらい、火災と防犯上の危険を回避しているという。

材木の吟味から像完成まで三年を要したという本尊の阿弥陀像は像高一〇八センチ、重厚でありながらふくよかな慈顔は本堂の中でも、特別な輝きを放ち、美しく忘れ難い仏さまである。

百八霊場の札所本尊である毘沙門山の奥の院の毘

沙門天像は運慶・快慶ら慶派仏師の作で秘仏という。毘沙門天はインドの古代神の一人、如来を取り巻く四天王のうち北方守護神の多聞天のことで、戦勝や財宝の神として広く信仰される。

ご詠歌

登志（とし）の山悪（あ）しき心を打ち捨てて仏にすがる誓願の寺

■年行事
1月2～3日　初毘沙門祭
5月15日　土砂加持法要
8月2日　夏越護摩祈祷
11月第3日曜日　柴燈護摩

■アクセス
〒809-0165福岡市西区今津851
TEL092（806）2698
FAX092（806）4058
昭和バス今津バス停から徒歩15分
車は周船寺西交差点から昭代橋を経由して北上、
後は途中の寺標にしたがい30分

MAP 6

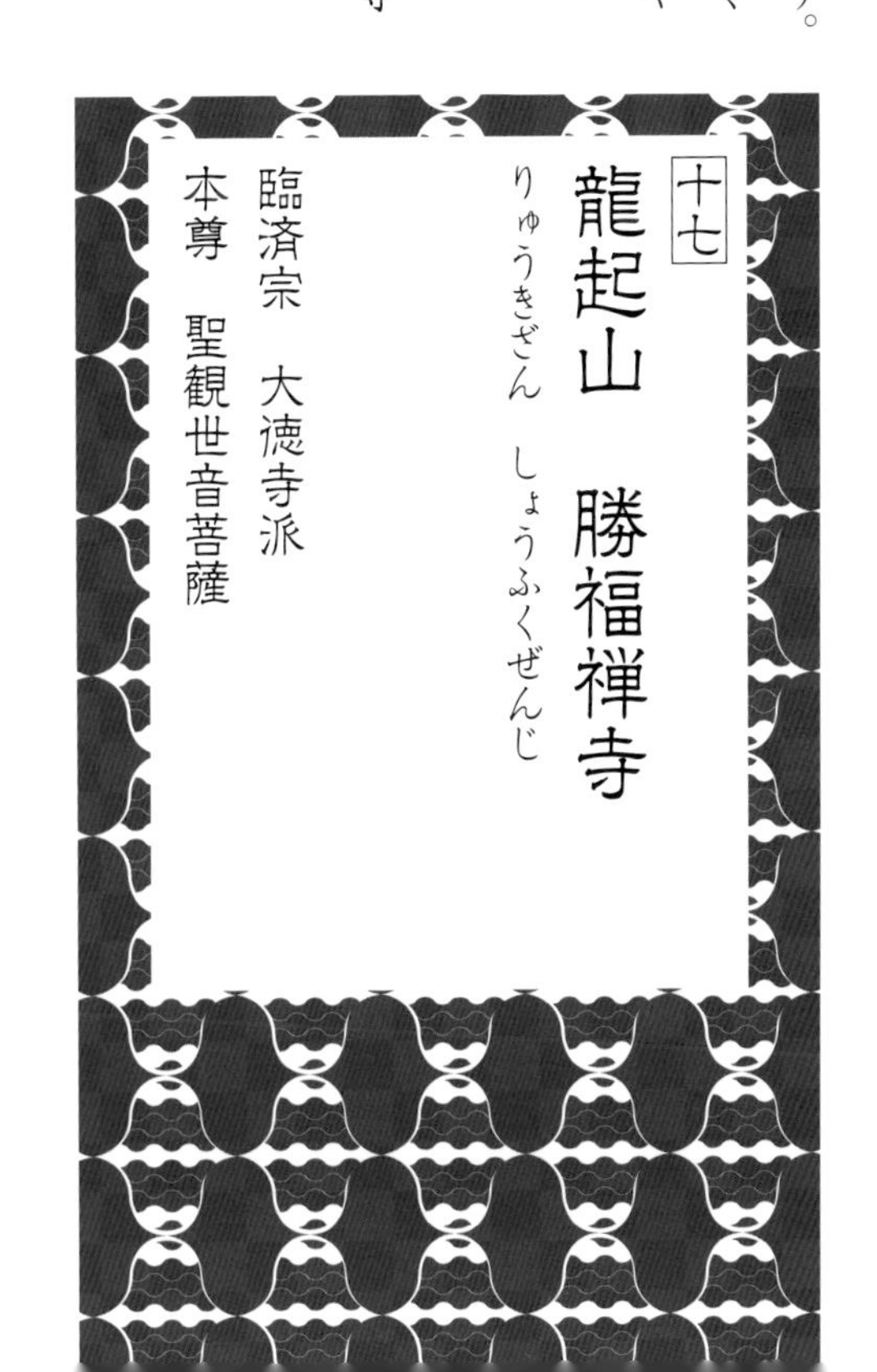

十七　龍起山　勝福禅寺

りゅうきざん　しょうふくぜんじ

臨済宗　大徳寺派
本尊　聖観世音菩薩

南宋禅の大棟梁蘭渓道隆開基の寺

勝福寺は福岡市西区今津の海辺近くの静かな集落の中にある臨済宗大徳寺派寺院である。小路の行き止まりに建つ山門を入ると目の前には毘沙門山を借景に、禅寺らしい清雅に満ちた寺庭が広がる。左手には足利尊氏の寄進と伝えられる古い瓦葺の中門の佇まいがいっそう風趣と歴史を添える。

勝福禅寺には1800点余の古文書が伝わる

勝福寺の創建は鎌倉初期の建長元（一二四九）年、開山は南宋からの弟子達を連れて来日した南宋禅大棟梁の蘭渓道隆禅師（後の大覚禅師）、開基は鎌倉幕府の五代執権北条時頼公、当代住職まで六十世を数える古刹である。道隆禅師は北条時頼公に招かれて鎌倉へ出立するまで、二年余りを九州で過ごしているので、勝福寺の創建は、九州滞在中ではないかと推定する。また、この寺は『筑前国続風土記』や『筑前国続風土記拾遺』にも記述がある。「……寺産多く勅願寺で、綸旨や足利将軍家の御教書、国主や領主の寄進状も数多伝わり……」とあるように、後光厳院（在位一三五二〜七一）の綸旨、国の重文に指定される「絹本着色大覚禅師像」、他にも足利尊氏・義詮の御教書、国守や領主の寄進状など一八〇〇点余りの古文書が伝わるという。なぜ、この鄙びた地に後光厳上皇の勅願寺や夥しい数の重要古文書があるのか、それには今津の土地柄が関係する。

今津は古代から中世にかけて日本有数の貿易港、博多湾内の袖湊に次ぐ第二の港として一時期繁栄していたと聞く。外敵からの防衛のために造られた有名な元寇防塁も今津近くまで伸びている。古来、栄えた湊や集落には当然ながら寺も多い。その代表的な寺が勝福寺ではないか、筆者はそう考える。最盛期の頃の敷地は十万坪、末寺も二十三カ寺あったと伝える。また、寺の過去帳には近くの山城柑子岳城々主の臼杵某の名もあるという。その人は戦国時代の一時期、筑前の大半を傘下に治めていた豊後大友氏家臣の名である。勝福寺はひと頃は衰退した時期もあったと言うが、夢窓疎石（一二七五〜一三五一）の弟子の方外禅師が入寺、再興したと伝えられる。だから庭園が素晴らしいのかもしれない。

今、伝世する古文書類は全て、重文は九州国立博物館、その他は福岡市博物館にと、分けて委託・収蔵されていると言う。盗難・火難対策であろう。

開山の蘭渓道隆禅師については「三瑞松山圓覚寺」の項で詳述したので、重複を避けて省略する。しかし開山像として禅師の座像を本堂の本尊横に安置される木造等身大のお姿から想像するに、そのお顔は眉目秀麗かつ禅僧らしい力強い面構えと、体軀は堂々として恰幅のよい人であったらしいことが窺える。

昔は境内に「幡龍松（ばんりゅうしょう）」という山号の由来になった

本堂に安置される開山の蘭渓道隆禅師像

樹齢八〇〇年余の有名な大松が本堂左手にあり、北方に伸びる枝は三八メートルもあり、その姿は龍がトグロを巻いたように見えるのでその名が付いたと伝えられる。昭和九（一九三四）年に国の天然記念物に指定され、この寺の名物になっていたが、残念ながら昭和十六年に枯死した。今はその跡地に枝ぶりの見事な槇が一本植えられて、その背後には松の記念碑が建つ。

■年行事
1月4日　大般若祈祷
4月4日　お説教会
8月6日　施餓鬼法要
11月23日　開山忌法要
12月31日　除夜の鐘

■アクセス
〒819-0165福岡市西区今津1722
TEL092（806）2423
FAX092（407）8891
昭和バス（西の浦行き）今津バス停から徒歩5分
車は周船寺交差点から昭代橋を経由して北上、今津集落の奥

MAP 6

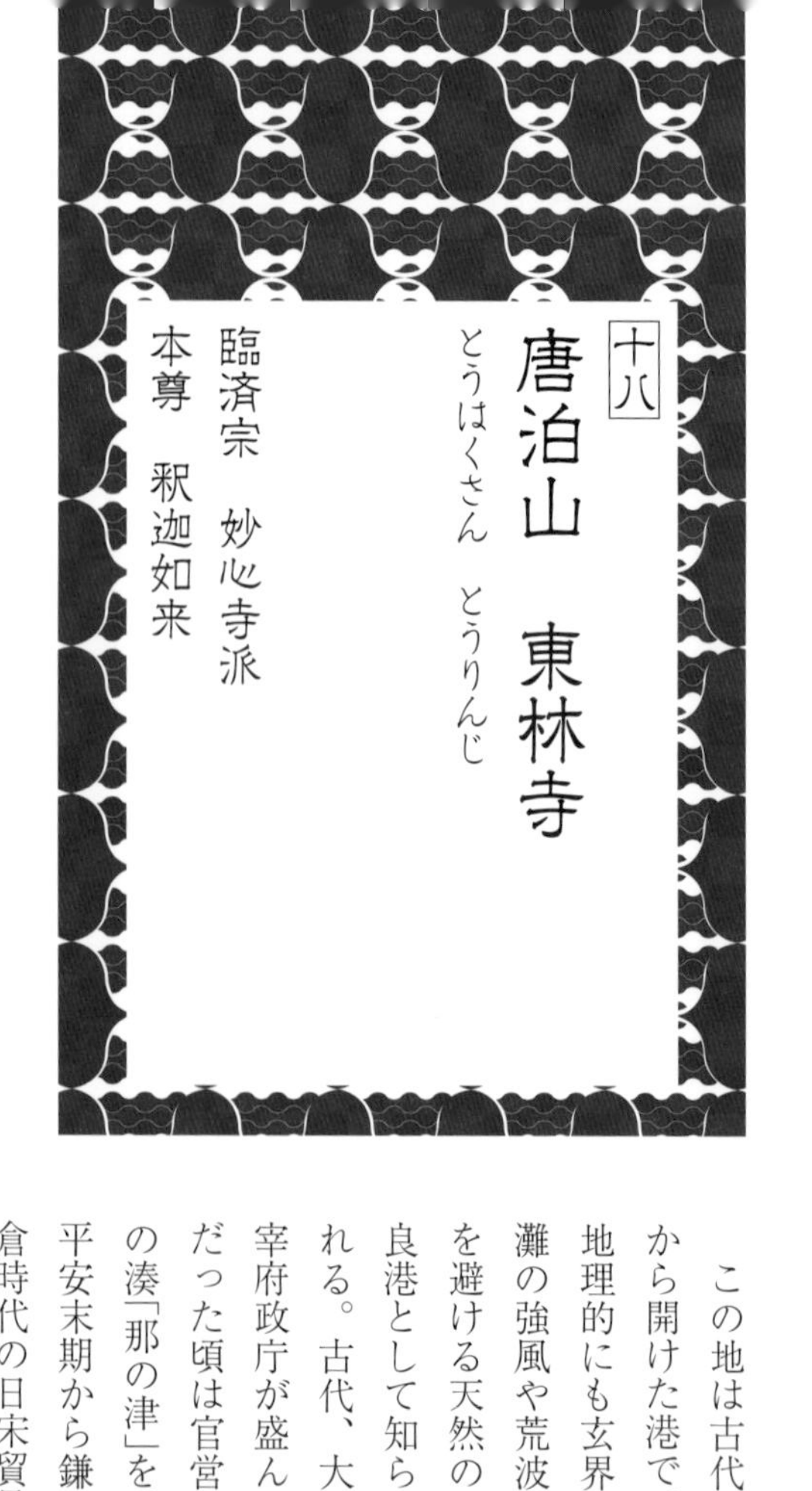

十八

唐泊山　東林寺

とうはくさん　とうりんじ

臨済宗　妙心寺派
本尊　釈迦如来

万葉集の歌が数首残る韓亭跡の寺

　博多湾の西側に伸びる岬の脊梁をなす灘山（二一〇メートル）の突端近く福岡市西区宮浦の高台に東林寺はある。唐泊（漁）港前の広い駐車場の反対側、山の斜面に階段状に広がる集落の家並みの中ほど、寺の真下辺りの小路（細い坂道と石段が交互にあるかなり急峻な道）を数分程上ると寺に至る。

　この地は古代から開けた港で、地理的にも玄界灘の強風や荒波を避ける天然の良港として知られる。古代、大宰府政庁が盛んだった頃は官営の湊「那の津」を、平安末期から鎌倉時代の日宋貿易が盛んだった頃は博多「袖の湊」を出た船は必ずこの港で風待ちしてから、波荒い玄海灘に乗り出した。また近世は「筑前五ヶ浦廻船」の港の一つとして栄えた。

　奈良時代の天智～聖武天皇の頃、三韓時代の朝鮮新羅と交流が盛んだったから、遣唐使ならぬ遣新羅使という朝貢の使者が風待ちする宿処「韓亭」をおいた。それが後に「唐泊」の字が当てられて地名に

高台に建つ東林寺

なった。遣新羅使は平安初期の桓武天皇の頃には廃止され、地名だけが今に残っている。

万葉集の中に天平八（七三六）年、遣新羅使一行が風待ちのために、この地で詠んだ歌と記述が巻十五に残るので文末に記す。

境内からは博多湾が一望できる

「筑前国志摩郡の韓亭に到りて船泊して三日を経ぬ。ここに夜月の光煌煌として流照す。たちまちにこの華に対し旅情……各心情を陳べ聊かに載る歌六首」の前書きがある。

いわば万葉人の歌による旅行記の収録とでも言えようか。本文は万葉仮名で書かれており、難しいので現代文で記した。望郷と妻子を思う歌は三首は割愛、他に地元の地名を読み込んだ歌三首を加え六首を記す。うち一首が歌人で紙塑人形作家（人間国宝）の鹿児島壽蔵氏揮毫の「万葉歌碑」として境内に建つ。

建久二（一一九一）年、二度目の入宋で臨済禅を学び帰国した栄西禅師は今津に上陸、入宋前に十年余を過ごしたこの地で交流した懐かしい人々と再会、歓迎を受ける。そして、韓亭跡地に東林寺を建立、禅の普及活動の最初の拠点とする。寺名の由来は此の地の佇まいが宋の東林寺に似ていたからという。

地元の人々は禅師の帰国を心から喜び、幾つかの寺は禅師が実践する新しい臨済宗に転じた。そんな寺が今津近辺には東林寺も含め六カ寺もできた。

東林寺には今も石造の栄西禅師像や座禅石が残り、方丈には聖福寺の仙厓和尚筆の「初禅天」の扁額が架かるという。しかし、先代住職が遷化し寺は無住となり、今は近所にある法縁の徳門寺が兼務住職と

境内に建つ万葉歌碑

して預かっておられる。堂や庫裏は施錠されて、庭までしか入ることができない。

東林寺は境内からの眺めは実に素晴らしい。目の前に能古島が横たわり、福岡タワーも遠望できる。上述の万葉歌碑は本堂前に建つ。

神さぶる荒津の崎に寄する波　間(ま)なくや妹に恋ひ渡りなむ（巻十五・三六六〇）

志賀の浦に漁(いさ)りする海人(あま)明け来れば　浦廻(うらみ)漕ぐらし梶の音(ね)聞こゆ（同・三六六四）

大君(おおきみ)の遠(とお)の朝廷(みかど)と思へれど　日(け)長くしあれば恋ひにけるかも（同・三六六八）

韓亭(からのとまり)能許(のこ)の浦波立たぬ日は　あれども家を恋ひぬ日はなし（碑）（同・三六七〇）

風吹けば沖の白波恐(かしこ)みと　能許(のこ)の亭(とまり)に数多(あまた)夜そ寝る（同・三六七三）

草枕旅を苦しみ恋ひおれば　可也(かや)の山辺にさ雄鹿(お)鳴くも（同・三六七四）

■アクセス

唐泊山　東林寺

〒819－0201福岡市西区宮浦359

TEL092（809）2818

昭和バス宮の浦バス停から徒歩10分

見湖山　徳門寺（臨済宗妙心寺派）

〒819－0201福岡市西区宮浦1930

TEL092（809）2817

FAX092（809）1115

MAP 6

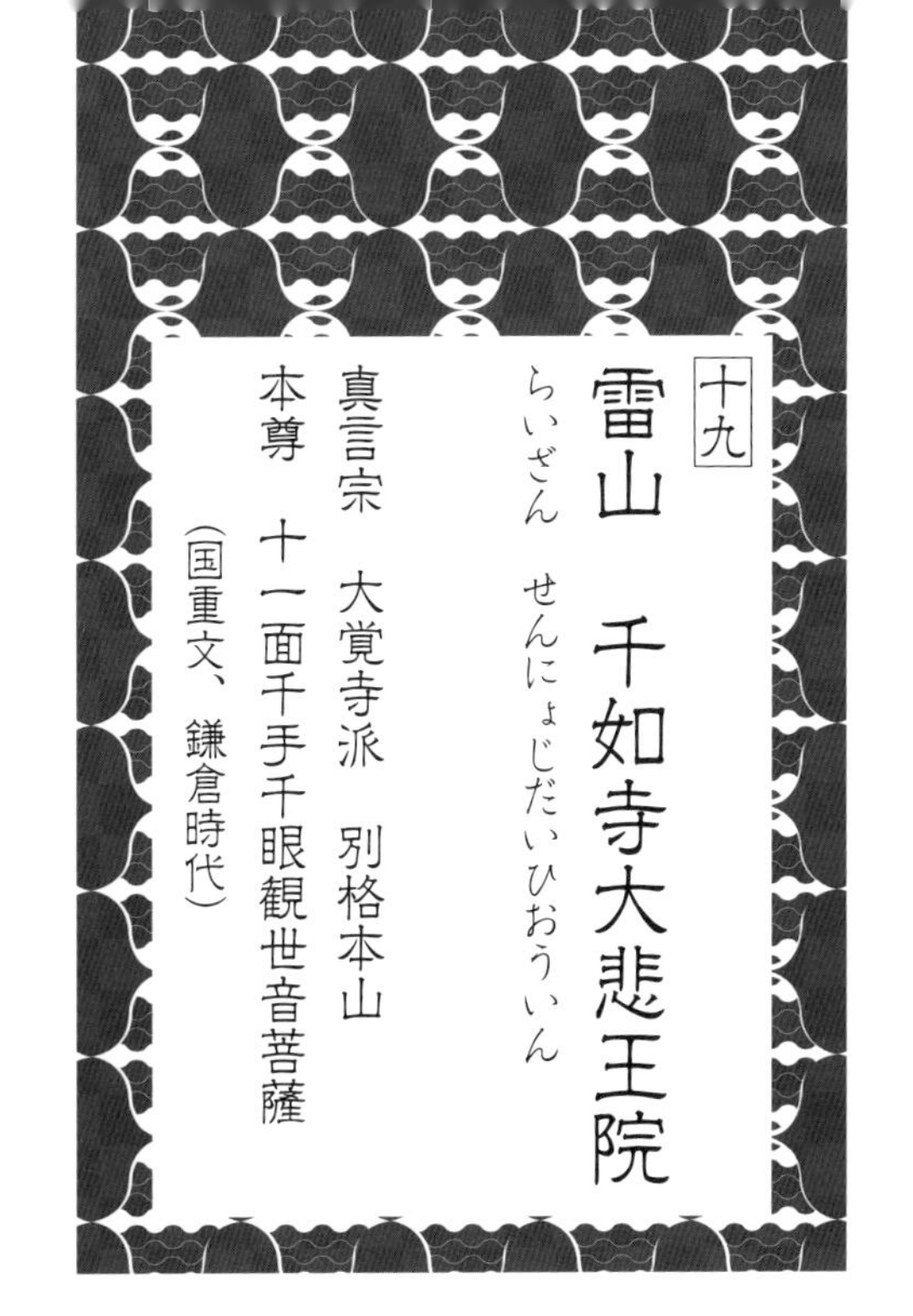

天然記念物の大楓が心身を癒やす

雷山観音で知られる千如寺大悲王院は脊振連山の一峰、雷山（らいざん）（標高九五五メートル）山麓にある。開創はインドの霊鷲山（りょうじゅせん）から渡来した清賀（せいが）上人。地元に残る伝説では清賀上人は雷（いかづち）神社の地主神である雷神の招きでこの地にやって来たと伝えられる。近年、雷山千如寺では開創の時期を約五〇〇年ほど遡らせて、成務（せいむ）天皇四十八（一七八）年とした。何か新しい資料が見つかったのだろうか。

成務天皇については巻頭で詳述したので割愛するが、古代の武人日本武尊（やまとたけるのみこと）の弟で、香椎宮に祀られる仲哀天皇の叔父さまにあたる天皇様である。古い神代時代のこと、伝説の時代と言ってしまえばそれまでだが、清賀上人は地元では三韓出兵や宇美（うみ）で応神天皇出産などで有名な神功皇后が活躍した頃に来

仁王像が安置された仁王門

雷山観音（丈六仏／国重文）
十一面千手千眼観世音菩薩

日したことになる。

一山の本尊である雷山観音は雷神社の講堂に祀られていたという。丈六仏（じょうろくぶつ）で像高は四六四センチ、榧（かや）材の寄木造（よせぎづく）りの千手千眼観世音菩薩立像で鎌倉時代の作である。今、開山堂の清賀上人坐像（鎌倉時代の作）と共に国の重要文化財である。

盛時の千如寺は三〇〇の僧坊と僧兵も擁して、やはり清賀上人の創建と伝えられる怡土（いと）七ヶ寺の筆頭寺院だった。中世は後醍醐天皇や鎌倉幕府の祈願寺として隆盛を誇ったという。その後は戦乱に巻き込まれ衰退する。明治元（一八六八）年の「神仏分離令」で神宮寺千如寺は廃寺となり、歴史ある法灯は山麓の大悲王院に引き継がれた。

大悲王院は江戸中期の宝暦三（一七五三）年に雷山仲ノ坊の實相和尚に帰依した福岡藩六代藩主黒田継高公が創建した。明治三（一八七〇）年に雷神社の境内にあった雷山観音はじめ諸堂の夥しい数の諸仏像や什宝は、現在地の大悲王院に引き継がれた。それらを千如寺から下に降ろす作業が大変だった話が今に残る。そして、寺名も千如寺大悲王院となる。

境内の中央で枝を張る大カエデは宝暦三（一七五三）年に継高公が創建の記念に植えた木で、「雷山のモミジ」として知られ、春秋には大勢の見物客が訪れる。現在は心字池横のビャクシンと共に福岡県の天然記念物である。

私事になるが、筆者はインドの仏蹟巡りで霊鷲山（りょうじゅせん）を訪れたことがある。この山はインドのラージギル（旧マガタ国の首都〝王舎城（おうしゃじょう）〟）の郊外にある岩山で、山頂の岩の重なりが鷲の頭と嘴、羽にそっくりの山である。日本にも山号や寺号に〝霊鷲〟を冠した寺は少なくないが、そのルーツはここなのか、と感慨深いものがあった。

釈尊が度々登り、無量寿経や法華経を説法した処と伝えられるこの山は、永らく忘れられていたが、明治三十六（一九〇三）年、大谷探検隊の大谷光瑞

境内の大カエデは福岡県天然記念物

師（西本願寺ご門主）が朝日に輝くこの山を見て、経典に出てくる霊鷲と確定、数年後にインド考古局も認定して国際的に承認されたという。

今も山頂にある露天の石囲いの内陣には小さな釈迦像が祀られている。傍らには白衣の瞑想姿の行者が数人たむろし（ホンモノか観光写真用のニセ行者かは、私は知らぬ）、周辺にはお供え物を狙う野生のサルが十数匹ほど跳梁していた。

ご詠歌

天の原打ち轟かし鳴る神の
声も消えゆく誓いとぞ聞く

■年行事
1月1～3日　修正会
8月9日　千日観音祭
1月17日　初観音供養祭
11月10日　開山忌
2月3日　節分会
12月17日　納め観音
5月17日　お経会（大般若経転読）

■アクセス
〒819-1145糸島市雷山626
TEL092（323）3547
FAX092（324）3176
JR筑前前原駅から車またはタクシーで30分
西九州自動車道前原ICから車で15分

MAP 7

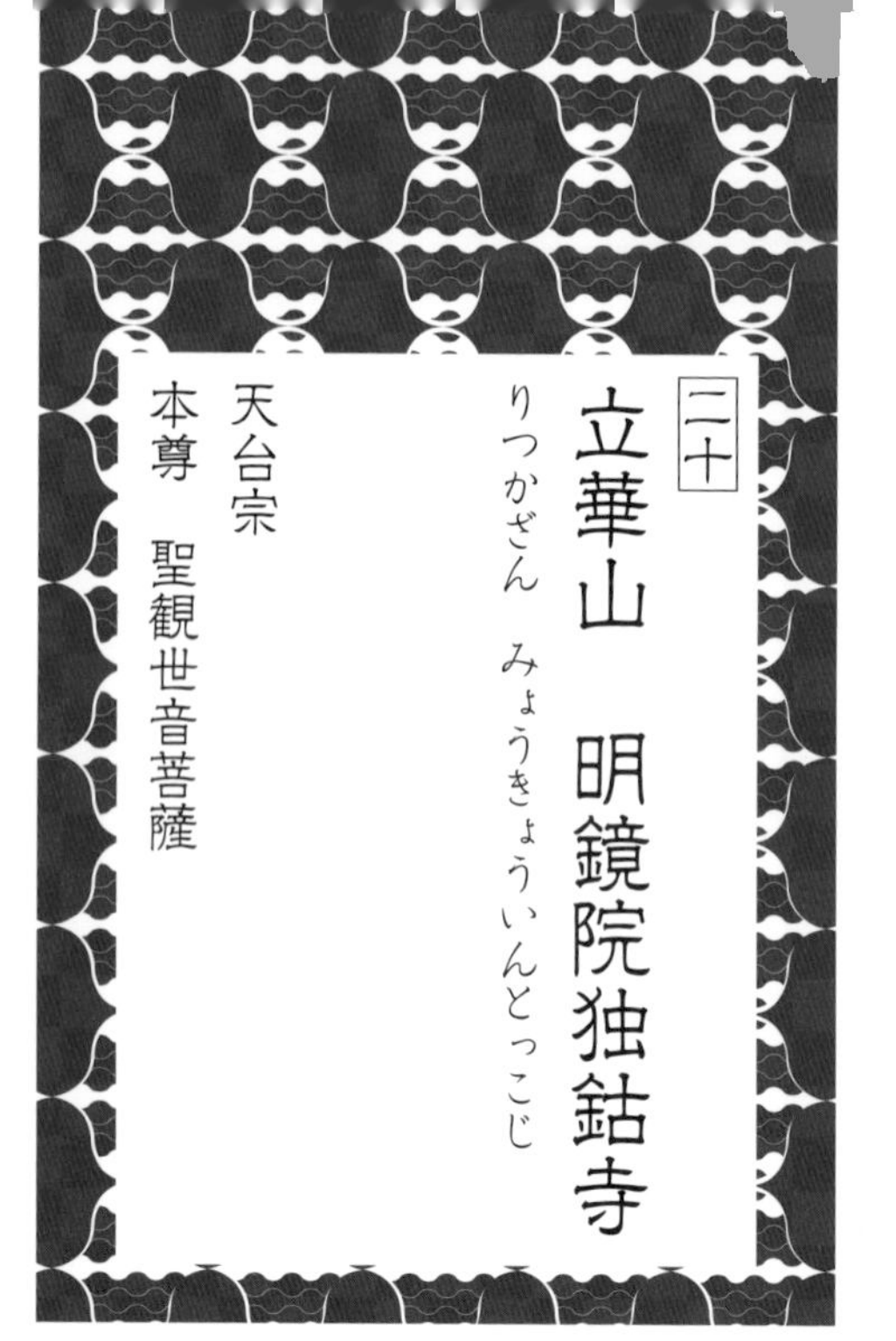

二十

立華山　明鏡院独鈷寺
りつかざん　みょうきょういんとっこじ

天台宗
本尊　聖観世音菩薩

唐から帰国した最澄が最初に開いた寺

糟屋郡新宮町の立花山麓にある独鈷寺は伝教大師最澄が開基したと伝えられる古刹である。その開創には次のような話が伝わる。

桓武天皇の御世に、遣唐使の一行と共に渡唐した最澄は翌、延暦二十四（八〇五）年に帰国した。博多に戻った最澄は、仏法を広める最初の拠点を求めて、花鶴の浜（現古賀市）で一心に祈りを込めて、唐から持ち帰った独鈷と鏡を空に向けて投げた。光を放ちながら独鈷と鏡は東の山の方に飛んで行ったという。独鈷とは密教の修法の法具である。

最澄は独鈷が落ちた処を探そうと山に向かって歩いている時、里人の源四郎に出会い、彼の案内で立花山に行くと、山麓の大石の上にそれらは落ちてい

独鈷寺本堂と座禅石

た。「アァここが仏法有縁の霊地か」と最澄は思い、源四郎の協力を得て草堂を建立し、自ら刻んだ薬師像を安置した。

　これが独鈷寺の始まりと伝える。源四郎とは、最澄が灯した火を千年以上も絶やさず守り続けた新宮町の千年家横大路家の先祖である。

　このような由緒をもつ独鈷寺は立花山の東側の山

徳川二代将軍秀忠公が寄進したという掛仏

麓に伽藍を構える。開創以来一二〇〇年余、住職は九十四世を数える。盛時には三十六坊をもつ大寺院だったと伝えられ、今も緩い傾斜地の広い寺域と趣ある庭園にその名残りをとどめる。

　天明年間（一七八一～八九）に建立された本堂には本尊の聖観世音菩薩坐像、左右に毘沙門天像と観世音菩薩立像、不動明王像、伝教大師像などの尊像を安置する。伝教大師造と伝えられる薬師如来像は隣接する六所（ろくしょ）神社の奥、別院薬師堂に祀る。

　また、徳川二代将軍秀忠公が奉納したという掛仏は直径五〇センチほどの分厚い円形銅板の上に釈迦像を彫り出したもので、本堂奥の御霊屋（おたまや）に架かる。この円板状の釈迦像は、わが国では日光東照宮とここ独鈷寺だけにしかない、貴重な尊像という。本堂の本尊前の諸仏具や台、燈籠の類いにまで、大小の葵のご紋が入っており、将軍家の帰依が厚かったことを、うかがうことができる。

　寺庭の本堂前には平たい大石がある。この石が独鈷と鏡が載っていた件の大石で、ここで最澄は座禅をしたので、今は座禅石と呼ばれる。横に植えられている菩提樹は最澄お手植えの木の子孫という。

寺宝には寺号の由来になった舶載の独鈷と檀鏡、薬師像（伝最澄作）本堂の諸尊像、掛仏、最澄と源四郎の出会いを描いた墨絵などと多い。本当に由緒ある寺であることがよく分かる。

最後に最澄の火を守り続けた「千年家横大路家」（糟屋郡新宮町上府四二〇）に触れておく。

最澄は独鈷寺の開創に協力してくれた源四郎に、横大路の姓と法火、自ら彫った毘沙門天像を与えて「これらを守れば子孫は繁栄し、家は絶えない」と言ったという。源四郎の子孫の横大路家の人々は代々、忠実にその言葉と火を一二〇〇年も守ったから千年家といわれている。現在は建物そのものも築数百年の大きな茅葺古民家として国重要文化財になる。筆者も十数年前に訪れたが、その「千年の火」とは土間にあるクド灰の中の埋み火で、「最澄が灯した火を一度も消すことなく、今も高齢の母が守ってくれている」と、別処に住む横大路家ご当主から直接に話を伺った。

戦国時代に、織田信長の叡山の焼き討ちで根本中堂の大師の法理の火が消えた時は、この横大路家の火を京に運んで再び灯したと聞く。しかし、火の守り人横大路千鶴子氏が高齢で他界され、平成二十三（二〇一一）年からは太宰府妙香庵が「千年の火」を引き継ぎ、宝満山の麓で法火は今も燃え続けている。

■年行事
2月3日　護摩供節分会
7月7日　薬師堂ご開扉
12月31日　除夜の鐘つき

■アクセス
〒811-0102糟屋郡新宮町立花口1098
TEL・FAX092（962）0988
JR鹿児島本線福工大前駅下車、コミュニティバス・山らいず線で立花小学校前下車徒歩10分

MAP 8

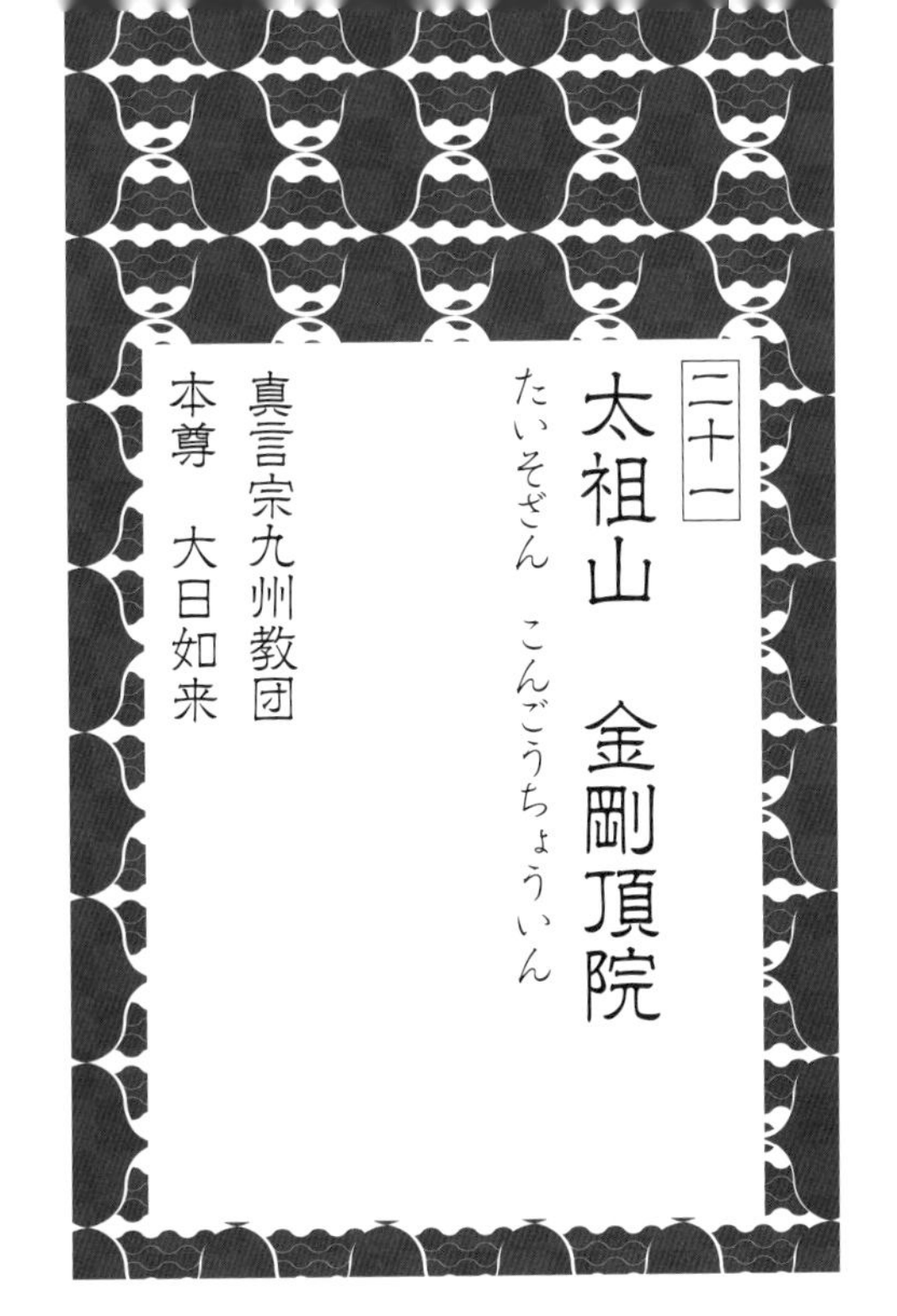

弘法大師の住坊跡に伽藍を構える

若杉山（標高六八一メートル）の山腹に伽藍を構える金剛頂院の寺地は、唐から帰国したばかりの空海が、しばらく庵を結んだ住坊の跡地であると伝える。

延暦二十三（八〇四）年、遣唐使団の一行と渡唐した空海は、真言七祖の恵果阿闍梨（けいかあじゃり）から真言密教を皆伝され、一日も早く帰国し密教を日本に広めるように言われ、当初二十年の留学予定を切り上げ、二年で帰国した。そのせいで都に入る許可が下りず、上京までの一年余りを九州で待機した。その間に持ち帰った仏具・経典の整理と、大宰府を中心にした九州各地の霊蹟を巡拝して過ごしている。一時期を若杉山にも滞在し、鎮護国家と救世利民を祈願したと伝えられる。今も若杉山の山頂直下の、東南斜面崖下にある奥の院に残る「独鈷水（とっこすい）」は大師が手に

若杉山の山腹に参道がのびる

黒田家寄進の大日如来（秘仏）が鎮座する本堂

した独鈷で、岩を穿って得た霊水という。

山頂に太祖神社（主神伊弉諾命）を祀る若杉山は、神功皇后の戦勝祈願や修験道の根本道場など、霊山として千数百年の歴史を持つ。また、篠栗では伝説上の人とされる真言五祖の善無畏三蔵（六三七～七三五／真言八祖空海の師の師）は若杉山に「はさみ岩」の伝説と、墓碑と伝えられる供養塔を残している。また、京都府京丹後市の善無畏開山の縁城寺の縁起書によると、「即御帰唐之処、於筑前国若椙御入滅、善明神是也」の記述があり、この高僧はどうやら若杉山で客死したらしい記述があるが、肝心の資料には遷化の年月日がなく、残念ながら確定はできない。

中世までの若杉山は左谷と右谷に分かれて、天台宗と真言宗の僧坊が三〇〇もあり、最澄・空海の他にも第三代天台座主の円仁、空海血縁の円珍、醍醐寺開祖の聖宝など著名の高僧たちが訪れている。しかし貞和年間（一三四五～四九）の山内争乱で霊地は焦土と化し、衰退したと伝える。

金剛頂院の再建は昭和十七（一九四二）年で比較的新しいが、雷山の宝池坊から招来した本尊の大日如来像は黒田家の寄進である。その像は智拳印を結び、左右に矜羯羅童子と制吒迦童子と従える立派な像である。日頃は秘仏で、毎年七月二十日の夏祈禱秘法護摩供の時だけ開扉される。本堂には他にも室町時代の作で福岡県文化財の不動尊像、毘沙門天像、元弘福寺の本尊の薬師如来像などを祀る。

本堂横の観音堂には黒田家寄進の若杉高野山の元本尊の十一面観音像を、本堂前の淡島堂には淡島明神と豊受大神を、宝形造りの聖天堂には十一面観音像・歓喜天・三宝荒神・如来荒神・愛染明王などの諸尊像を祀る。また、駐車場前にある岳城(たけじょう)観音堂には戦乱で犠牲になった多くの霊を供養する石造白衣観音像など、由緒ある仏像が多い寺である。

今、金剛頂院住職は二キロ下の明王院住職と交代で、毎月二十一日の弘法大師縁日に焚く月例護摩(ごま)供、四月と十月の春秋二回の大護摩供と荒神柴灯(こうじんさいとう)護摩供など若杉奥の院行事の導師を務め、縁日には熱心な信者たちが若杉遥拝堂駐車場に車を停め、一・六キロの山道を歩いて奥の院に参詣する。

手水場から見る本堂と鐘楼

ご詠歌

金剛の峰に澄みにし月影に
迷いも今は消え果つるなり

■年行事

1月4日　修正会・新年祈願祭
4月第1日曜日　淡島・豊受大神祈願祭
7月20日　夏祈願護摩法要
8月16日　施餓鬼法要
11月20日　お砂踏み・護摩法要
12月31日　除夜の鐘

■アクセス

〒811-2411糟屋郡篠栗町若杉4-2
TEL092（947）6348
FAX092（947）6602
車で県道607号の「登山口」右折、若杉遥拝堂駐車場へ向かう途中に寺専用駐車場あり

MAP 9

二十二 岩陰山（いわかげざん） 南蔵院（なんぞういん）

高野山真言宗　別格本山
篠栗四国総本寺
本尊　阿弥陀如来

世界最大のブロンズ釈迦涅槃像の建立で話題を呼んだ

南蔵院は篠栗霊場の八十八の札所を総括する総本寺である。今や国内ばかりでなく世界中から訪れる参詣と観光客が年間一〇〇万人以上と言われる。

高野山の塔頭（たっちゅう）の一つだった南蔵院と九州との縁は一二〇年前に遡る。明治三十二（一八九九）年、南蔵院二十一世の林覚運（はやしかくうん）師は篠栗南蔵院の初代住職として招かれて篠栗に来た。その招聘には当時の篠栗霊場が置かれていた事情が絡む。

この霊場は天保六（一八三五）年、慈忍尼（じにんに）が発願、それを引き継いだ村人藤木藤助翁が有志の協力を得て、嘉永七（一八五四）年に開基した。慈忍尼の出自については、永らく誤り伝えられてわからなかったが、近年ようやく姪浜愛宕権現の神宮寺だった円満寺（現愛宕山観音寺の前身）の観音堂の尼僧と判った。

明治元（一八六八）年の神仏分離令の公布で仏教界に廃仏毀釈の嵐が吹き荒れる中、明治十九（一八八六）年に福岡県令は霊場廃棄命令を出した。これを受けた地元では篠栗村村長藤喜一郎氏を中心に、十年に及ぶ霊場存続の陳情・嘆願運動が展開された。

世界中から参詣者が訪れる南蔵院

世界最大のブロンズ製涅槃像

そして明治三十二（一八九九）年に、「寺院形態をとる」ことを条件にようやく存続が認められ、高野山にあった南蔵院と林覚運住職が篠栗に来た。

新しい篠栗南蔵院の初代住職となった覚運師はまだ二十代半ばの若さ、地元が用意した四畳半の仮堂から出発して半世紀、大師信仰の普及と篠栗霊場の発展と布教に死力を尽くした。立派な堂宇も建立し、昭和初期には篠栗霊場を小豆島（しょうどしま）・知多（ちた）と並ぶ国内の三大新四国霊場の一つに数えられるほど興隆させた。新四国霊場とは四国以外の全国各地につくられる八十八ヶ所霊場をいう。

戦中・戦後の混乱期を経て、南蔵院の次なる発展は二代目覚雅（かくが）住職が引き継ぐ。

昭和二十六年に宗教法人法が制定されると、篠栗の守堂者らは次々と後継者に僧籍を取らせて、札所の堂を寺に昇格させた。ちょうど高度経済成長という時代背景にも支えられて、札所の中に二十以上の新しい寺を誕生させた。巡拝者も急増し、篠栗霊場は総本寺南蔵院を中心に第二黄金期を迎えた。

そして平成時代を迎えると、三代目覚乗（かくじょう）住職は若き日にホノルル高野山別院で駐在開教師を務めた国際感覚豊かな人である。長年、東南アジア諸国とも交流して、ミャンマーやネパールの子供たちに医薬品・ミルク・文房具などを支援して来た。その返礼として昭和六十三（一九八八）年、ミャンマー国仏教会議から、釈尊と阿難（あなん）・目連（もくれん）尊者三人の仏舎利の贈呈を受けるという栄誉を得たので、その尊い仏舎利を祀るための釈迦涅槃像建立を発願したという。

南蔵院では本堂裏の山を切り拓き、全長四一メートル高さ一一メートルの、ブロンズ像として世界最大の釈迦涅槃像を完成させた。平成七（一九九五）年、東南アジア各国から一三〇〇人の僧侶を迎えて、盛大な落慶法要を行なった。像の大きさはニューヨークの自由の女神像（四六メートル）を横にした姿にほぼ同じという。また、像の基壇の中には月華（げっか）殿（でん）という納骨堂が設えられた。

近年は海外からの観光客が実に多い。韓国から来たという上品な老女と若い娘の二人連れは「祖母は仏教徒です。ぜひ行きたいと言うので」と、孫娘が流暢な日本語で答えてくれた。インターネットで見たという若いドイツ人のカップル、同じく男性三人連れも印象に残る。ヨーロッパまで寺名が知られている証（あかし）だろうか。

ご詠歌
霊山（りょうぜん）の釈迦の御前（みまえ）に巡り来て
よろずの罪も消え失せにけり

■年行事
1月1日　修正会護摩法要
　5日　本尊初護摩法要
　7日　新春七草粥会
2月2日　節分厄除大法要
3月　彼岸中日　彼岸法要
4月5日　水子供養
　8日　花祭り（お釈迦様誕生会）
6月7日　わらべ地蔵祭
8月（旧暦6月15日）弘法大師誕生会
　27日　初荒神祭
　15日　盆・施餓鬼供養・精霊流し
9月彼岸中日　彼岸法要
11月8日　不動明王柴燈大護摩法要
12月26～8日　すす払い・納荒神・不動祭
　31日　除夜の鐘

■アクセス
〒811-2405糟屋郡篠栗町篠栗1035
TEL092（947）7195
FAX092（947）5725
JR篠栗線城戸南蔵院前駅から徒歩3分

MAP 9

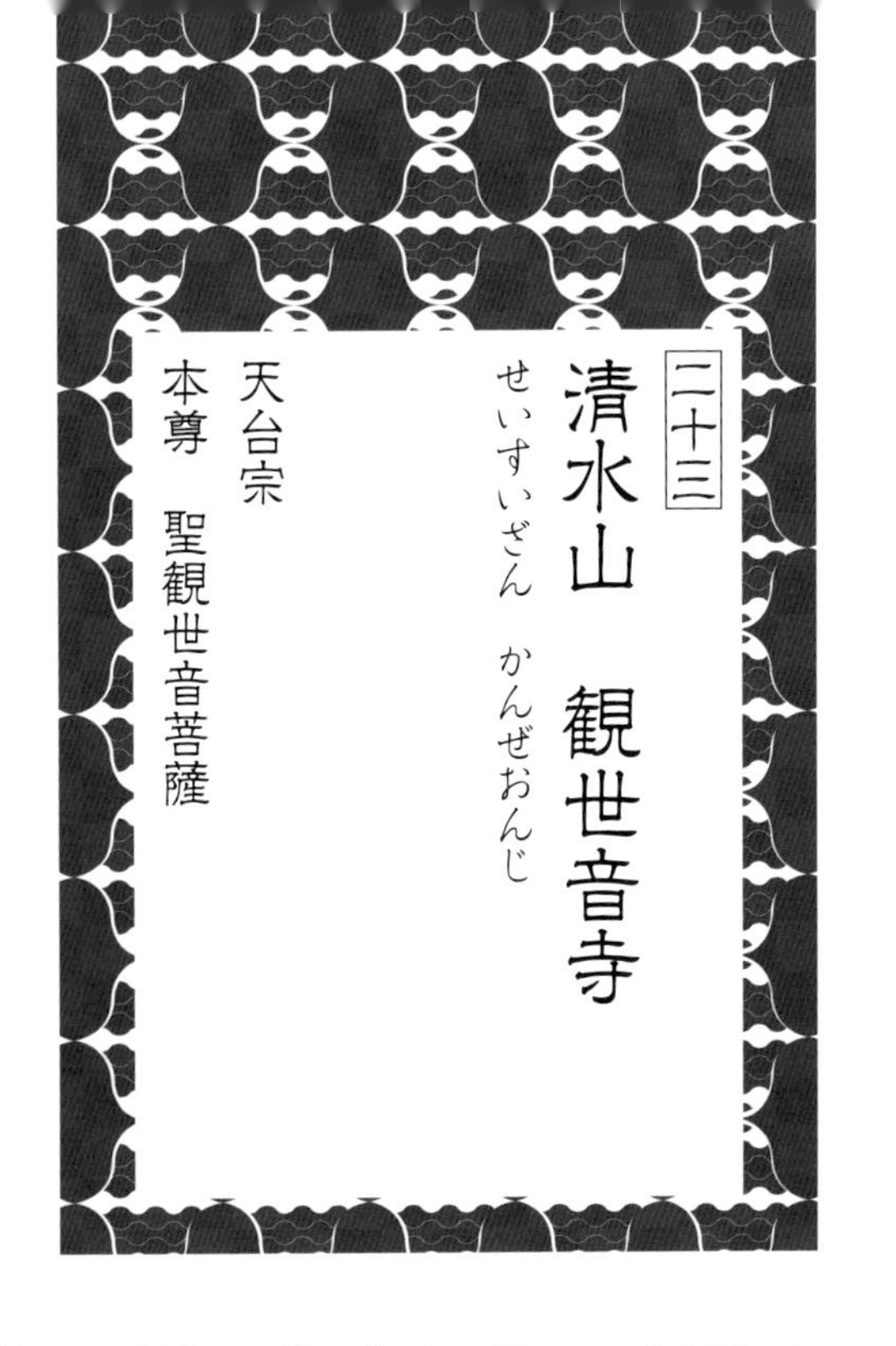

天智天皇が母斉明天皇追善のため発願

大宰府政庁跡地の東側にある観世音寺は天智天皇（第三十八代）が斉明天皇（第三十五・三十七代）の追善のために建立を発願したと伝えられる。斉明天皇とは舒明天皇（第三十四代）の皇后で、天智・天武（第三十九代）の母である。斉明天皇七（六六一）年、百済（くだら）救援のために西下する息子たち中大兄・大海人皇子（後の天智・天武天皇）、帰国する百済王子豊璋（ほうしょう）（友好の証として来日中）らに同行、娜（な）の大津（おおつ）（現博多）に滞在中、病を得て朝倉橘広庭宮（あさくらたちばなのひろにわぐう）（現朝倉市）で崩御した女帝である。しかし国事に忙殺される天智天皇は追善のための寺院建立の具体化にいたらず、観世音寺の完成は天智天皇の曾孫、聖武天皇（四十五代）時代の天平十八（七四六）年と、発願から完成まで八十年余を要した。

その理由には①白村江（はくすきのえ）の大敗後は外敵（唐）侵攻を危惧し国防対策を最重要課題としたこと　②天智の皇太弟天武以後は後継男子の夭逝が続き、やっと聖武帝（在位二十五年）に落ち着くまで、幼帝文武（四十二代）を守る天智天皇の三人の娘

国宝・観世音寺の鐘

現本尊を祀る観世音寺講堂

たち女帝（四十一持統・四十三元明・四十四元明）でつないだこと、などがある。

　養老五（七二一）年に朝廷役人沙弥満誓（しゃみまんせい）が造観世音寺別当として着任、ようやく建立が本格的となる。寺地は方三町、七堂伽藍が整い、華麗な回廊を巡らし、府大寺（ふのおおでら）（都府の官寺）として西海道一の内容と寺容をもつ寺院として創建された。盛時には子院が四十九あったと伝える。

　こうして隆盛を誇った観世音寺だが、平安期以後の都府機能を喪失した大宰府と共に寺も衰退する。さらに中世の戦乱と自然災害などで荒廃した。

　江戸時代になると、筑前に入府した黒田家が再建に取り組む。藩主職を息子の長政公に譲って隠居となり、時間にゆとりができた藩祖黒田孝高公は大宰府に仮居を構えて、観世音寺の再建に着手し、率先指揮したという。現本尊の聖観音像を祀る講堂（元禄元年建立／一六八八）はその頃に建てられた。

　観世音寺が収蔵する夥しい宝物中の筆頭は境内の鐘楼に吊るされる日本最古の梵鐘（国宝）である。高校の教科書で学ぶ菅公の漢詩（後述）で有名な「観世音寺の鐘」とはこの梵鐘を言う。鋳造年は不詳だが、考古学者であるご住職の話では、封戸の施入や兄弟鐘と推定される京都妙心寺の梵鐘の鋳造年から考えて、六八〇年代後半と推定できるという。

　耐火建築の宝蔵には、国の重要文化財指定の仏像十八体を含む二十五点の仏像・仏具を収蔵する。その規模は西日本で最多であり、何度も訪れたくなる宝蔵である。

　ちなみに私たち馴染みの、都市高速終点「水城」の地名の由来は天智天皇が唐の来襲に備えて亡命百済人を相談相手に、大宰府防衛のために築城（六六四〜五）した水城と朝鮮式古代山城の大野城、基肄（きい）

城に由来する。しかし、幸いなことに唐は攻めて来ず、使われないまま現代に至った古代遺跡である。
最後に、平安時代に同僚の讒言で大宰府に左遷された道真公の、前述の「鐘」を歌った漢詩を記す。道真公の寂寥と鬱々たる思いが伝わってくるようである。

菅原道真の漢詩「不出門」

一従謫落就柴荊
　一讒言に貶められてあばら家に就く（住む）
万死兢　々跼蹐　情
　（罪）におののき身が縮む思いである
都府楼　僅　看瓦色
　都府の楼閣は僅かに瓦色を看るだけ
観音寺只　聴　鐘　声
　観（世）音寺はただ鐘の音を聴くだけである
中　懐　好　逐弧雲　去
　（今私の）心の裡は弧雲が去来するを好み
外物相逢満月　迎
　他には満月を迎えて相逢うだけである
此地　雖　身無検繋
　この地で私の身に拘束や取調べはないが
何為寸歩出門行
　どうして寸時の外出もする気になれようか

ご詠歌

日の本や西の都に名を得たる
御堂に札を打ちぞ納むる

■月行事
毎月18日　観音会

■アクセス
〒818－0101太宰府市観世音寺5－6－6－1
TEL092（922）1811
JR鹿児島本線二日市駅から徒歩20分
西鉄天神大牟田線都府楼前駅・五条駅から徒歩15～20分
まほろば号（コミュニティバス）観世音寺前バス停から徒歩2分
車は福岡都市高速環状線水城ICから天満宮に向かう途中の左手にある宝蔵前に広いP有り

MAP 10

二十四

宝珠山　戒壇院

ほうじゅざん　かいだんいん

臨済宗　妙心寺派
本尊　毘盧遮那仏

日本三戒壇（奈良・下野・筑紫）の一つとして

戒壇院は天平宝字五（七六一）年に日本三戒壇の一つとして、観世音寺の中（現在地）に西戒壇院として開創された。戒壇院とは正式の僧尼になるために必要な戒律を授受する場所（壇と堂宇）で、鑑真和上と聖武上皇の勅願でつくられた。

天平勝宝五（七五三）年に薩摩坊津に上陸した鑑真和上は翌年、天平勝宝六（七五四）年に東大寺大仏殿に戒壇を築き、聖武上皇や僧尼四〇〇人に戒を授けたのが日本の登壇授戒の始まりである。その壇は、後に大仏殿の西に移して堂宇戒壇院を建立する。さらに全国各地の僧尼も容易に授戒できるように、天平宝字五（七六一）年に下野薬師寺と大宰府観世音寺に、東国と西国にエリアを分けて、東西それぞれの戒壇院を寺内に設置した。西国のそれが当戒壇院である。西戒壇院で受戒した著名な僧侶に弁阿弁長（浄土宗鎮西派開祖の聖光上人）や博多の妙樂寺を開山した月堂宗規らの名前がある。しかし、その後の戒壇院は大宰府政庁や観世音寺の衰退、さらに戦国時代の兵火なども加わり、

観世音寺に隣接する戒壇院山門

戒壇院本堂

中世末期には本尊の盧舎那仏だけを祀る小さな草堂一つになっていたという。

近世に入った寛文九（一六六九）年に崇福寺の僧智玄和尚が来住し、勧進をしながら京仏師を招いて本尊を修復するなど戒壇院の復旧に努めた。観世音寺村を封地とする黒田藩家老鎌田八左衛門昌勝は方三間の本堂と諸堂を再建する。延宝八（一六八〇）年には藩主黒田忠之・光之の援助を得て、天王寺屋了夢が現在の重層入母屋造り方五間の堂を建立・寄進した。

元禄十六（一七〇三）年に戒壇院は観世音寺から分離独立する。その後は真言、臨済、天台宗と各派の寺院から住持を迎えながら寺を維持し、明治六（一八七三）年からは博多聖福寺末の臨済宗妙心寺派寺院となって現在に至る。

本堂中央の須弥壇前に設えられた戒壇は、高さ五〇センチ程の御影石の土台の上に、四畳半位の広さに方三〇数センチの黒い平石を敷き詰めて、その周囲を白木の欄干が取り巻くかたちで、戒壇下には天竺（インド）・唐（中国）・大和（奈良／日本）の三国の土が納められて、現在では日本最古の戒壇という。

丈六の本尊木造盧舎那仏座像は平安後期の作で国の重要文化財指定を受ける。

本堂の建物と鐘楼・梵鐘とその付属品が福岡県文化財、本堂の両脇侍の文殊・弥勒菩薩像と本尊の右斜め背後に安置される鑑真和上像が江戸期の作で、太宰府市文化財に指定される。他に鑑真和上が招来したと伝えられる菩提樹の木も本堂前にある。

県文化財の梵鐘には次のようなエピソードがある。この鐘は元禄十四（一七〇一）年に博多の鋳物師義野七平が鋳造、万町の桶屋白木玄流の寄進という。玄流の父孫衛門は黒田藩家老栗山大膳の甥だったから、黒田騒動に連座して捕えられ病死した。弧児となった赤子の玄流は宗像の百姓夫婦に育てられ、博多商人となり酒造業で成功する。玄流は遺言で戒壇院への梵鐘寄進を強く望んだという。

また、先々代住職の大西真応師は高崎山の万寿寺専門道場から来られたが、高崎山時代に野生ザルの餌付けに成功、別府観光に大いに貢献した有名な人である。筆者も面識あるご住職だが、「毎日お仏飯のお下がりを庭に置いとくと、野生のサルが食べに来よる。古うなって食べられんごとなったお供えもんも一緒イ置いとくとナーンボでも来よる……」と、サルがお供えを取り合うさまをおもしろおかしく話して下さった。その声と話しぶりが、今も耳目によみがえる。

■年行事
3月17〜23日　春彼岸会
4月8日　花まつり
5月6日　鑑真忌・護持会総会
6月上旬の土or日曜日　菩提樹コンサート
7月6日　大般若祈祷会・お施餓鬼
8月6〜15日　お盆棚経・お盆送り火
9月25日頃　古都の光
9月20〜26日　秋彼岸会
12月23日　冬至冬夜（座禅会・写経会）
12月31日　除夜の鐘

■アクセス
〒818-0101太宰府市観世音寺5-7-10
TEL・FAX092（922）4559
JR鹿児島本線二日市駅から徒歩30分
西鉄天神大牟田線都府楼前駅・五条駅から徒歩15〜20分
まほろば号（コミュニティバス）観世音寺前バス停から徒歩2分

MAP 10

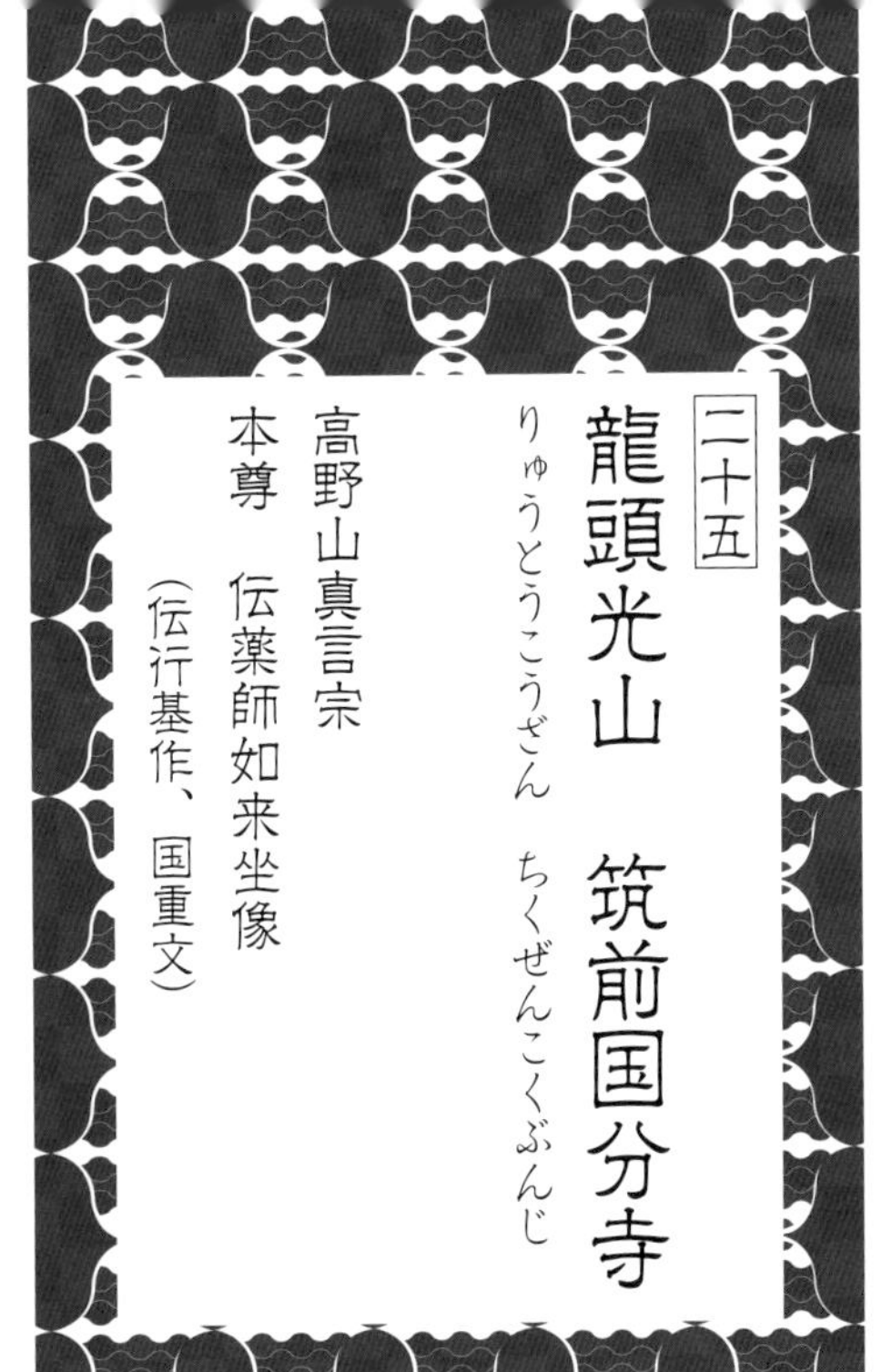

二十五

龍頭光山（りゅうとうこうざん）　筑前国分寺（ちくぜんこくぶんじ）

高野山真言宗

本尊　伝薬師如来坐像（伝行基作、国重文）

旧筑前国分寺跡に建立された寺院

国分寺は大宰府政庁（都府楼）跡に隣接する地にある。地名の〝国分〟はもちろんこの寺に由来する。寺名の通り現国分寺は旧筑前国分寺跡に建立された。

天平十三（七四一）年に聖武天皇は国情不安を鎮撫するために、奈良東大寺と法華寺（尼寺）を総本寺に、全国六十八カ所（六十六州と対馬・壱岐二島）の国ごとに、鎮護国家のための勅願寺、国分寺と国分尼寺の建立を命じた。正式には「金光明四天王護国之寺（こんこうみょうしてんのうごこくのてら）」と「法華滅罪之寺（ほっけめつざいのてら）」といい、全国の国分寺と国分尼寺の共通名称である。さらに国分寺には水田十町と封戸五十戸を与えて僧侶二十名を、国分尼寺には水田十町と尼僧十名を置き、国家の安寧を祈らせた。ちなみに今も全国各地に残る国分・国分寺・尼寺（にじ）などの地名はこの時に建立された寺院に由来す

大宰府政庁跡に隣接する筑前国分寺

本堂には行基作と伝わる薬師像が安置される

るが、一三〇〇年の時の流れの中で多くは廃絶し、跡地だけが地名や史跡として今に残る。

筑前の国分寺は大宰府政庁の北西二キロの現在地に、国分尼寺は国分寺の西方に建立されたが、国分尼寺は廃絶したままである。

往時の国分寺は壮大な七重塔に七堂伽藍を構える大寺院だったと伝えられるが、中世の戦乱で寺は衰退・焼亡した。ことに戦国時代の国分には、大友・島津の激戦で岩屋城にこもる大友方を攻めて勝利した薩摩方が布陣した地というから、戦場の真っただ中で廃墟となったのだろう。

江戸時代に書かれた『筑前国続風土記』に「大なる礎多くなお残れり……いつの時より廃絶せしにや」とある。しかし伝薬師如来座像を祀る小堂だけは辛くも残ったらしく、後に武蔵の国から来た廻国の修行僧がこの古刹の廃絶を惜しんで、草堂を造ったと伝えられるが不詳。江戸時代の元文年間（一七三六～四一）に僧俊了が堂を再建、天明年間（一七八一～九）にも僧忍龍が熱心に勧進して、山門など寺の修復と再興をはかったと伝えられる。この頃になると、黒田美作公（黒田藩家老で三奈木支藩々主）から寺産となる田地の寄進を受けている。

明治二十四（一八九一）年に原崇寿師が入寺して、伝世する薬師像を本尊に本堂再建、坊舎も修復して現国分寺の中興・開山一世となった。以来、当代の原弘善住職で五世を数える。

本堂の須弥壇の奥、厳重なガラス扉の向こうに安置される本尊の薬師像は丈六の木造如来像で、行基作と伝えられ旧国分寺時代の貴重な仏像である。今は国の重要文化財に指定されて、本堂の背後に建つ別棟の耐火性の小堂に安置される。しかし透明ガラ

料金受取人払郵便

博多北局
承認

3217

差出有効期間
2021年10月30
日まで
（切手不要）

郵便はがき

812-8790

158

福岡市博多区
奈良屋町13番4号

海鳥社営業部 行

通信欄

通信用カード

このはがきを，小社への通信または小社刊行書のご注文にご利用下さい。今後，新刊などのご案内をさせていただきます。ご記入いただいた個人情報は，ご注文をいただいた書籍の発送，お支払いの確認などのご連絡及び小社の新刊案内をお送りするために利用し，その目的以外での利用はいたしません。

新刊案内を［希望する　希望しない］

〒　　　☎　（　　）

ご住所

フリガナ
ご氏名

（　　歳）

お買い上げの書店名

福岡の名刹・古刹55ヶ寺

関心をお持ちの分野

歴史，民俗，文学，教育，思想，旅行，自然，その他（　　）

ご意見，ご感想

購入申込欄

小社出版物は全国の書店，ネット書店で購入できます。トーハン，日販，楽天ブックスネットワーク，地方・小出版流通センターの取扱書ということで最寄りの書店にご注文下さい。なお，本状にて小社宛にご注文いただきますと，郵便振替用紙同封の上直送致します（送料実費）。小社ホームページでもご注文いただけます。http://www.kaichosha-f.co.jp

書名		冊
書名		冊

ス扉になっているから、詣る人にはあたかも須弥壇の奥に祀っているように見える。

現在の伽藍は旧国分寺時代の金堂跡に建立されている。今も庫裏の前に残る大きな礎石からも古（いにしえ）の建物の壮大さが想像できる。また、近辺には金堂・金光明経を納めた壮大な七重塔、〝講堂〟回廊などがあったことが昭和三十五（一九六〇）年の発掘調査で確認されている。現在、旧国分寺跡は国の史跡に指定される。

他にも現国分寺の東方二〇〇メートルの池畔に国分寺瓦の窯跡が発見され、今も古瓦片が出土するという。

近くにはまた、天智天皇が外敵の襲来に備えて大宰府を守るために造られた堤防水城跡が、今はその名残りと言うべきか痕跡が残るなど、我が国の古代史を彩る史跡が多い地である。

旧国分寺跡。奥の金堂跡に現寺院が建つ

ご詠歌

ありがたや国分の里の薬師さま
瑠璃のみ光とわに輝く

■年行事
3月　春彼岸会（中日の2日後）
8月18日　盆施餓鬼
9月　秋彼岸会（中日の2日後）

■アクセス
〒818-0132太宰府市国分4-13-1
TEL092（924）3838
FAX092（924）3375
西鉄天神大牟田線都府楼前駅から徒歩20分

MAP 10

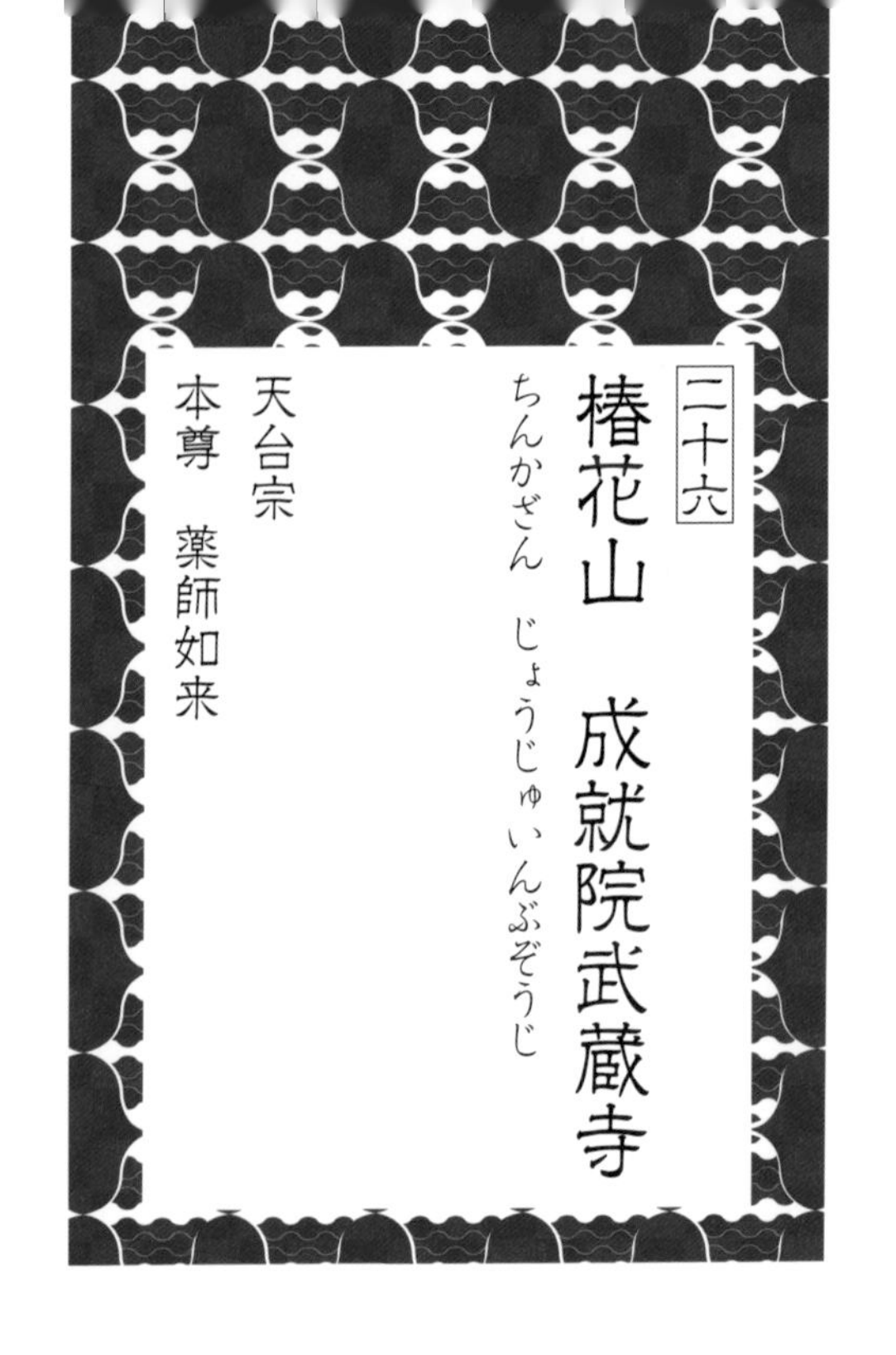

二十六　椿花山　成就院武蔵寺

ちんかざん　じょうじゅいんぶぞうじ

天台宗

本尊　薬師如来

推定樹齢千三百年の天然記念物「長者の藤」の寺
虎麿伝説をもつ九州最古の仏蹟

　藤の寺として有名な武蔵寺は飛鳥時代創建の九州最古の寺と伝えられる。武蔵寺を語るにはその縁起、虎麿（登羅麻呂）将軍の伝説から語らねばならない。

　孝徳天皇（六四五〜五四）の御世、筑紫国次田郷に夜な夜な現れる怪火に里人は怯えていた。武勇に長けた若者虎麿が退治に行き、怪火に向けてハッシと弓を射ると火は消えた。翌日、その跡を確かめると、矢はツバキの大樹を突き刺していた。その夜、虎麿の夢枕に十二神将を従えた薬師如来が現れて「このツバキで薬師如来像を彫り、仏に帰依するように」と告げたという。夢告げに従い虎麿は仏師を探し、ツバキの木で薬師如来像、脇侍の日光・月光両菩薩や十二神将の諸像を刻ませて、天拝山麓に一宇を建立し、これらの像を祀った。これが武蔵寺の始まりと伝えられる。

　また、子宝に恵まれなかった虎麿は薬師様に子授けを祈願、可愛い女の子を授かり、瑠璃と名づけて大切に育てていた。ところが白雉四（六五三）年、瑠璃が疫病に罹った。心配した父の虎麿は再び薬師様に平癒を祈願すると「東方の紫雲たなびく沼で湯浴みさせると治る」の託宣を受けたので、さっそく沼を探し繁る葦を刈り、こんこんと湧く湯を見つけ、娘を湯浴みさせると病はたちまち快癒したという。これが次田の湯（後の二日市温泉）の始まりと伝えられる。

人柄も武勇にも優れた虎麿は壬申の乱のとき大海人皇子（おおあまのみこ）に加担して出兵、近江国瀬田で大勝、天武天皇の即位に貢献した。この後、虎麿は次田郷主や長者だけではなく鎮西将軍とか登羅麻呂将軍、藤原登羅麻呂と言われるようになる。

天武天皇の三（六七四）年、都から使者が遣わされて来て「西海に一寺を建立せよ」との天武天皇の勅命を伝えた。さっそく虎麿は勅命に応え前述の薬師如来像を本尊に、七堂の大伽藍を建立した。こうして数々の足跡を残した虎麿将軍は朱鳥元（六八六）年に没したと伝えられる。

以上が縁起に基づく虎麿伝説で、その後はしばらく空白が続く。しかし、その後も寺は栄えて子院七カ寺、五十余坊を持つ大寺院になったと伝える。この寺のことは『梁塵秘抄』や『宇治拾遺物語巻二』に記述があるという。九世紀に大宰府を訪れ

古色を帯びた立派な山門

境内池にかかる石橋が本堂へと誘う

た最澄が留錫し、武蔵寺（むさしでら）を天台宗寺院として中興開山した。現在、寺では開創を虎麿、開山を最澄とする。中世の武蔵寺は南北朝と戦国時代の二度の兵火で焼失するが、江戸時代に二代藩主黒田忠之公が再興した。

福岡県は昭和三十五（一九六〇）年に、武蔵寺（ぶぞうじ）を福岡県の史跡に指定する。さらに昭和四十（一九六五）年には九州大学名誉教授長沼賢海（ながぬまけんかい）先生を中心に学術調査が行われ、「飛鳥時代に蘇我氏の手で建立された筑紫（つくし）（九州）最古の仏蹟」と総括、伝説はほぼ肯定された。

また、長沼説では大化五（六四九）年に初代大宰（だざいの）師（そつ）になる蘇我日向臣身刺（そがのひむかのおみむさし）（蘇我稲目の孫）と虎麿は同一人物であろうと推定する。

有名な「長者の藤」は筑紫野市の天然記念物、花房が長く一五〇センチ位になる。寺伝では虎麿が寺の発展を願って植えたと伝えられ、推定樹齢は一三〇〇年余。住職の話では、株から新しい脇芽が次々出るので自然に世代交代をしているのでしょうと。

「紙本著色武蔵寺縁起」は福岡県文化財、他に筑紫野市の文化財が数点伝世する。

■年行事
1月1・3日　修正会、星祭　護摩祈禱
2月9日　初午稲荷法要
3月20日　春季彼岸会
4月8日　花まつり（灌仏会）
4月29日　藤まつり（藤供養会）
7月21日　ウリ封じ（土用丑の日）
8月13日　盆法要（盂蘭盆会）
8月19日　大施餓鬼会
9月22日　秋季彼岸会
11月29日　地蔵会（藤原虎麿大遠忌）
12月30日　大掃除、御蹟納之儀
12月31日　除夜の鐘

■アクセス
〒818-0052筑紫野市武蔵621
TEL092（922）2670
FAX092（922）2674
JR鹿児島本線二日市駅から徒歩20分
西鉄高速バス二日市温泉入口バス停から徒歩10分

MAP 11

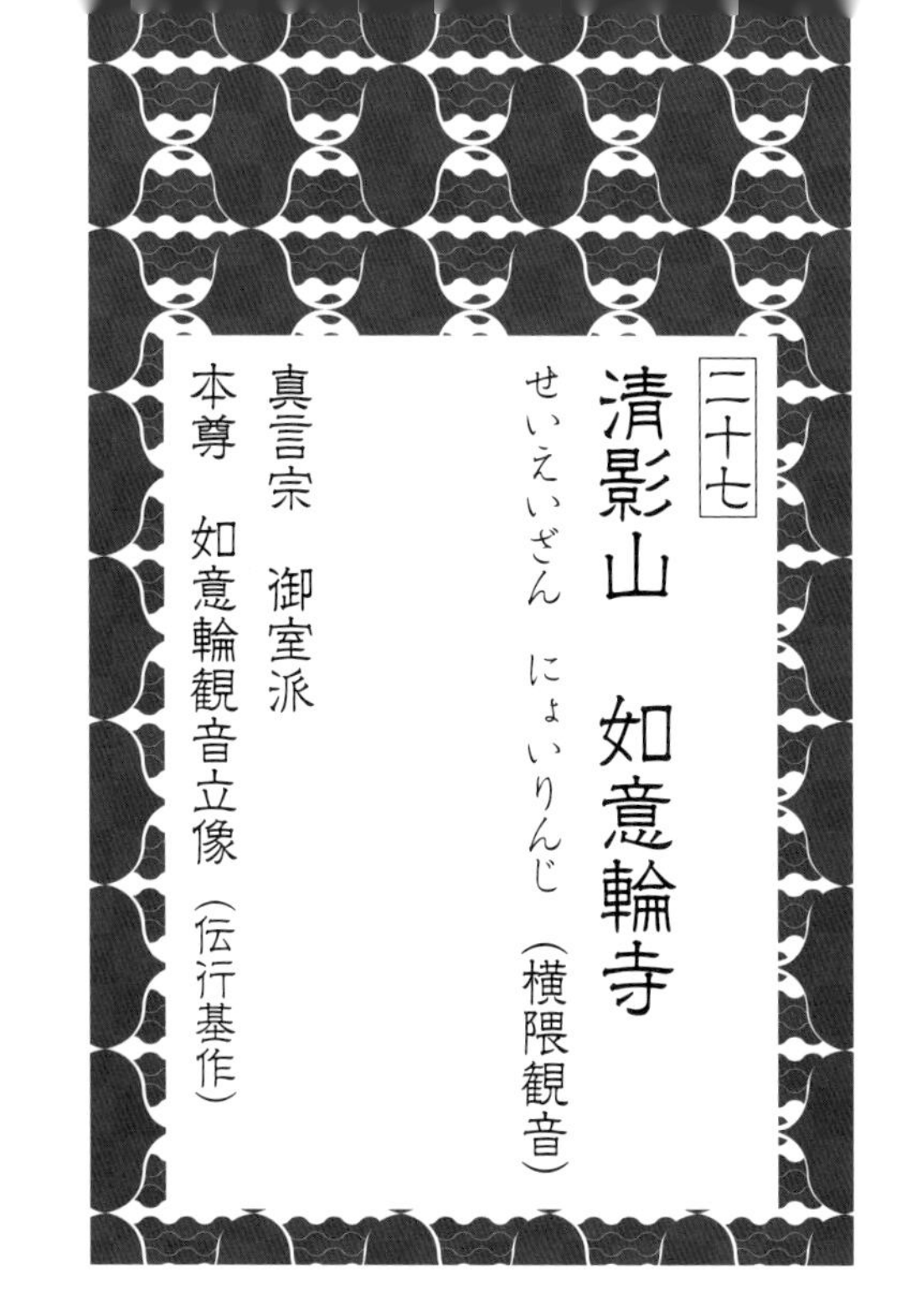

二十七

清影山（せいえいざん）　如意輪寺（にょいりんじ）（横隈観音）

真言宗　御室派

本尊　如意輪観音立像（伝行基作）

参詣者が急増したカエル寺

小郡にある如意輪寺は天平年間（七二九〜四九）の巳の年に孝謙天皇の勅願寺として行基菩薩が開基した。別称で横隈観音とも言う、本尊の如意輪観音立像は行基菩薩が一刀三礼をもって刻したと伝える。開創当初は朝廷の尊崇厚く、末寺も七カ寺あり隆盛を誇ったと伝えられるが、千三百年に近い歳月の中で、何度も盛衰を繰り返している。

記録に残るだけでも、鎌倉時代の正安三（一三〇一）年に一了禅師が再興した堂宇は天正十四（一五八六）年に島津の兵火で焼失した。江戸時代の初期に久留米藩二代藩主有馬忠頼公が、茅堂（ちがやどう）一つになって衰退していた古刹を惜しんで、伽藍を建立して再興する。その後は松崎藩（久留米藩支藩）の藩主祈禱所となり、門前下馬（神社仏閣や貴人の邸宅の門前を通るとき、表敬のために下馬すること）の寺格を持つ寺になる。しかし、松崎藩は改易となり再び荒廃する。

元禄時代に久留米藩と郷民が協力して三間四方の仏殿と、二間×五間半の萱葺（かやぶき）の堂宇を再建する。さらに安永七（一七七八）

如意輪寺山門

約1300年の歴史を持つ如意輪寺

年には七代藩主有馬頼僮公が創設した「筑後三十三所観音霊場」の第八番札所となる。なお、現本堂は大正八（一九一九）年の再建である。

本尊の如意輪観音像（ヒノキの一木造り／像高一五三センチ／平安時代作／福岡県文化財）は首をやや右に傾けた思惟の相で、全国でも希少な立像である。今も秘仏で、創建の縁起に因んで巳の年の巳の月だけ開帳される。次回の開帳は令和五（二〇二三）年の四月という。

この観音さまは昔から安産・長寿・福徳に霊験があるとして信者が多い。いつお詣りしても三々五々と参詣者が絶えない。境内で幼児を遊ばすお母さんたちもいる。この寺が地域に密着し、近隣の人々に親しまれていることがよく分かる。

境内に建つ諸堂も多い。薬師堂に祀る薬師三尊像（クスの一木造り／江戸時代作）は本尊だけでなく脇侍の日光・月光両菩薩像も蓮台まで、一本のクスで彫り出してあるという。不動堂には火難除けに霊験が顕著という勝坂不動尊を祀る。本堂左手の宝形造りの地蔵堂（昭和四十二年の建立）には交通安全と人の道を守るようにと祈願して造立された道守地蔵尊を祀る。また、境内の西側の高み（バイパス沿い）には石仏八十八体が並ぶ境内四国八十八カ所がある。

今、如意輪寺をとみに有名にしているのはカエルのコレクションで、その数はナント五〇〇〇匹余りで、別名カエル寺と言われる所以である。庫裏の座敷は大小様々のカエルで埋まる。境内のあちこちに置かれた石造や陶製のカエルも無数である。これは当代住職の趣味とか。「蛙」と「帰る（変える、換える）」を掛けて、参詣人の二度三度の再訪を願う、運勢その他の凶を吉に変える、気持ちを切り換えること、などを念じつつ蒐集を始めた三十数年の成果という。

確かに参詣者が急増し寺勢が盛んになったという。霊場札所も多く、九州八十八カ所、九州三十三観音、九州二十四地蔵尊などの諸霊場から指定され、遠隔地からの大型バスでの巡拝も急増したという。

境内の西側に隣接するJR原田駅前から小郡、久留米に抜けるバイパスが整備されて、車での巡拝が格段に容易になったこともあろう。

境内に点在するカエルたち

境内にはカエデのほかにシャクナゲ、ツツジ、アジサイ、ツバキと四季折々の花木が多く、参詣の人たちの目を楽しませてくれる。

ご詠歌

救わんと誓いの如くこころへよ
たえずにめぐる法(のり)のくるまじ

■年行事
1月1日　元旦初参り
1月17日　初観音大祭、火渡り
2月11日　節分
4月24日　地蔵尊大祭
7月17日　夏祈祷
8月24日　流れ灌頂

■アクセス
〒838-0105小郡市横隈1728
TEL0942（75）5294
FAX0942（75）2983
西鉄天神大牟田線三沢駅から徒歩15分
大分自動車道筑後小郡ICから車で10分

MAP 12

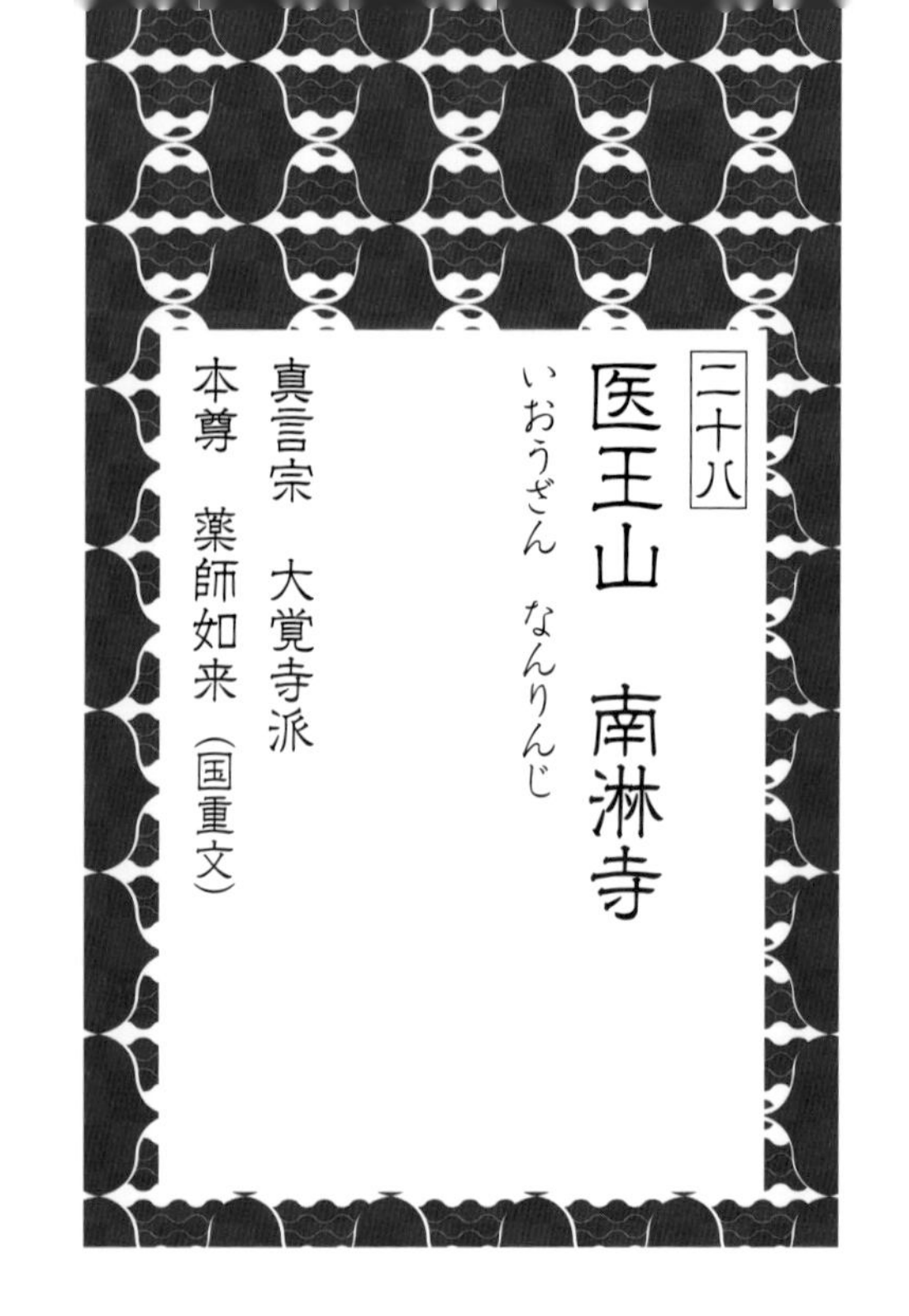

二十八

医王山　南淋寺

いおうざん　なんりんじ

真言宗　大覚寺派
本尊　薬師如来（国重文）

伝教大師の七仏薬師を祀る寺

朝倉市にある南淋寺は最澄が開基した寺で、平成十七（二〇〇五）年に開創千二百年を迎えた。寺伝によると延暦二十二（八〇三）年、遣唐使の一行として最澄・空海が渡唐のとき、海上で大嵐に遭遇した。そのとき最澄は無事に入唐・帰国が叶うならば、「七仏薬師を謹刻して衆生を救う」と天に誓い、嵐が鎮まるよう祈願した。入唐は成功し、延暦二十四（八〇五）年に無事に帰国した。

最澄は帰国後、いったん比叡山に戻るも海上での誓願を果たすべく筑紫に下り、大宰府滞在中に古処山で見つけた榧（かや）の霊木で七体の薬師像を刻んだ。これが世に言う「七仏薬師」である。そして、第一番の像を本尊に、筑後川河畔の長渕（現朝倉市長渕）に南林寺を開創したと伝えられる。その経緯は『筑前国続風土記』に詳述されている。ちなみに残る六仏の所在は第二仏は比叡山の根本中堂に、第三仏は大宰府の天拝山（宝満山宇智山中堂とも）で焼失、第四仏は福岡市美術館（旧東光院の仏像収蔵室）、第五仏が嘉麻市土師の種因寺（しゅいんじ）本尊に、第六仏は京都四条の因幡堂に、第七仏が京都太秦の広隆寺に安置したと伝える。

月日は流れて興国七（一三四六）年に南林寺は相続問題で紛糾し、これを収めた宗本主座が天台宗から曹洞宗へ転宗させる。こうして南林寺は天台寺院として五〇〇年余の歴史を閉じ、新しく曹洞宗の禅

緑に囲まれた参道

林として再発足する。またこれを機に、度々の筑後川氾濫という水難を蒙る旧地長渕から山沿いの台地である現在地へと寺地を移転させ、新しく本堂や庫裏、鐘楼などを建立した。その陰には、太宰少弐頼(より)尚(ひさ)（南北朝期の武将、一二九四～一三七二）の外護(げご)やその継母の賀茂御庵主修禅尼からの寺領寄進などがあったと伝える。

曹洞宗寺院として再発足した南林寺は、開山の宗太和尚を中心に、雲水たちも集まって禅林屈指の僧堂へと発展した。ところが今度は兵火や度々の火災など火難に遭遇するようになり、苦慮していたところ夢告げにより、境内の三カ所に井戸を掘る、寺名の南林寺にサンズイをつけた南淋寺に変えると、火難は無くなり現在に至るという。

江戸時代の慶安元（一六四八）年、今度は福岡藩二代藩主黒田忠之公の命により、快遍阿闍梨が晋山(しんざん)して真言宗寺院となる。二度目の転宗である。さらに藩主所縁の寺となり、寺紋に「黒田藤」を許され、本堂には今も忠之公夫妻の位牌を祀るという。住職は初世最澄から当代まで三五五世を数えるという。

本尊の薬師如来坐像（榧(かや)の一木造／像高七〇センチ／藤原時代の作）は大正元（一九一二）年に国宝に指定されたが、法改正で昭和二十五（一九五〇）年に国の重要文化財になり、今は薬師堂背後の耐火性建築の宝蔵に日光・月光両菩薩像（定朝作）、十二

最澄謹刻の七仏薬師の一体を祀る薬師堂

神将像他と共に安置する。本堂には本尊に代る前立薬師像、不動尊・大黒天・弘法大師像などを祀る。

寺宝は他にも福岡県文化財の梵鐘（応永二十八年の鋳造銘）、室町初期の雲板（出土品）、「医王山南淋寺縁起一巻」、石造宝篋印塔、少弐供養塔、賀茂禅尼遺髪塔などがある。宝蔵は行事の日だけ開扉する。

秋は不動明王像を安置する裏山からの眺望が絶佳、殊にモミジが美しい寺である。

ご詠歌

瑠璃光の薬師如来の御恵み罪も病も救わるるかな

■年行事

1月第2日曜日　本尊ご開帳、初法要
3月春分の日　春彼岸会
4月8日　花まつり　本尊一般公開
8月17日　施餓鬼
9月秋分の日　秋彼岸会

■アクセス

〒383－1302朝倉市宮野86
TEL・FAX0946（52）0332
西鉄バス（杷木行き）比良松バス停から徒歩40分
大分自動車道朝倉ICから車で8分

MAP 13

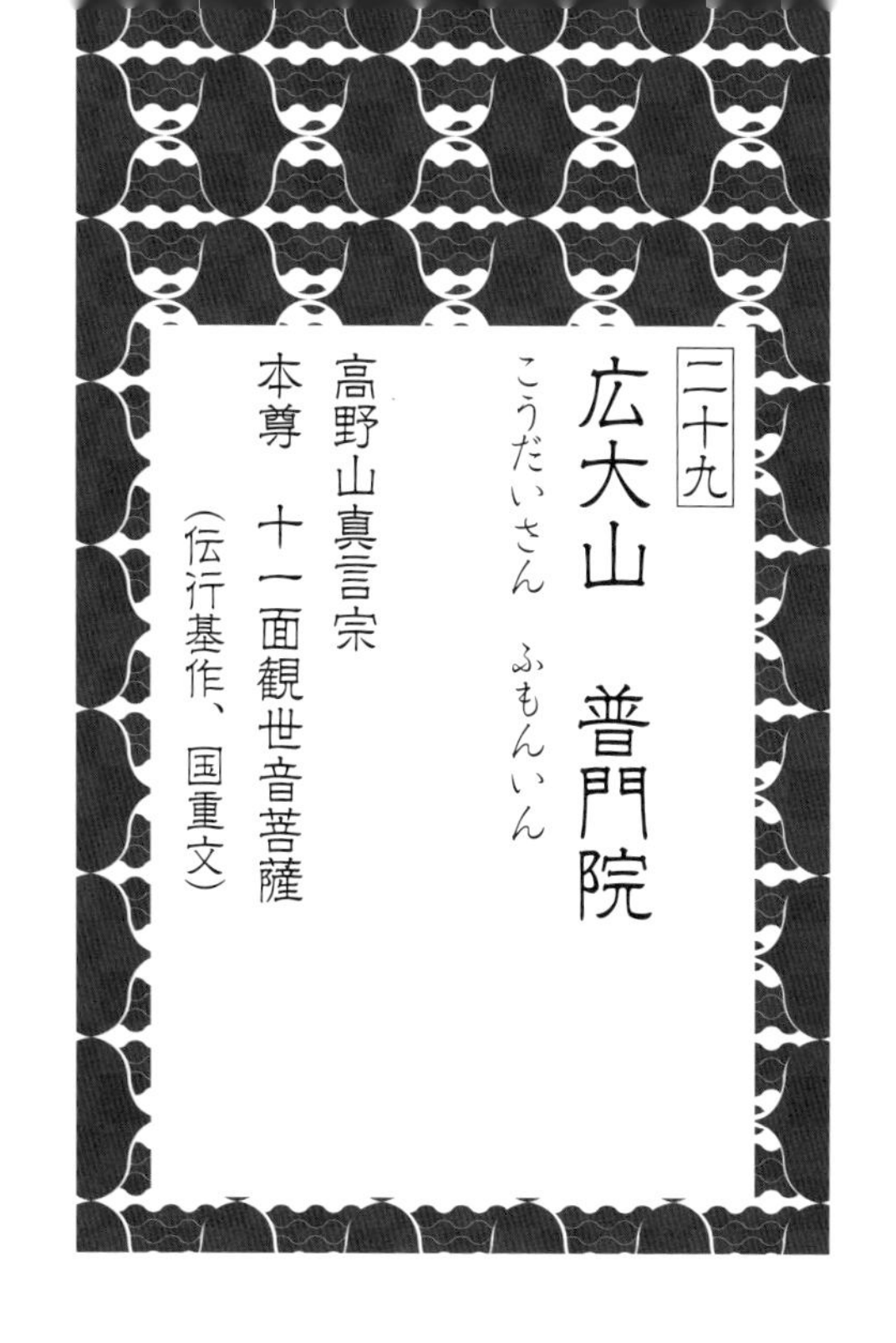

聖武天皇から山号（勅号）を賜って

朝倉市杷木町にある普門院は中世の山城左右良城があった麻氏良山（標高二九五メートル）の東南麓にある。国道三八六号沿いの恵蘇宿と原鶴温泉入口の中間、国道（旧日田街道）と大分自動車道が交差する地点から山手の方角に入り、独特の山容をもつ麻氏良山を目指すと、その登山口に普門院がある。途中に黒田孝高（如水）公の法号を寺名にした黒田家所縁の円清寺もある。

普門院は天平十九（七四七）年、聖武天皇の勅願寺として行基が開創、旧名は広大山普門寺といい、聖武天皇から賜った寺名と伝える。本堂には行基が一刀三礼して謹刻したという本尊、十一面観音像（グラビア頁参照。桂材一木造の漆箔立像／像高一・七四メートル／神亀元〈七二四〉年造）を安置する。この像は聖武天皇のお姿を模した等身大の観音像と伝えられている。もちろん秘仏であるが、筆者は十数年前、寺の特別のご厚意で直に拝し、写真を撮らせていただいたことがある。その堂々としたお姿に圧倒され、畏怖したことを思い出す。大正元（一九一二）年に国宝に指定され、翌二（一九一三）年には安置する方三間（五・四メートル）の単層宝形造りの堂（現本堂）も、鎌倉初期（一一九二〜）の本格的な仏寺建築の代表的建物として国宝となった。福岡県内で最古の木造建造物でもある。現在は本尊・本堂共に国の重要文化財に指定される。

風情ただよう普門院の参道

筑後川河畔にあった普門院は度々の洪水被害のために現在地に移したという。寺名を広大山観音寺と言った時代もある。江戸時代までは山頂にある麻氏良布神社の神宮寺で、天和年間（一六八一～一六八四）に寺号を現在の普門院に改めた。貴重な寺宝や寺録は度々の洪水や兵火でほとんど失ったが、本尊だけは水難・火難・兵火を潜り抜けて一三〇〇年という長い歳月を長らえ守られて来た。

寺録によると応仁年間（一四六七～九）に斯波時勝、永禄七（一五六四）年に吉瀬主水（麻氏良城々番）が再興、また天正年間（一五七三～九二）には小早川隆景、慶長年間（一五九六～一六一五）に栗山利安が、元禄年間（一六八八～一七〇四）には鎌田八左衛門と、地元の支配者らが修復を繰り返して、この古刹を守って来たことが分かる。

また、本堂に至る石段の手前にある斜傾したビャクシンの大木（高さ七・六メートル／根回り三・七メートル／推定樹齢三五〇年）は福岡県の天然記念物である。

しかし、普門院は平成二十九（二〇一七）年七月の九州北部豪雨災害で罹災した。本堂周辺も倒木でグチャグチャだが大丈夫らしい、と住職から伺っていた。その一カ月後、筆者は取材に訪れた。寺への道中も水害の生々しい傷跡があちこちに見られた。境内もドロ水が乾き、砂埃となって舞う中で、数人の男性が後片付けをしていた。美しかった池も石造り太鼓橋も付け根まで土砂とゴミで埋まり、痛ましかった。

国重文のご本尊は無事、しばらくは九州国立博物館に預けておられたが、今は本堂に戻したという。災害一カ月後に取材に訪れた時に受けた衝撃は今も忘れ難い。

本堂の裏手に廻って驚いた。倒木は片づけられていたが、堂の裏斜面には直径五〇センチほどの真新しい杉の切株が十数個、本堂を中心に緩い弧を描くように取り巻いていた。そのうち数株は本堂の回り縁からわずか四～五メートルの至近距離だったから息をのんだ。樹齢八十年という大杉数本のうちの一本でも本堂の屋根に倒れ掛かったら、建立八〇〇余年、国重文の堂はひとたまりもなく倒壊しただろう……、よくぞ奇跡的に外れて……。神仏のご加護という言葉があるが、正しく（まさ）これは仏の加護であると、衝撃を受けた記憶が今も生々しく甦える。県の天然記念物ビャクシンも渇いたドロにまみれていたが無事だった。"よかった"の思いと共に、広い境内のこれからの片づけと修復のための限りないご苦労を思い、胸が痛んだ。

九州北部豪雨で罹災しながらも無事だった本堂

ご詠歌

憐（あわれ）みや普（あまね）き門を押し開けて悟（さと）りの庭に招くゆゆしさ

■アクセス

〒838−1521朝倉市杷木志波5376

TEL・FAX0946（62）0288

西鉄バス（杷木行き）志波バス停から徒歩20分

大分自動車道杷木ICから車で20分

MAP 13

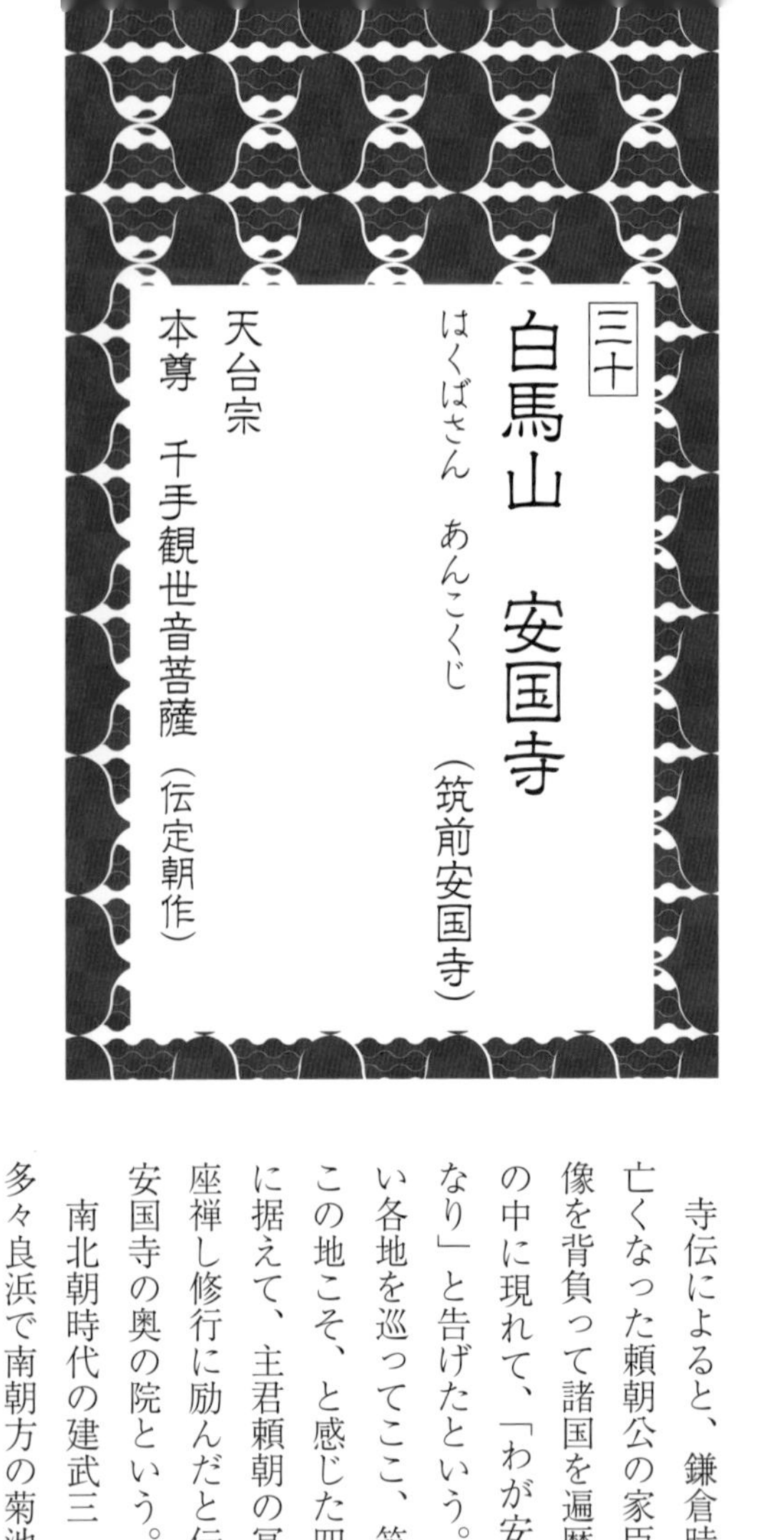

三十

白馬山　安国寺

はくばさん　あんこくじ

（筑前安国寺）

天台宗

本尊　千手観世音菩薩（伝定朝作）

源頼朝公の念持仏を祀る足利尊氏公ゆかりの寺

嘉麻市下山田の梅林公園に隣接する安国寺は、本堂に祀る本尊は千手観音だが、庫裏に安置する寺宝の白衣（びゃくえ）観音座像（ヒノキの一木造り／像高五四・五センチ／鎌倉時代初期の作／福岡県文化財）が有名である。源頼朝公の念持仏（源氏の守り本尊とも）と伝えられる。

寺伝によると、鎌倉時代の寛喜三（一二三一）年、亡くなった頼朝公の家臣の合代四郎（ごうだいしろう）がこの白衣観音像を背負って諸国を遍歴中のある夜、観音さまが夢の中に現れて、「わが安座する地は白馬いななく処なり」と告げたという。四郎はその夢告げにしたがい各地を巡ってここ、筑前の白馬山（はくばさん）に辿りついた。この地こそ、と感じた四郎は持ち来た観音像を岩屋に据えて、主君頼朝の冥福を祈りつつ、大岩の上で座禅し修行に励んだと伝えられる。その地が現在の安国寺の奥の院という。

南北朝時代の建武三（一三三六）年のこと、筑前多々良浜で南朝方の菊池武敏公と戦った北朝方の足利尊氏公は、初めは苦戦して下山田まで逃れ来た。そして源氏の守護仏であるこの白衣観音に必勝を祈願すると、勝機が訪れて盛り返し、ついに北朝方が勝利した。そして尊氏公は紆余曲折の末、ついに征夷大将軍となって室町幕府を開いた。

将軍となった尊氏公は光厳院（こうごんいん）（北朝の上皇）の院宣を受け、貞和元（一三四五）年に、戦乱で没した将兵、戦に巻き込まれた庶民、さらに遡って元寇の襲来で戦死した将兵や殺戮された臣民ら、動乱の中で落命した国中の死者への供養、荒廃した人心の慰撫、国の安寧祈願などを籠め、全国六十余州の国ごとに寺と塔（安国寺と利生塔）の建立を命じた。これが全国各地に今も残る安国寺の創建由来である。もっとも寺の創建と言っても、その多くは各地の衰退していた古刹の今風に言うリニューアル（国の援助で中興再建、さらに禅宗への転宗）が多かった。しかし、室町幕府の衰退と共に安国寺の寺勢も衰退した。

大正年間に再建された本堂

院宣よりも数年早い暦応二（一三三九）年に、尊氏将軍は光明天皇に奏上して、現在の安国寺より二〇〇メートルほど上の白馬山々頂近く、現在の奥の院の地に白馬山景福安国寺（本尊千手観音）と子院六院を建立した。これが全国の安国寺創建の魁となる。

しかし、景福安国寺は文安二（一四四五）年に火災で焼失、今は地名に子院の名が残るだけという。文明二（一四七〇）年、山麓の現在地に観音堂を再

源頼朝公の念持仏と伝えられる白衣観音

建して寺を遷す。戦国時代の天正二（一五七四）年に秋月種実公が仏堂を建立し安国寺を再興、江戸時代の元和八（一六二三）年に伽藍を再建する。

本尊の千手観音像は大正十二（一九二三）年の火災で焼失し、その後に新しく再建・造立された。今、福岡県文化財である寺宝の白衣観音像だけは数回の火災にも常に難を逃れて伝世し、今も庫裏で大切にお祀りされている。

白衣観音とはその名の通り白衣姿でヴェール状の白い布で頭と肩を覆う観音像で、もとはインドの女神、日本では安産や子授けに霊験ある尊像として知られる。

境内には不知火光五郎（しらぬひみつごろう）（一八四七～八二）の墓碑と看板が建つ。横綱不知火関は明治初期に上方相撲で活躍した下山田出身の力士である。今も十一月の大相撲九州場所の季節には時折力士のお参りがあるという。

ご詠歌
秋いたる山田のなると訪れて
　浮世の夢を醒ますあかつき

■年行事
1月1日　修正会・元旦護摩
2月3日　節分会
4月8日　花まつり
8月第1日曜日　施餓鬼会
毎月17日　観音護摩

■アクセス
〒821－0011嘉麻市下山田288
TEL・FAX0948（53）0112
西鉄バス（飯塚から上山田方面）下山田小前バス停から徒歩20分
JR後藤寺線筑前庄内駅から車またはタクシーで15分

MAP 14

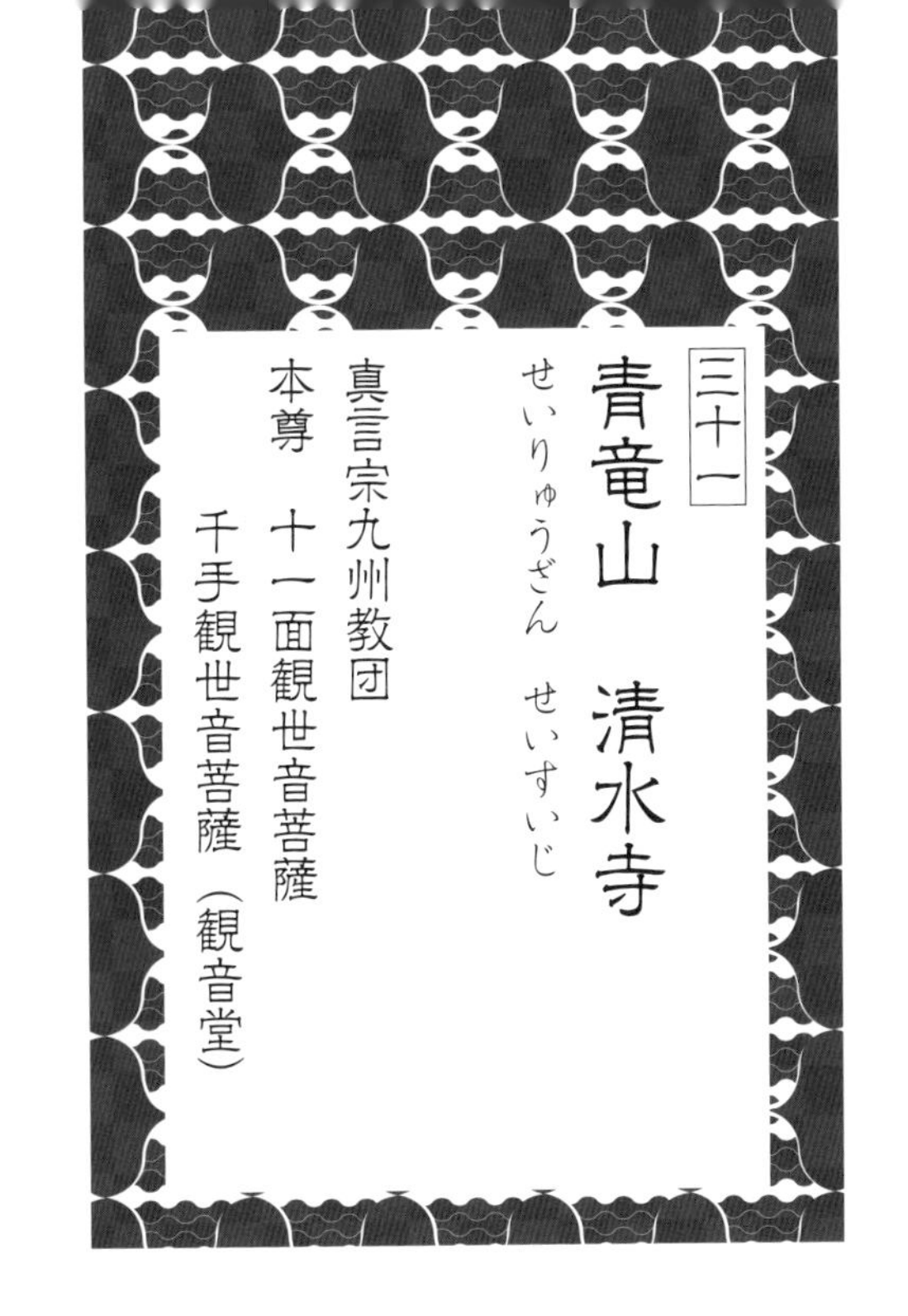

三十一

青竜山（せいりゅうざん）　清水寺（せいすいじ）

真言宗九州教団

本尊　十一面観世音菩薩
　　　千手観世音菩薩（観音堂）

聖武天皇の勅願寺は新幹線トンネルの上

宮若市若宮の清水寺は鮎坂山（あゆさかやま）（通称西山／六四五メートル）の東麓にある。福岡方面からは県道二一号線の犬鳴峠を越えて「脇田温泉口」バス停からすぐに左折（脇田温泉の反対側）、黒丸方面を目指すと途中に寺の看板がある。ここを左折して畑中の緩い坂道を四〇〇メートルほど上ると、「清水観世音」の寺額が架かる風趣ある山門に至る。途中には昔の寺域を示す旧山門の大きな石柱が建つ。また、十数段ある石段の脇には清冽で水量豊かな清水が音をたてて流れ落ちている。

この寺は青龍山千手院とも号し、天平勝宝二（七五〇）年に聖武天皇の勅願寺として行基菩薩（六六八～七四九）が開創したと伝える。現在、観音堂に安置する千手観音は行基作と伝えられ、秘仏である。今も年一回行われる大祭に前立千手観音像だけが開帳される。

本堂に安置する本尊十一面観音座像（ヒノキ寄木造／像高一〇八・〇センチ）は、鎌倉時代の嘉禎三（一二三七）年の造立で、福岡県文化財である。広い境内のあちこち

風格ある清水寺山門

秘仏である千手観音像を祀る観音堂

に古仏を祀る年古りた小堂が数カ所あり、巨刹の面影を色濃く残す。観音堂前には近年珍しいお籠り堂まである。

中世の清水寺は中国の守護大名の大内公、宗像大宮司家、戦国武将らの外護を得て、僧坊十二を数え、鞍手地方の山岳仏教の拠点として大いに栄えた。しかし、戦国時代の天正十（一五八二）年に、豊後の大友宗麟公旗下の立花勢の兵火で寺は焼失する。慶長元（一五九六）年に座主坊跡に仏堂と僧坊一つを再建する。

江戸初期の承応二（一六五三）年に、上野の興国寺（現田川郡福智町「三十九、天目山興国寺」参照）の元寿住職が黒田藩の支援を受けて寺を再興する。まず本堂、次に享保二（一七一七）年に観音堂を再建した。元禄時代（一六八八～一七〇四）の栄纂住職の頃に、京都仁和寺の末寺となり真言宗に転宗、そして現在は真言宗九州教団に所属する。

本堂横の朱色鮮やかな小ぶりな五重塔は昭和五十六（一九八一）年の建立である。境内に引かれた孟宗竹の長い樋から勢いよく流れ出る豊富な手水場の水は新幹線福岡トンネルの伏流水を導水したという。

境内の一角で枝を張る大イチョウは嘉永三（一八五〇）年六月に起きた西山の大山崩れのとき、土砂に埋もれた銀杏の助かった一枝が成長して大樹になった木という。このとき犠牲になった村人十二名の供養は今も続けられているとのこと。

寺の境内から眺める景色は素晴らしい。それは昔から有名だったらしく、風土記や郡誌などにも佳景なりと記される。眼下の黒丸川の左右に広がる水田、遠く紫色に霞む北九州市の山なみに見とれていると、足元から大きく白く長いものが音もなく飛び出し、みるみる遠ざかった。そう、新幹線である。なるほどここは新幹線の福岡トンネルの出口の真上なのだ。

ご詠歌

春は花秋はもみじを折り添へて
山路はるばる越えて清水

■アクセス
〒822-0146宮若市黒丸1558
TEL・FAX0949（54）0888
JR九州バス（直方方面行き）脇田温泉口バス停から徒歩30分
九州自動車道若宮ICから車で10分

MAP 15

三十二
屏風山　鎮國寺
びょうぶさん　ちんこくじ

真言宗　御室派　別格本山
本尊　胎蔵大日如来

世界遺産登録の宗像大社の神宮寺だった

鎮國寺は宗像市を貫流する釣川右岸、宗像大社と向かい合う高台（屏風山）にある。この寺は世界遺産登録となった宗像大社の神宮寺として永い歴史を持つ。

寺伝によると鎮國寺の開創は弘法大師、大同元（八〇六）年に唐から帰国した大師が宗像宮を参拝したとき、近くの山に紫雲たなびくのを見て瑞兆(ずいちょう)を感じて、山腹の岩窟で帰国後最初の修法をしたと伝えられる。そのとき、「この地こそ鎮護国家の根本道場たるべき霊地」のお告げを受けたという。この岩窟は今も境内にあり、奥の院として大切にお祀りされている。

嵯峨天皇（五十二代／在位八〇九～八二三）の時代に鎮護国家の勅願寺として七堂伽藍を整えたという。鎌倉時代の弘長三（一二六三）年に宗像大社大宮司の宗像長氏(ながうじ)が寺領を寄進し皇鑑聖人を鎮國寺の長老に据えて、大社の神宮寺とする。

南北朝時代の建武三（一三三六）年には足利尊氏公が武運長久の祈禱を命じて篤く外護した。永禄年間（一五五八～七〇）には大友の兵火で寺は炎上するが、幸いにも本尊や諸仏は難を逃れたという。江戸時代の慶安三（一六五〇）年には黒田藩二代藩主黒田忠之公が現本堂（五仏堂）を建立寄進した。

本堂に安置する五仏像とは、本尊の大日如来は宗像大社沖津宮(おきつのみや)の「田心姫神(たごりひめのかみ)」、釈迦如来は中津宮(なかつのみや)の「湍津姫神(たぎつひめのかみ)」、薬師如来は辺津宮(へつのみや)の「市杵島姫神(いちきしまひめのかみ)」と宗像宮三女神、阿弥陀如来は許斐(このみ)権現、如意輪観世音は鐘崎織幡(かねざきおりはた)明神、とそれぞれが神社の祭神の本地仏(ほんじぶつ)とされ、神宮寺としての長い歴史と深い関わりを色濃く残す。

宗像大社の神宮寺だった鎮國寺

本地仏とは神仏習合の本地垂迹(ほんちすいじゃく)（難しいので説明は省く）に基づく思想で、祭神と仏像が一体化して

九州観音霊場一番札所本尊

具現した姿とでもいうべきか。五仏像は何れもヒノキ造りの坐像で同寸、南北朝（一三三六〜九二）初期の作、福岡県文化財である。

五仏堂の手前、護摩堂に祀る不動明王像（秘仏／像高九三・三センチ／平安初期造）は国の重要文化財で身代わり不動尊の名で親しまれる。毎年四月二十八日だけ開帳され柴燈護摩供（さいとうごまく）が行われる。奥の院の波切不動明王像は弘法大師が入唐の途中で嵐に遭ったとき、不動明王が現れて波を鎮めてくれたという謂れを持つ。

この寺には霊場本尊が多い。本尊の大日如来像が九州八十八カ所の八十八番、奥の院の波切不動明王が結願（けちがん）（百八番）札所、護摩堂の不動明王が九州三十六不動の三十四番札所、如意輪観音像が九州西国霊場の三十一番と百八観音霊場の百六番の霊場本尊である。もう一つ、手水場の横に立つ露座のいきいき観音（ブロンズ像）が九州三十三観音霊場（昭和五十八年開創）の一番霊場の本尊である。このように霊場本尊が実に多く、参詣者は年間推定二十万人も訪れるという。

五万平方メートル余に及ぶ広い境内には境内四国八十八カ所もある。鬱蒼たる大樹と四季絶えることない梅・桜・ツツジ・石南花・紫陽花・菖蒲・彼岸花・椿・楓などの美しい花木が参詣者の心を癒し、楽しませてくれる。

ご詠歌

民安く鎮(しず)まる国はみ仏の深き誓いの験(しるし)なりけり

■年行事

1月28日　初不動縁日
2月3日　節分星供
4月8日　花まつり
4月28日　柴燈大護摩供
8月28日　流水灌頂会
10月第4日曜日　水子地蔵・子安大師縁日
毎月27・28日　月例縁日

■アクセス

〒811-3506宗像市吉田966
TEL0940（62）0111
FAX0940（62）0058
JR鹿児島本線東郷駅から車またはタクシーで10分
西鉄バス宗像大社前バス停から徒歩15分
境内Pは大型バスを含め140台駐車可

MAP 16

三十三

亀甲山　長谷寺

きっこうざん　ちょうこくじ

浄土宗　鎮西派
本尊　阿弥陀如来
旧本尊　十一面観世音菩薩（観音堂）（国重文）

日本三大長谷観音の一体を祀る

鞍手町(くらてまち)長谷(はせ)にある長谷寺(ちょうこくじ)は観音堂に祀る長谷(はせ)観音が有名である。寺伝によると、養老五（七二一）年に行基が木曽山中で見つけた大楠で三体の観音像を彫った（一説には唐の仏師が彫り、行基が入魂開眼供養したとも）。仁和元（八八五）年に大和初瀬(はせ)寺の僧万貨(まんが)上人がその観音像の前で、七日七夜の祈禱を

していると、「汝、霊像を負って西国に赴き、有縁の地を選び教法を伝えよ」という夢告げがあったという。そこで上人はお告げのままに、観音像を背負って九州に下った。

この地に来て、休息した上人が出立しようとすると、急に霊像が重くなり動けなくなったので、上人は「アァここが有縁の地か」と感じて、所持した法華経一巻を地に埋め、郷民の協力を得て上にお堂を建立、背負い来た観音像を安置した。それがこの寺の始まりという。それからの上人は朝夕に観音像を拝み、郷民を教化しつつ、この地で遷化した。今も境内に上人の墓碑が建つ。

長谷寺の木造十一面観音立像（長谷観音／国重文）

この観音像が後の世に言う三大長谷観音の一体と言われて、大和・坂東（鎌倉）・鎮西（九州）の長谷寺で祀られている。

九州の長谷寺は延喜年間（九〇一～二三）に近隣有力者の帰依を受けて、堂塔伽藍を一新して三堂六坊、寺領も五〇〇石と発展した。永享年間（一四二九～四一）には、毎年十一月十三日を観音の日と定めて、村内の二十五家が輪番で祭礼を行っていたが、永禄・天正年間（一五五八～九二）の二度の火災で、古い記録や寺宝のすべてを失ったという。

明暦二（一六五六）年に浄土僧の残雪上人が寺を再興して浄土宗寺院となり、本尊も阿弥陀如来に変る。天和二（一六八二）年、黒田藩から山林三五〇〇坪の寄進を受ける。

現在、観音堂背後の耐火性の堂に安置する長谷観音は十一面観音立像（クスの一木造り／像高一八八センチ／平安前期造）、明治三十七（一九〇四）年に国宝指定、昭和二十五（一九五〇）年の法改正

長谷観音が祀られていた観音堂。現在はこのお堂の背後にある耐火性収蔵庫に長谷観音は安置される

で国の重文指定となる。その姿は頭部の複雑な飾りから胴体・腕・足部・台座まで一本のクスから削り出した像で、光背は舟形に膨らみを持つ板光背、とても古風な様式と言う。専門家の調査でも、地方の仏師が地元のクスで彫った九州で最古の木造仏ではないか、と伝承を裏づける。全体的に重厚・荘重感を持ち、頭部の飾りや面容、衣の襞（ひだ）など細部の造りは繊細で優美な仏像である。金箔や漆塗り部分の剥落が多く、木地が浮き出しているが、逆にそれが素朴な美しさを放っている。一度拝すると忘れ難い美しい像である。

　江戸時代の鞍手の国学者で、現在の鞍手町古門（ふるもん）の古物（ふるもの）神社の神官の伊藤常足（いとうつねたり）も、その著書『大宰府管内志』の中で、この長谷観音について記述している。寺宝は他にも四天王像（鎌倉時代作）、十一面観音坐像、萬貨上人像などがある。

　今も毎月十七、十八日の観音縁日には近隣から大勢の参詣者で賑わう。

■年行事
1月17・18日　年始ご開帳、祈願会
4月17・18日　春の大祭
7月10日　特別ご開帳
10月17・18日　秋の大祭
12月17・18日　年納めご開帳

■アクセス
〒807-1314鞍手郡鞍手町長谷552
TEL・FAX0949（42）1634
西鉄バス新北田町バス停から徒歩30分
JR筑豊線鞍手駅から車またはタクシーで10分
九州自動車道鞍手ICから車で7分

MAP 17

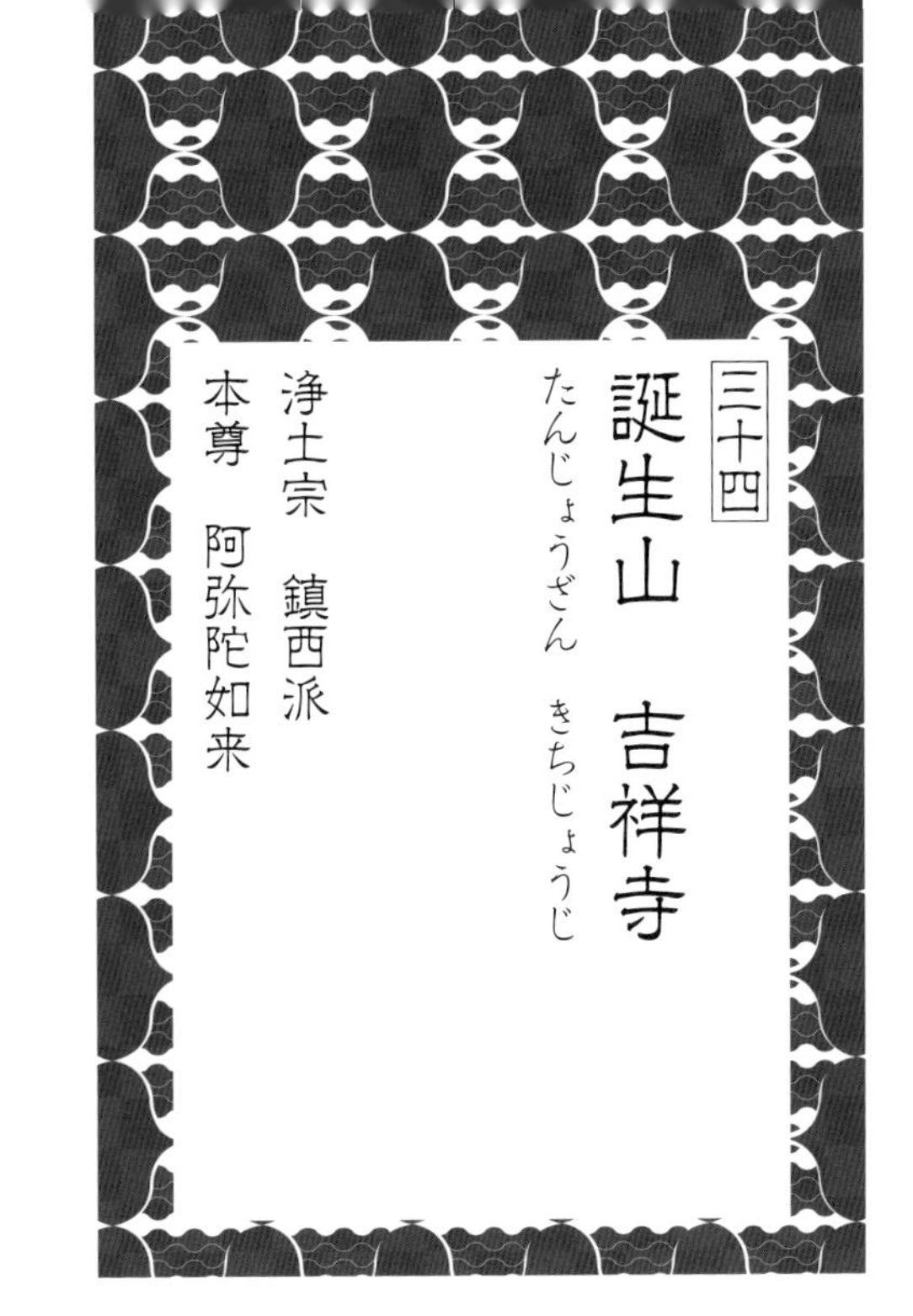

三十四 誕生山（たんじょうざん） 吉祥寺（きちじょうじ）

浄土宗　鎮西派
本尊　阿弥陀如来

聖光上人（弁阿弁長）誕生地の寺

藤の寺として有名な吉祥寺は香月の高台にあり、お詣りするには石段を六十五段ほど上らねばならない。途中には開山の聖光上人の大きな像が立つ。

聖光上人とか鎮西上人の名で知られる弁阿弁長（べんあべんちょう）（一一六二〜一二三八）は香月一族の子（城主の甥）として応保二（一一六二）年五月六日に生まれたが、哀しいことに母（法名は聖養）は同じ日に出産で亡くなったという。運命の子は七歳で仏門に入り菩提寺の妙法法師に学ぶ。九歳で筑豊の古刹明星寺（みょうじょうじ）（現飯塚市に堂だけ残る）の常寂（じょうじゃく）和尚の許で出家得度。安元元（一一七五）年に大宰府の観世音寺の戒壇で受戒、聖光坊弁長（しょうこうぼうべんちょう）と名乗る天台宗僧侶となる。十四歳の頃、しばらく近所の白巌寺（現三十五聖福寺）の唯心和尚にも学び、寿永二（一一八三）年に比叡山に上る。

建久元（一一九〇）年に帰郷した。聖光坊が油山の学頭になると、「学徒諍席衆人成林矣（がくとせきをあらそいしゅうじんまさにはやしをなす）」との記録が残るほど学識と講義で評判をとる。その後、筑豊の郷民に請われ、明星寺の五重塔の再建に尽力

石段から見上げた山門

藤棚の奥に建つ本堂

して建久八（一一九七）年に塔を完成させる。同年、塔に安置する本尊を求めて上洛中に、法然上人と出会い、その教えに傾倒する。

二年後の正治元（一一九九）年に三十八歳で法然に師事し浄土念仏を学ぶ。元久元（一二〇四）年に師の元を辞して帰郷、筑後や肥後で浄土念仏の実践・普及・執筆の活動を西九州を中心に精力的に展開する。法然上人の後継者として浄土宗二祖で鎮西派の初祖となる。師の法然上人の信頼は厚く、「法然亡き後は聖光坊か金光坊に尋ねよ」と言わしめている。嘉禎四（一二三八）年に自ら開創し、後半生を過ごした筑後の善導寺で薨じる。

以上、弁長上人の概略の経歴を述べたが、前半生は天台僧、後半生は念仏僧と、人生の前半と後半で異なる教えを説き、名前も幾つか持つ。しかし常に卓越した輝きを放つ中世を代表する高僧である。そんな高僧の生家が吉祥寺である。

建久元（一一九〇）年に帰郷した上人はて産屋の跡に草庵を結ぶ。建保五（一二一七）年、上人五十六歳の時に従兄で香月城城主の則宗公の支援で草庵を浄土宗寺院に改めた。本尊の阿弥陀如来は母公追善のために、上人が花を散らし香を焚き、一刀三礼して刻し、自ら開眼した阿弥陀像である。その腹部は腹帯を巻いた姿で膨らみがあり、腹帯如来（昭五十二年／北九州市文化財）と言い、安産守護に霊験ありと尊崇されている。

冒頭に述べたように、この寺は今、藤の寺として有名である。花の季節になると近隣から大勢花見客が訪れる。本堂と庫裏の前庭一杯に設（しつら）えた藤棚には五種類十数本の大きな藤の株が蔓を伸ばす。それは明治三十七（一九〇四）年に先々代三十七世の才誉（さいよ）上人が樹齢五十年の野田藤を植えたのが始まりという。開花の季には開山忌（四月二十七～二十九日）や安産祈願祭も催され、露店も並ぶ大賑わいになる。

■アクセス
〒807-1114北九州市八幡西区吉祥寺町13-11
TEL 093（617）0237
FAX 093（617）0928
筑豊電鉄香月駅から徒歩25分
西鉄バス明治町団地バス停から徒歩7分
西鉄高速バス高速千代ニュータウンバス停から徒歩20分
北九州都市高速小嶺ICから車で5分

MAP 18

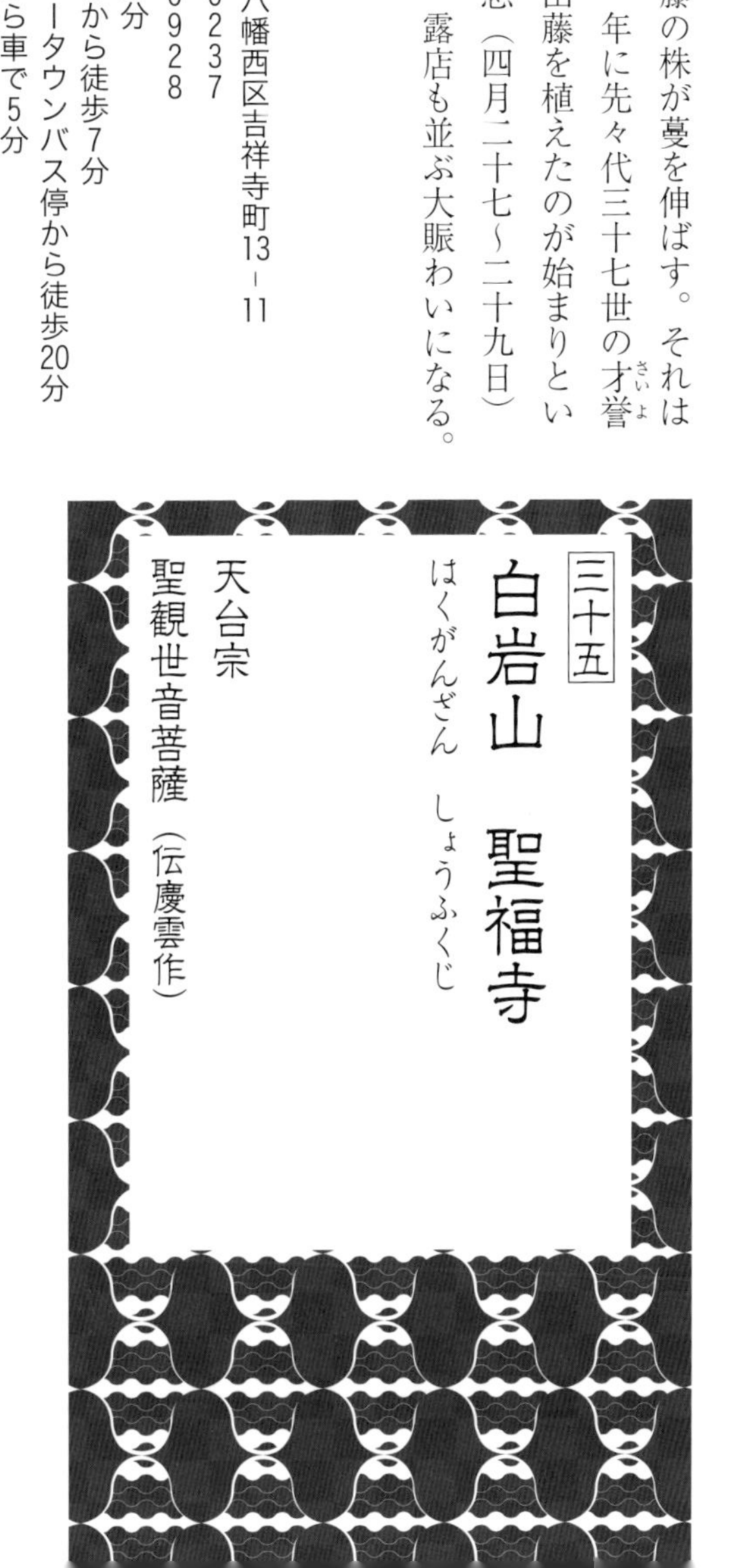

三十五 白岩山（はくがんざん） 聖福寺（しょうふくじ）

天台宗
聖観世音菩薩（伝慶雲作）

伝教大師お手植えの大楠二本が境内を覆う

聖福寺がある香月は上代から香月郷とか香月庄といった古い土地柄で、昔は長崎街道の木屋瀬宿（こやのせしゅく）に近い豊かな田園地帯だった。近年、二十世紀後半から北九州市のベッドタウンとして急速に発展した。一方では、新幹線の石坂トンネルの出入り口、都市高速の小嶺ＩＣ、国道二〇〇号、県道六一・二八〇号、筑豊電鉄などが交錯する交通要衝の地へと、大きく様変わりした。

そんな香月の住宅街の中に聖福寺はある。長いレンガ塀で囲われた広い境内の豊かな緑が、辺り一帯に潤いを与えているようである。

聖福寺の開創は延暦二十二（八〇三）年、天台宗の開祖最澄（七六七～八二二）こと伝教大師が開基したと伝えられる古刹である。境内を覆うように大きく枝を拡げる本堂前の二本の大楠は伝教大師のお手植えと伝えられて、現在、北九州市の保存樹になっている。

往古の聖福寺は七堂伽藍が備わり、末寺二十五カ寺を持つ大寺であったが、今は辻坊一カ寺だけ残るという。室町時代の文明十六（一四八四）年に香月城主の香月興則公が水田十町歩を寄進して寺を再興したが、中世の二度の兵火で旧本堂は焼失、寺も荒廃した。現本堂は昔の学問所だった建物という。

本尊の聖観世音菩薩立像は著名な仏師慶雲の作と伝えられるが、秘仏で三十三年に一度の本開帳と十七年毎の中開帳の期間しか拝することはできない。

現本堂の正面に架かる寺額は博多の聖福寺（三）の仙厓和尚の揮毫という。ちなみにこの本堂が学問所だった頃、近くの吉祥寺で生まれ、後に鎮西上人とか聖光房（浄土宗二祖）と尊崇された鎌倉時代の高僧の弁阿弁長上人（一一六二～一二三八）が幼い頃、ここで白巌寺（当時の寺号）の唯心和尚から学んだと伝えられる。

仙厓和尚が揮毫した扁額

広い境内のそこここに点在する小堂には大日如来、薬師如来、釈迦如来、観音像、文殊菩薩、弘法大師などの諸像を夫々に祀る。その他、無造作にあちこちに立つ小さな石仏は数知れず、さすがは古刹であるの思いしきりである。
すぐ近くには藤で有名な吉祥寺もあるが、聖福寺の庫裏正面にも大藤棚がある。その前には修行大師像が建つ。境内外れの梅園は近くの黒川の改修時に梅の木十数本を境内に移植したという。

最澄お手植えの大楠の枝の向こうに本堂

近くには香月遺跡群という、弥生時代に石器が生産されていた遺蹟もあって、今も経筒や鏡片が出土するという。この寺の周辺は今、二十世紀後半の急速な都市化の波に洗われている。近代化と言う名の過度な発展が昔からある貴重な文化や自然を、必要以上に破壊しないか、祈るばかりである。

ご詠歌

曇りなき月もろともに巡り来て
　また行く先も月にひかれん

■年行事
2月3日　節分会　護摩供養　念珠繰り
4月17日　春季法要　法話
8月17日　初盆供養　盆踊り
9月17日　秋季法要　法話

■アクセス
〒807-1114北九州市八幡西区上香月1-1-1
TEL・FAX093（617）0429
西鉄バス香月市民センターバス停から徒歩20分
西鉄高速バス高速千代ニュータウンバス停から徒歩20分
北九州都市高速小嶺ICから車で5分

MAP 18

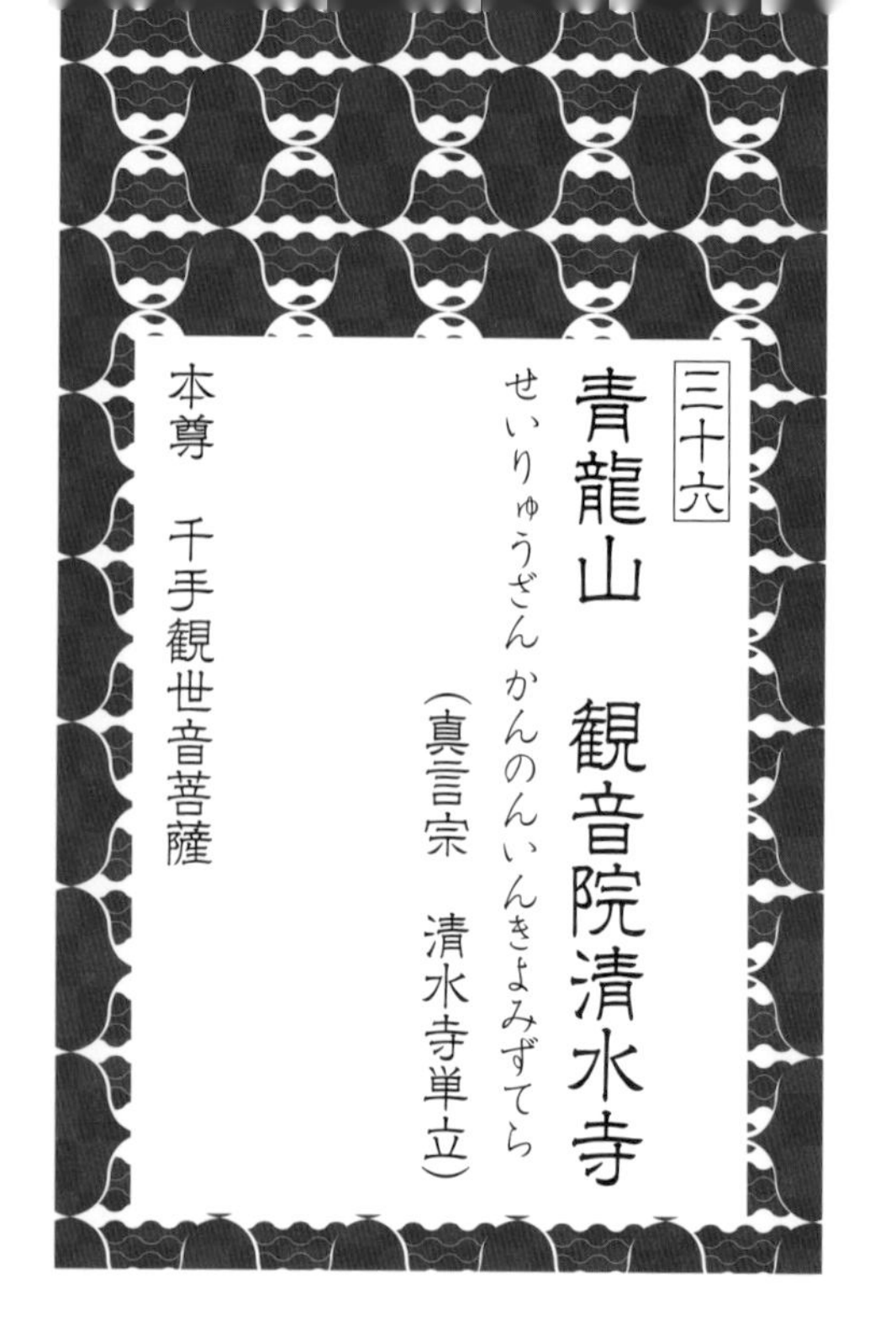

三十六 青龍山 観音院清水寺

せいりゅうざんかんのんいんきよみずてら

（真言宗 清水寺単立）

本尊 千手観世音菩薩

今様『梁塵秘抄』の中にも歌われた古刹

「清水の観音さん」で親しまれる小倉北区の清水寺は、その前身を「企救御堂」といい、大宝三（七〇三）年に天皇勅願所として観任僧正が開基したと伝わる。その場所はここから南へ十町ほど離れた処に御堂は建てられていたという。平安末期に後白河法皇撰の今様歌謡『梁塵秘抄』の中にも、「筑紫の霊験所は大山四王寺清水寺、武蔵清滝、豊前国の企救御堂、竈門の本山彦山」（巻二、三一一）と歌われており、古く由緒正しい有名な御堂だったらしい。しかし天正年間（一五七三〜九二）の兵火で焼失し、古い時代のことは伝承のみで不詳という。現在の地名の清水はこの寺に由来する。

慶長五（一六〇〇）年、豊前領主となった細川忠興公は小倉城を修復・拡張する際に、裏鬼門にあたるこの地に企救御堂を移し、新しく堂宇を建立、寺号は京都清水寺の祭祀を遷して清水寺に、そして一五〇石の寺禄を与えて祈禱寺としたという。その後、寛永九（一六三二）年に播州から小倉に入府した小笠原忠真公もそのまま踏襲して祈祷寺とし、さらに

細川忠興公の祈禱寺であった観音院清水寺

細川忠興公が小倉城修復時の残り石材を使って造ったと伝えられる石段（現在は使用禁止）

本堂や諸堂を新築・寄進した。忠真公の後室で、二代藩主忠雄（ただたか）公の生母永貞院は常灯明料が寺に入るよう配慮するなど、側面から清水寺を支えたと伝える。

本尊は秘仏で清水型千手観音像といわれる像という。近年、清水寺では前立観音（まえだちかんのん）として新しい十一面千手観音像の造立を機に、本堂の屋根や内部・内陣を改装して、外観も一新した。その時に、企救御堂の本尊と思われる聖観音像が発見されて、話題を呼んだ。その観音像には宇都宮頼綱（法名蓮生）奉納と体内墨書があるという。この人は鎌倉時代初期の武将で歌人。そして藤原為家（定家の子）の岳父にあたる人という。

清水寺は下の道から高台の本堂に到るには石段が三つある。通常は左側の傾斜の緩い方が使われているが、池の奥にある中央の苔むした傾斜の急な古い石段（現在は禁使用）は細川忠興公が小倉城修復時の残り石材を使って造ったと伝える。右端のコンクリートの階段は庫裏に通じる。

真ん中の忠興公の石段手前の小さな池が金剛水と言われる有名な湧水で、通称は蓮池という。

次の福聚寺の項で述べるが、忠真公のご後室永貞院が、忠真公の供養のために作った藕糸織（ぐうしおり）の仏画「弥陀三尊来迎図」（現在は福岡県有形文化財）に使った蓮の繊維には、この池の蓮も使われたというから、昔はもっと大きな池だったのだろう。

池の前の細い道が、昔の「長崎街道」で、天草の乱のあと天草四郎の首がこの寺の前に晒されていたという。住職のお話では乱のとき、譜代大名の小笠原公が幕府側連合軍の要職を務めたので、小倉に四郎の首がもたらされ、人の往来が多い、昔のメイン

藕糸織（ぐうしおり）に使用する蓮の繊維が採取されたといわれる蓮池

ストリートである当寺前の長崎街道に置かれたのではないか、と推測しておられる。

境内に「旅賓之墓」と刻んだ立派な石塔がある。これは小倉の地で亡くなった行路病者を供養する墓碑で、この石碑は小倉の文化活動を支援した大阪の実業家橋本豊次郎氏が建立した。たとえ行き倒れの人でも、小倉の地に来たからには旅の客として弔って上げるのが礼儀、と資金を出して碑を建てたという。きっと仏心篤い人だったのだろう。他にも地元武芸者の顕彰碑や、狂歌を刻んだおもしろい石碑などもある。きっと昔から地元の人に親しまれていた寺なのだろう。

近くには小倉清水焼の皿山もあったという。それは文政から天保（一八一八～四四）年間、建林長次郎という焼物師が窯を開き、上野系の陶器を焼いており、佳品もあったと伝えられる。

■年行事

2月3日　節分豆まき、星祭り護摩供会（翌日）
4月17日　観音様春祭り
8月17日　観音様夏祭り
10月17日　観音様秋祭り

■アクセス

〒803－0841北九州市小倉北区清水4－7－14
TEL・FAX093（561）2541
JR日豊本線南小倉駅から徒歩10分
西鉄バス清水バス停から徒歩5分
北九州都市高速紫川ICから車で5分

MAP 19

三十七

広寿山（こうじゅざん）　福聚寺（ふくじゅじ）

黄檗宗
本尊　釈迦如来

藩主菩提寺の風格を今に伝える寺院

　小倉北区足立山の西麓にある福聚寺は小倉藩の藩主小笠原家の菩提寺である。町名の寿山はこの寺の山号に因む。「葷酒山門 入不許（くんしゅさんもんをいるをゆるさず）」の石碑が建つ風格ある山門の前には静謐の気が満ち満ちる。周辺は今こそ閑静な住宅地だが、江戸時代までは足立山全部が福聚寺の寺域であったという。

　寺伝によると、この寺は寛文五（一六六五）年に即非如一（そくひにょいち）禅師（一六一六〜七一）が開創した。本尊は釈迦如来、黄檗宗の寺院である。開山の即非禅師は宇治の万福寺の隠元隆琦（いんげんりゅうき）の高弟で、明暦三（一六五七）年に来日した中国明代の臨済禅の僧侶である。長崎の崇福寺の住持を務め、書を能（よ）くし黄檗三筆の一人と伝えられる渡来禅僧の一人である。

　その前年の寛文四（一六六四）年、小倉藩初代藩主の小笠原忠真（ただざね）公と後室永貞院は、宇治から長崎に戻る途中の即非禅師の宿に、二人して直々赴き、小倉に禅宗寺院を建立して欲しいと、三カ月がかりで懇願したという話が伝わる。

　こうして足立山麓の不老庵の跡地に福聚寺が建

静謐な森に囲まれた福聚寺の山門

風格ある本堂

立された。寺名の由来はその二年後の寛文七（一六六七）年に小倉で没し、境内に葬られた忠真公の法号「福聚寺殿徳叟紹勲大居士」（即非禅師の命名）に因む。不老庵とは藩御用商の富田屋如安が建立し、先の藩主細川忠利公に献上された藩主保養所の地である。

二代藩主忠雄公は福聚寺に三〇〇石を寄進し、藩主の菩提寺とする。もともと小笠原家には信濃在封時代から代々の菩提寺開善寺と大坂夏の陣で戦死した先々代と先代藩主、つまり忠真公の父と兄を祀る宗玄寺がある。両寺も転封と共に小倉へ来ていたが、もう一つ新しい藩主菩提寺福聚寺が創建された。即非禅師は福聚寺を開創した後、再び長崎の崇福寺に戻り、寛文一一（一六七一）年に遷化する。

二世住職の法雲禅師は二代藩主忠雄公に強く願い出て、延宝四（一六七六）年から三年の歳月をかけ、七堂伽藍を備えた本格的な中国風寺院を建立したが、天明九（一七八九）年に焼失する。享和元（一八〇一）年に一〇〇石の加増を機に本堂と鐘鼓楼を再建する。禅寺らしく清雅に満ちた寺域一万坪の境内は昭和四十四（一九六九）年に福岡県の指定史跡となる。本堂の本尊脇に安置する薬師如来像は「九州四十九院薬師霊場」の第六番札所の本尊である。

廟所には初代藩主夫妻の忠真公と永貞院・二代忠雄・八代忠嘉・九代忠幹公が眠る。

寺宝には福岡県文化財の紙本着色即非・法雲・隠元禅師らの画像、絹本着色永貞院画像などが伝世する。もう一つ、やはり県文化財指定（昭三十六）の珍しい仏画、蓮の繊維でつくる藕糸織の「弥陀三尊来迎図」「聖衆来迎図」「霊山浄土図」もある。これは忠雄公の生母永貞院が自ら作り、忠真公の三回忌追善のために福聚寺に寄進したと伝える。藕糸織は日本では珍しいが東南アジアでは高貴かつ神聖な織物で仏画などによく使われるという。永貞院が用いた蓮糸には境内の放生池や清水寺の蓮池の蓮を使ったという。

永貞院は俗名を那須藤（なすふじ）といい播州那須家の出で、仏心篤く寺社への寄進にも熱心、忠真公の治世を側面から支えた功労多い人という。

※藕糸織（ぐうしおり）
蓮の繊維で織った布のこと、今もミャンマーではわずかに作られるという。藕とは蓮の根の意味で、古来アジアでは蓮は神聖な植物とされて、仏陀の衣にも使われた。蓮の繊維を一本ずつ取り出し縒り合わせて糸にし、布に織り上げるので高貴かつ貴重な織物とされ、僧侶らに献上されるという。

ご詠歌
とよのくに足立薬師よ愚かなる
わが身と心まもらせ給え

■年行事
2月15日　涅槃会
3月春分の日　春彼岸大法要　大般若転読
4月8日　花まつり
5月18日　観音大祭
5月20日　開山忌（即非禅師命日）
8月16日　盂蘭盆会
9月秋分の日　秋彼岸大法要　大般若転読
10月18日　福聚寺殿忌（忠真公命日）
12月8日　成道会
12月31日　除夜祭

■アクセス
〒802-0025北九州市小倉北区寿山町6-7
TEL093（541）2270
FAX093（531）8320
西鉄バス広寿山バス停から徒歩3分
北九州都市高速足立ICから車で7分

MAP 20

三十八

英彦山（ひこさん）　霊泉寺（れいせんじ）

彦山修験道

本尊　千手観音大士

日本三大修験の山英彦山の寺

福岡県と大分県の県境に聳える英彦山（標高一一九九メートル）は大峰山、羽黒山と並ぶ日本三大修験道の一つとして有名である。山名の由来は日（太陽）の御子こと天忍穂耳尊（天照大神の子で瓊瓊杵尊の父）の座す山「日子山」が転じたという。

開山伝承では彦山は継体天皇二十五（五三一）年に北魏からの渡来僧の善正上人が開創した。最初、上人は洞窟に籠って修行し、後に堂を建立して異国の仏を祀ったとある。これが英彦山信仰の始まりで、仏教公伝（五三八）の少し前である。その後はしばらく空白がある。

英彦山修験道の法灯を守って来た霊泉寺

八世紀になって、宇佐神宮寺の初代別当法連上人が中興する。近世までの彦山は北岳・中岳・南岳の山峰に祀る彦山三所権現が信仰され、西日本の山岳信仰のメッカだった。九世紀になり、詔勅によって山号が彦山、寺号を霊仙寺とした。

ちなみに法連上人とは新羅からの渡来僧で、国東六郷満山を開基した仁聞菩薩と協力して、豊前の各地に多くの寺を創建、つくし三十三観音霊場を開創するなど、我が国の初期の仏教文化の興隆に多大の貢献をなした。

霊泉寺は英彦山神宮の銅鳥居（かねのとりい）に隣接する（佐野正幸氏提供）

彦山は江戸中期の享保十四（一七二九）年に時の霊元法皇の院宣で「すぐれている」の意味を持つ「英」が冠せられ英彦山になる。往時は三千の山伏を擁し、今もスロープカーで登る参道左右の階段状平地が山伏たちの坊舎跡で、最盛期は八〇〇にも及ぶ坊舎があったと伝える。山伏集団は武芸を磨き、近隣の封地を経営する歴代領主たちにも一目置かせていた。

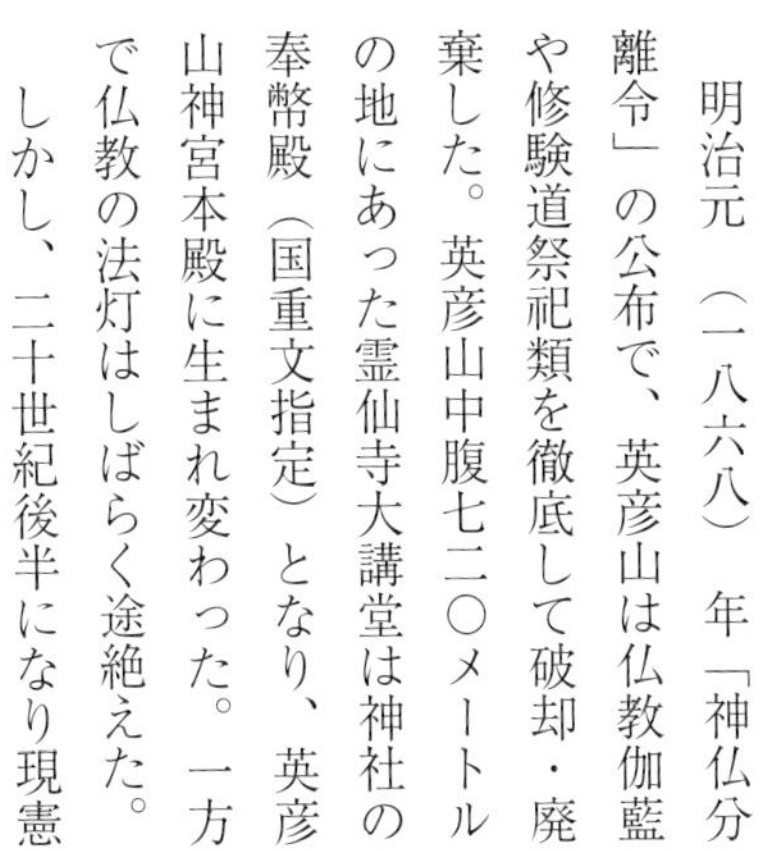

明治元（一八六八）年「神仏分離令」の公布で、英彦山は仏教伽藍や修験道祭祀類を徹底して破却・廃棄した。英彦山中腹七二〇メートルの地にあった霊仙寺大講堂は神社の奉幣殿（国重文指定）となり、英彦山神宮本殿に生まれ変わった。一方で仏教の法灯はしばらく途絶えた。

しかし、二十世紀後半になり現憲

法（昭二十三年制定）で「信教の自由」が保障されたことにより、「宗教法人法」も公布（昭二十八年）されたので、英彦山では昭和三十（一九五五）年に、山麓の銅鳥居（かねのとりい）（国重文）脇に、神社から独立して三所権現の本尊である弥陀・釈迦・観音の三尊を本尊とする英彦山修験道霊泉寺（れいせんじ）を再興して、千数百年も連綿と続く法灯を甦らせた。寺号も霊仙寺から霊泉寺に変えた。そして、霊泉寺はわが国で一、二を争う古い歴史を持つ「九州西国霊場」（筑紫三十三観音霊場）の一番札所となる。

今、英彦山は信仰の山だけでなく、歴史と自然が豊かなレジャー地・観光地として注目を浴びている。平成二十九（二〇一七）年二月には「日本を代表する山岳信仰の遺跡」として国の史跡に指定された。

今は地元自治体が開発と整備を進めて、平成十七（二〇〇五）年には銅鳥居の横から奉幣殿まで、全長八五〇メートルのスロープカーを完成させて、参拝が容易になり参拝客や観光客を喜ばせている。

ご詠歌

いさぎよき彦の高嶺のいけ水に
　澄ます心をまたは濁さじ

■アクセス

〒824-0712田川郡添田町英彦山1240
TEL0947（85）0061
JR日田彦山線添田駅から添田町営バス銅の鳥居バス停下車徒歩2分
JR日田彦山線彦山駅から車またはタクシーで8分
九州自動車道小倉南ICから車で70分
大分自動車道杷木または日田ICから車で70分

MAP 21

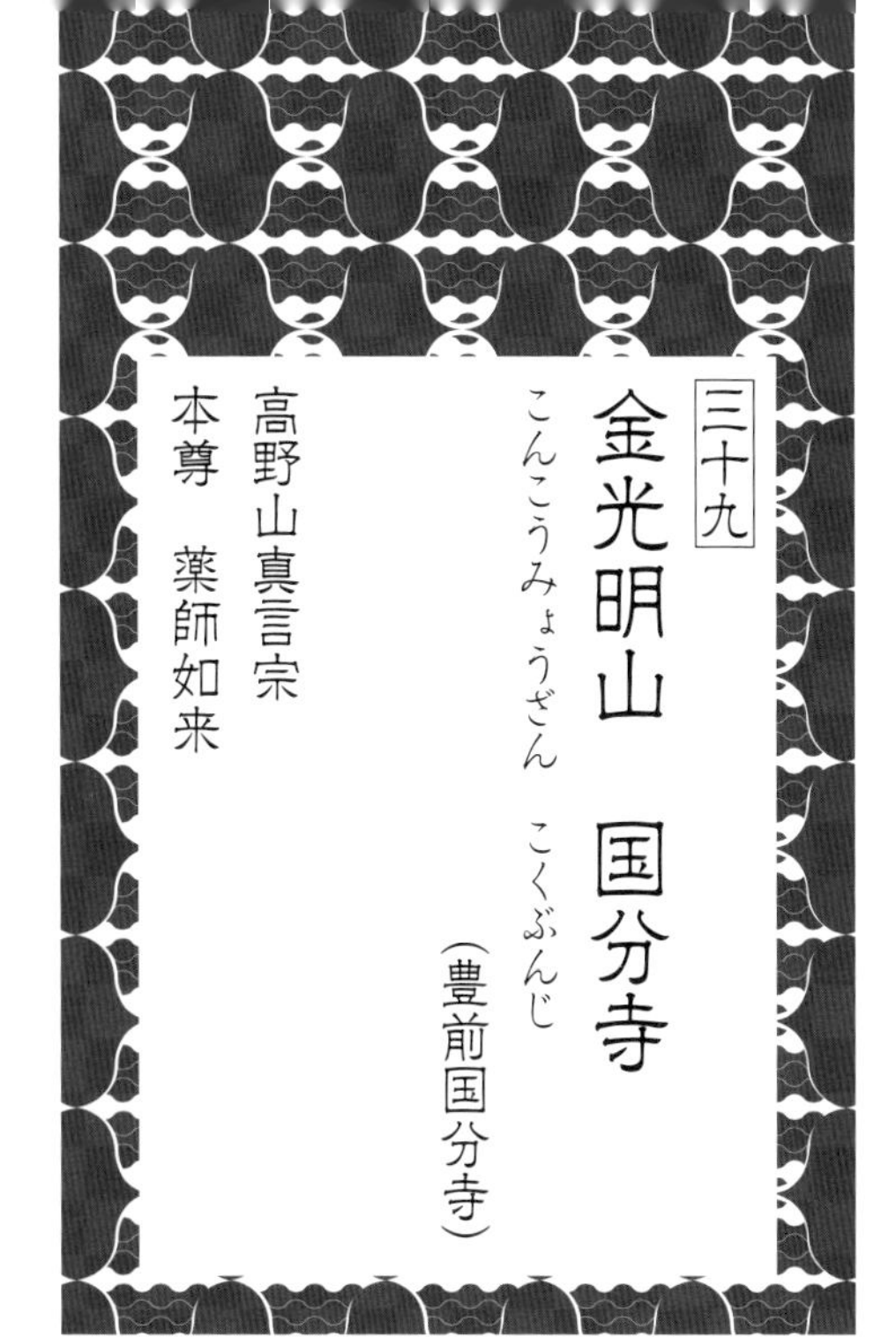

三十九

金光明山（こんこうみょうざん） 国分寺（こくぶんじ）（豊前国分寺）

高野山真言宗
本尊　薬師如来

旧国分寺の史跡公園の中にある寺

豊前国分寺は京都郡（みやこ）みやこ町にある。奈良時代の天平十三（七四一）年、聖武天皇が鎮護国家と各地に頻発する疫病・旱魃の解消を祈願して発した「国分寺建立の詔（こくぶんじこんりゅうのしょう）」により、全国の旧国ごとに建立された勅願寺の一つである。豊前国の国分寺と国分尼寺は奈良時代に国府があったみやこ町に建立された。

それは方二町（二一六メートル四方）の広大な寺域に、南門・中門・金堂・講堂が一直線に建ち並び、金堂の南東に金光明経を納める七重塔、他に僧坊・食堂と七堂伽藍を構える壮大な寺院だった。寺名は全国を統一して「金光明四天王護国之寺（こんこうみょうしてんのうごこくのてら）」、二十名の僧侶が常住した。その東方二〇〇メートルの地に建立された国分尼寺「法華滅罪之寺（ほっけめつざいのてら）」に奉仕する十

豊前国分寺の山門。奥に鐘楼が見える

名の尼僧共々、国家の安寧を祈願したと伝える。詳細は筑前の国分寺とも重複するので省略するが、この寺も各国の多くの国分寺と同様に聖武天皇の勅を受けた行基が創建したと伝える。

その後の国分寺は国衙の衰退と共に次第に衰微しつつも鎌倉時代までは存続していたが、天正年間（一五七三〜一五九二）に豊後大友の兵火で焼失、衰退する。

美しくそびえる三重塔

江戸時代の慶安三（一六五〇）年に真言律の僧英賢が草堂を構え、薬師如来を本尊に、難を逃れていた胎蔵界曼荼羅や賢劫千仏図を掲げて、伽藍再興を人々に訴えて勧進を始めた。それは次第に功を奏し、寛文六（一六六六）年に小倉藩の支援を得て本堂を再建した。こうして豊前の国分寺は真言宗寺院として中興されて三六〇年、開山初世の尊応上人から現住職まで二十三世を数える。

今、国分寺のシンボルである壮麗な三重塔は明治二十九（一八九六）年の建立である。「明治記念大宝塔」とも言われて、昭和三十二（一九五七）年、福岡県の有形文化財に指定された。高さ二三・五メートル、心柱の木材には推定樹齢二〇〇〇年の杉材を使用する。十九世住職の宮本孝梁僧正が塔の再建を発願して私財を投げ打ち、費用の不足分は地元の官民挙げての篤い支援で建立された塔である。建築したのは地元で名工との評判高い大工棟梁緒方義高氏である。宮本住職から依頼を受けた緒方棟梁は独力で社寺建築の研究から始めて精魂を傾け、十年の歳月をかけて建立、その責を果たした。しかし、完成直前に急逝、今は境内に顕彰墓碑が残る。

現本堂は寛文六（一六六六）年の再建、その後に護摩堂・鐘楼門・庫裏などを再建した。寺宝には愛染明王、胎蔵界曼荼羅、賢劫（けんこう）千仏図などがある。寺域は旧国分寺跡も包括して国の指定史蹟である。

豊津町は昭和四十九年と六十～六十二年の二回、学術調査の目的で旧国分寺跡を発掘、奈良や室町時代の多くの遺構と遺物を確認した。昭和五十一（一九七六）年に、現国分寺を含む広大な旧国分寺々域は史跡公園に整備する。古代史跡の国府跡・神社（惣社八幡）・国分寺・国分尼寺・瓦窯跡などが、五点セットで明確に特定できる地は全国でも数少なく、その意味でみやこ町は希少・貴重な土地であるという。

ご詠歌
天平の香り伝える梅の寺薬師の功徳とわに変わらず

■年行事
2月3日　星まつり
2月の最終日曜日　柴燈護摩供養
4月の第一日曜日　春季法要
8月20日　施餓鬼法要
12月10日　麦種祭

■アクセス
〒824－0123京都郡みやこ町国分280
TEL・FAX0930（33）3967
平成筑豊鉄道新豊津駅から徒歩約30分
行橋駅（JR日豊本線・平成筑豊鉄道）から太陽交通バス錦町バス停下車徒歩15分
東九州自動車道みやこ豊津ICから車で5分

MAP 21

四十　天目山　興国寺

てんもくさん　こうこくじ

曹洞宗

本尊　釈迦如来坐像

焼きものの里上野に鎮まる禅寺

遠州七窯の一つ茶陶上野焼の里の奥、福智山（標高九〇一メートル）の山懐に興国寺は鎮まる。この寺の前身は福智寺といい、白鳳時代四（六七五）年に彦山の修験者教順法師がこの地の山容と風景に惚れ込み寺を創建、天台系寺院としてしばらく栄えたがいつしか衰退したと伝える。

それから五〇〇年余り時代は下った南北朝時代の嘉暦元（一三二六）年、十六年ぶりに中国から日本に帰国した無隠元晦禅師（一二八三〜一三五八）が、豊前・豊後の太守大友貞宗公の外護を得て、衰微していた郷里の古刹福智寺跡に堂宇を建立、興国寺の前身である天目寺（またの名を宝覚寺）を創建した。山号は禅師が中国で修行した地、天目山に因んだと聞く。

無隠元晦禅師は田川郡弓削田の生まれ、博多の聖福寺で得度の後、延慶年間（一三〇八〜一一）に元朝に渡り、天目山の中峰明本（一二六三〜一三二三）に十六年間学んで法を継ぎ、嘉暦元（一三二六）年に来日する清拙正澄らと共に帰国した。禅師は元弘三（一三三三）年、来朝の清拙正澄を助けて京都建仁寺の首座となる。康永元（一三四二）年に博多聖福寺二十一世、再び京に上り建仁寺や南禅寺、鎌倉の円覚寺、建長寺の住持を歴任する。他にも博多に幻住庵、壱岐に安国寺を創建して開山一世となるなど、臨済禅の普及に尽力する。晩年は自ら創建し

福知山の麓に建つ興国寺

た宝覚寺（安国寺）に戻り、延文三（一三五八）年に示寂。後醍醐天皇からは紫衣を賜り、尊氏将軍からも信頼と愛顧を受けるなど、南朝と北朝の両陣営の棟梁から一目置かれ、頼りにされた臨済禅の高僧である。

話を興国寺の前身宝覚寺に戻すが、南北朝の戦いを勝ち抜いて室町幕府を開いた足利将軍と宝覚寺の関わりに、以下のような話が寺に残る。

建武三（延元元／一三三六）年、中央での戦いに敗れ、九州に逃れた尊氏公は筑前多々良浜（現福岡市東区）で南朝方の菊池勢と戦い大敗、尊氏公は無隠禅師ゆかりの宝覚寺の洞窟にひそみ戦略を練り直したという。その洞窟と必勝を祈願した尊氏公お手植えの「墨染の桜」が今も境内に残る。

暦応三（一三四〇）年、尊氏公の命で全国に先がけて寺名を安国福城山大泰平宝覚寺とし、その後、全国六十六州に展開する安国寺建立の魁の一寺となる。

当時の世相は元寇襲来という災禍、皇統の分裂と紛争で、国内は荒廃、混迷していた。将軍の重要施策、安国寺と利生塔建立の目的は①世情の混乱の終止符　②荒廃した人心の慰撫　③社会の安寧を取り戻すことで、その打開策として尊氏将軍は尊敬する夢窓国師の助言を得て、戦死した兵士、戦いに巻き込まれたり、元寇襲来で命を落とした庶民まで、この百年間の死者全ての供養と国民の安寧を祈願する寺と塔の建立を展開した。しかし歴史は足利将軍の願いにも拘らず平和は長く続かず、やがて一層の動乱の戦国時代を迎える。

天文十三（一五四四）年、寺は守護職大内義隆公の外護を受けて、長門の名刹大寧寺の元住持の助翁永扶（えいふ）禅師（一四七六〜一五四八／豊前の人）が再興、曹洞宗寺院天目山興国寺として現在に至る。後に豊前領主となる細川公や小笠原公も地方の古刹として尊崇、大事にしたという。

寺宝には福岡県文化財が木彫等身大の無隠元晦坐像、紙本墨書興国寺文書（二十点余）、興国寺仏殿（享保四年／一七一九建立）の三点、他にも釈迦如来像、観音像、助翁永扶像、釈迦涅槃図、四十八幅の釈尊一代記などがある。

足利尊氏公お手植えの桜が残る境内

■年行事
2月15日　涅槃会
3月春分の日　春彼岸会
5月8日　花まつり
8月9日　施餓鬼法会
9月秋分の日　秋彼岸会
11月第2日曜日　先手観音ご開帳
12月8日　成道会

■アクセス
〒822-1102田川郡福智町上野1892
TEL0947（28）3081
FAX0947（28）2120
平成筑豊鉄道赤池駅から徒歩60〜70分、車またはタクシーで10分
東九州自動車道みやこ豊津ICから車で40分

MAP 21

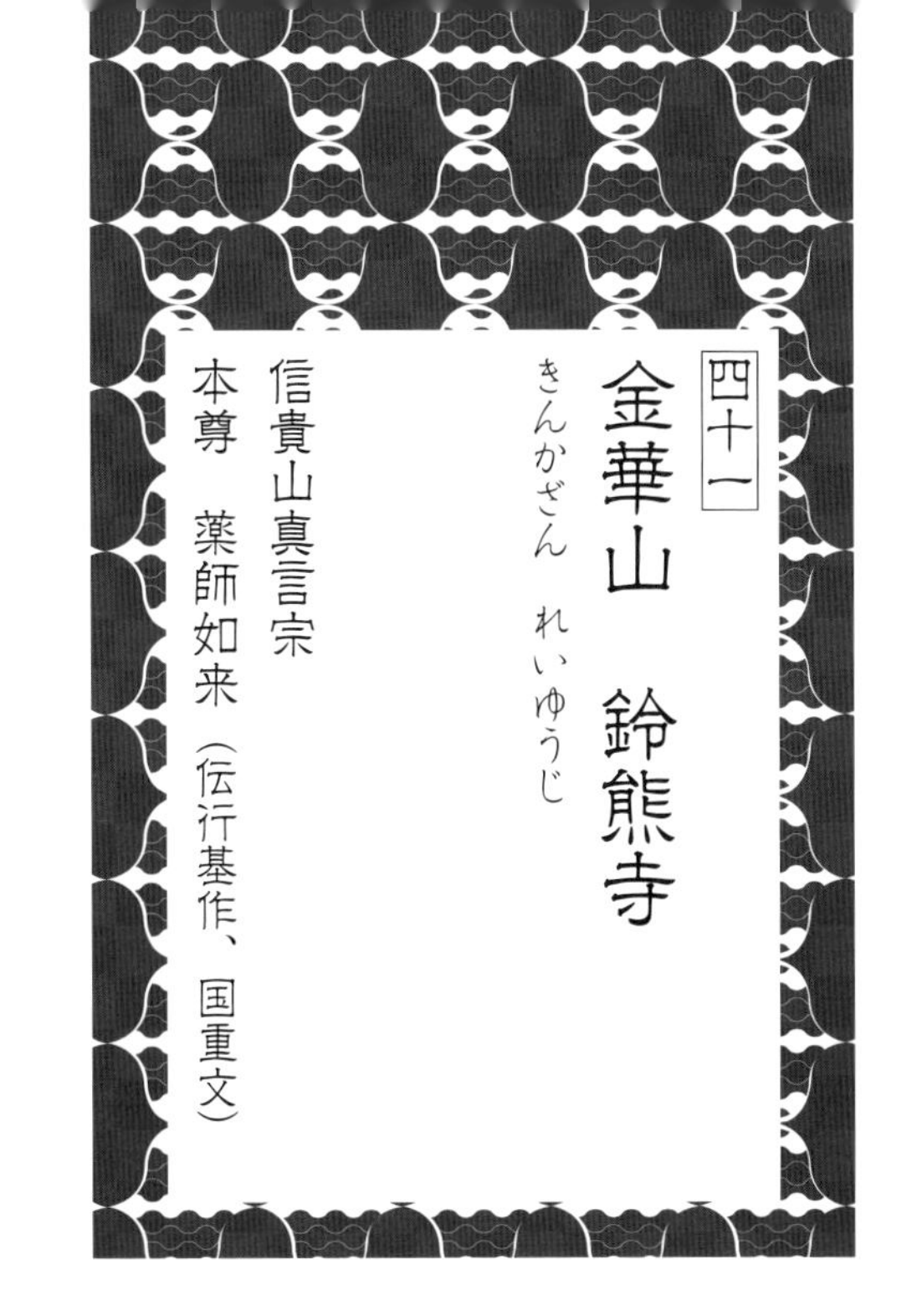

四十一　金華山（きんかざん）　鈴熊寺（れいゆうじ）

信貴山真言宗
本尊　薬師如来（伝行基作、国重文）

兵火を避け田圃の中で発見された本尊

鈴熊寺は福岡と大分の県境、吉富町にある。山国川と佐井川に挟まれた長閑な田園地帯に点在する小丘陵の一つ、鈴熊山（現鈴熊山公園）の中にある。隣接する五社神社の赤い鳥居が寺よりも目立つ。寺は公園の専用駐車場から一〇〇段ほどの石段を登った山腹の茂みの中にある。

寺伝によると、鈴熊寺は天平六（七三四）年にこの地方に疫病が流行った時、聖武天皇から遣わされた行基菩薩が薬師如来像を刻んで疫病退散を祈願すると平癒した。お礼にこの像を本尊に寺を創建したのが始まりと伝える。

その後、鈴熊寺は天皇勅願所として寺領も下賜され、古儀真言宗の寺院として、高野山金剛峰寺の直末寺となる。水田五十町の寺領を持ち、豊前一帯の真言寺院六十七カ寺の筆頭寺院として隆盛を誇ったという。

南北朝時代の九州争乱の頃には、中国地方の太守大内盛見公がこの寺に陣を張ったと伝えられるが、続く戦国時代の永禄年間（一五五八～七〇）に豊後大友氏の兵火で焼亡する。本尊も長らく行方が知れず、焼失したと思われていたが、元和年間（一六一五～二四）に、偶然に隣村の別府村（現吉富町別府）の田圃の中で発見された。のちに中津藩初代藩主小笠原長次公が寺を再建して本堂に安置、ようやく昔の姿を取り戻したという。

多くの諸仏を安置する本堂

本尊の薬師如来座像は像高八八センチ、タブの木の一木造りで平安時代の作という。数十年も田圃に埋まっていたせいで金箔や漆が剥落、木地が浮き出ている。逆にそれが素朴な姿となり、穏やかに微笑むお顔が何とも美しく、人を惹きつける。明治三十九（一九〇六）年に国宝に、昭和二十五（一九五〇）年に国の重要文化財に指定された。永らく本堂中央の厨子の中に祀られていたが、昭和四十六（一九七一）年からは別棟の耐火建築の薬師堂（収蔵庫）に移された。毎月八日のご開帳日には、地元ばかりか北九州や大分からも参拝者が訪れるという。

釈尊が入滅するときの姿が彫られた涅槃石

本堂には十一面観音像（ヒノキ寄木造　像高七三センチ／一六世紀／町文化財）、他にも増長天・多聞天・歓喜天像、不動明王像など、多くの諸仏を安置する。古刹だけに古仏が多く、十一面観音像と涅槃絵図の二点が吉富町の指定文化財になっている。

境内には珍しい「涅槃石（ねはんいし）」がある。それは高さ二メートル、幅三メートル余の巨大な御影石の表面に、釈尊が入滅するときの寝姿（涅槃像）と、釈尊を取り巻いて嘆き悲しむ弟子や動物たちを描いた、有名な涅槃絵図が線彫りされている。文政年間（一八一八〜三〇）に鈴熊寺中興の祖と言われた住職の午道法印が彫ったと伝えられる、見事な石画である。

本堂の前に露座に置かれた、像高五十センチ程の頭部や手足の欠けた石仏数十体がズラリと並ぶ姿は壮観かつ異様である。これらの石仏はもとは境内八十八カ所の本尊だったが、首から上がなく胴体だけの仏像が多い。それはキリシタン大名だった大友宗麟軍兵士たちの狼藉という。

住職夫妻がご高齢となり、寺への連絡は吉富町教育委員会が引き受けている。境内は森閑として、樹木のざわめきだけが聞こえる心洗われる寺である。

■アクセス
〒871-0832築上郡吉富町鈴熊235
TEL0979（22）1944（吉富町教育委員会）
0979（24）4073（吉富町産業建設課）
JR日豊本線吉富駅から徒歩20分
東九州自動車道みやこ豊津ICから車で20分

MAP 21

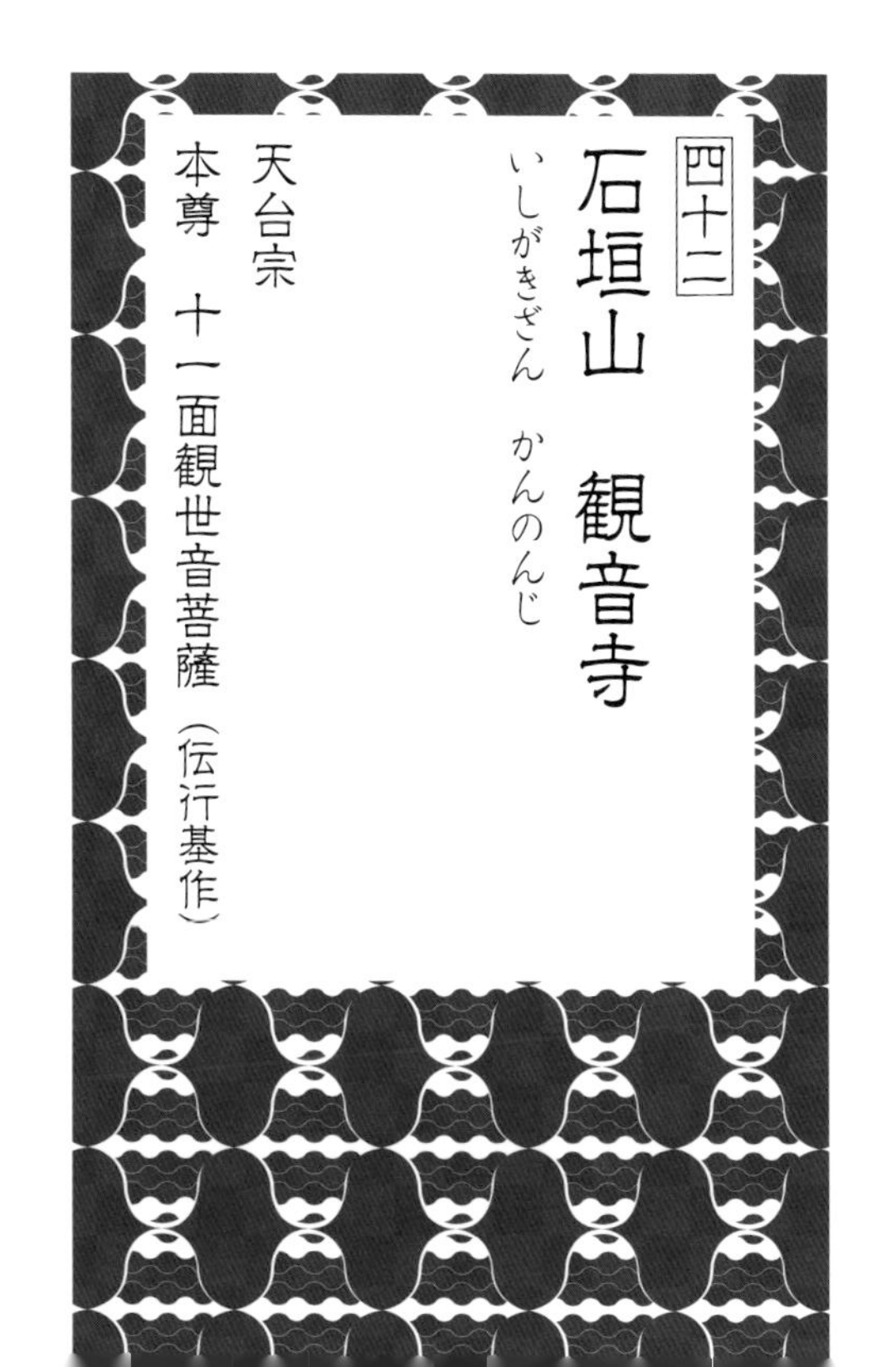

四十二 石垣山 観音寺

いしがきざん かんのんじ

天台宗
本尊 十一面観世音菩薩（伝行基作）

フルーツの里に鎮まる行基菩薩開創の寺

植木とフルーツの里、久留米市田主丸の観音寺は白鳳時代の六七三年に天武天皇の勅願寺として創建された。和銅元（七〇八）年に西下した行基が七堂伽藍を造営して、時の元明天皇から「観音寺」の勅号を賜ったという古刹である。和銅六（七一三）年当時の寺域は八町四方、他に寺田七十五町と末寺が

十三カ寺あったと伝える。
　平安時代の承和十四（八四七）年、慈覚大師円仁が入唐求法の旅からの帰途に、この寺に立ち寄って寺房を改修、法相宗から天台宗に改宗させた。行基作と伝える本尊十一面観音は秘仏、本堂に祀る聖観

元明天皇から勅号を賜ったという観音寺

音像の胎内に納められている。

　観音寺には鎌倉初期にもう一人、歴史に名前を残す有名な住職がいた。その人は金光坊然廓（一一五五〜一二一七）といい、観音寺中興の祖と讃えられる住職である。金光上人とか然廓上人と言われたこの住職は地元の竹野（旧浮羽）郡の生まれで、後述する「牛鬼伝説」に登場する偉い住職である。四十一歳の時に法然上人に出合い、天台宗から浄土宗に転じた。その後は、「十二、油山観音」や「三十四、吉祥寺」の項で述べた聖光上人と共に法然上人の念仏普及を支えた。だから法然上人の信頼は厚く、「法然亡き後は聖光坊、金光坊に訊ねよ」と言わしめた言葉が今に残る。

　金光上人は正治二（一一九九）年に陸奥の教化に旅立ち、建保五（一二一七）年に陸奥国で六十三歳で入寂された。今も陸奥念仏の祖と讃えられる。観音寺本堂の斜め裏に金光上人の大きな顕彰碑が建つ。

　また近年では、先代住職の菊川春暁師は日本最古の霊場の一つ、一三〇〇年の歴史を持つ「筑紫三十三観音札所」を「九州西国霊場」として現代に蘇らせ、九州西国霊場会々長として大きな功績を残された。

この寺には耳納山（みのうざん）の地名の由来となった牛鬼（うしおに）伝説が伝わる。その伝説とは「昔、この里に怪物が出没し里人を恐怖させていた。観音寺の然廓（金光）上人がその怪物を法力で倒すと、頭は牛、体は鬼という奇妙な姿だったという。そこで頭と手を切り取って、頭は都に送り、手は観音寺に残した。削ぎ取った耳は近くの山に埋めたのが耳納山の名の起りと伝える。その手は今も寺宝「ミイラ牛鬼の手」として観音寺に伝世する。それは一見、二〇センチほどの黒っぽく平たい棒状だが、よく見ると、なるほど五本の指がある。

観音寺では昭和四十九（一九七四）年に、境内九カ所の経塚を発掘・調査し、数点の貴重な埋蔵文化財が出土した。その中に埋蔵紙本写経では日本最古、天永三（一一一二）年銘の経筒入り「法華経」全巻があり、関係者を喜ばせた。他にも寺宝として福岡県文化財指定の毘沙門天立像（木造／平安時代）、中国元代の絹本着色「羅漢渡海図」などを収蔵する。

境内中央の樹齢三八〇年（推定）のハルサザンカは久留米市の天然記念樹で、毎年二月に「さざんか祭」がある。また、毎年一月第三日曜日に開催する「初観音大祭」の柴燈大護摩供（さいとうだいごまく）では約三〇〇〇本の護摩木が焚かれて、その時に行う「火渡り」には、行

久留米市の天然記念樹ハルサザンカ

者だけではなく参詣人数百人も、足腰の息災を願って同じ熱灰を踏む一大イベントがある。

ご詠歌

かずかずのかたちを分けてえにしある
人をみちびく法（のり）おしゆなり

■年行事

1月第3日曜日　初観音大祭
2月3日　星祭・節分会
2月第3日曜日　さざんか祭
5月第3日曜日　春季ご開帳
8月1日　施餓鬼・大般若会
9月第3日曜日　秋季ご開帳
12月第1日曜日　十夜法要
12月31日　除夜の鐘

■アクセス

〒839-1212久留米市田主丸町石垣275
TEL0943（72）3490
FAX0943（73）1855
JR久大本線田主丸駅から徒歩30分、車またはタクシーで10分
西鉄バス（吉井行き）田主丸中央バス停から徒歩35分

MAP 23

四十三

大本山　光明院善導寺

だいほんざん　こうみょういんぜんどうじ

浄土宗　鎮西派大本山
本尊　阿弥陀如来（国重文、鎌倉時代）

九州浄土宗の根本道場

九州における浄土宗の大本山善導寺は前身を井上山光明寺（せいじょうざんこうみょうじ）といい、建久二（一一九一）年に開創された。開山は聖光上人、開基は筑後在国司・押領使の草野太郎永平（ながひら）である。浄土信仰普及のために筑後を訪れた聖光上人は、物なり豊かなこの地を仏法有縁の地、と感じて寺の建立を決意する。この地の

支配者、草野家の永平・永信兄弟が仏堂を建立、水田五十町を寄進して外護したという。上人はその堂に、師の法然上人が生涯敬慕した善導大師像を安置したので、いつしか善導寺と言われるようになり、建保五（一二一七）年に順徳天皇から勅額「善導寺」を賜り、善導寺が正式の寺名となる。

善導大師（六一三～八一）とは念仏信仰を勧めて「観経疏」を著し、日本の浄土宗や浄土真宗に大きな影響を与えた唐朝の中国浄土教の高僧で、終南大師ともいう。

堂々たる山門

日本の浄土宗二祖の聖光上人の前半生の天台僧時代のことは、「三十四 吉祥寺」で詳述したので省く。聖光上人が浄土僧として生きた十三世紀初頭からの後半生は、善導寺を拠点に鎮西（九州）の地に四十八の浄土宗寺院を建立、信仰に関する著作、また多くの弟子の育成など、念仏信仰と浄土宗の普及に心血を注いで過ごし、嘉禎四（一二三八）年に七十七歳でこの寺で遷化した。一一九代光格天皇から大紹正宗の国師号を賜った。

善導寺は南北朝時代に後醍醐天皇の勅願寺となるが、その後は戦乱に巻き込まれて堂宇を焼失する。天正十五（一五八七）年に二十世円誉弁跡上人が善導寺を再興すると、筑後の国守となった田中吉正公が寺領を五〇〇石与えた。続いて入国した有馬公もこれを踏襲したので、一万五千坪の境内は次第に充実、念仏の西の根本道場、九州浄土宗の拠点として、その地位は揺るぎなきものになった。現在の善導寺町の大半は旧寺領である。また、寺の地名の飯田は寺のお仏飯専用の稲田に由来するという。

この寺は寺宝が多い。国の重要文化財に指定される宝物は、福岡県下では大宰府の観世音寺に次いで多い。本尊の木像阿弥陀如来座像（像高九〇・三セ

多くの寺宝を擁する善導寺

ンチ／鎌倉時代造）は国の重文、また三祖堂に祀る善導大師、聖光上人像の二体、本堂・書院・大門など建物八棟も国の重文指定を受けている。

　境内中央に亭々と枝を張る大楠二株は聖光上人のお手植えと伝えられ、その樹齢は八〇〇年に余り、現在福岡県の天然記念物に指定されている。

　また、善導寺は箏曲発祥の地としても知られる。寺伝によると平安末期の宇多天皇の御世、英彦山の唐ヶ谷に住む唐人李氏の末裔の許に伝来する十三弦琴の音を聖光上人が整理して仏教音楽に採り入れたという。その後、善導寺の僧賢順（一五三四～一六二三）が譜面に整理、これが筑紫箏のルーツとなる。

　この筑紫箏を基に江戸初期の箏曲家八橋検校を経て、現代の山田流や生田流箏曲が生まれている。

ご詠歌

吉水の流れ大きく千歳川ひろめ給いし鎮西国師

■年行事

1月1日　修正会
1月25日　御忌会
2月15日　涅槃会
3月彼岸中日　春彼岸法要
3月27～29日　開山忌大法要
8月16日　盆施餓鬼法要
9月25日　秋彼岸法要
10月15日　十夜法要
12月25日　浄焚会
12月31日　除夜会・鐘つき

■アクセス

〒839－0824久留米市善導寺町飯田550
TEL・FAX0942（47）1006
JR久大本線善導寺駅から徒歩10分
西鉄バス善導寺バス停から5分
九州自動車道久留米ICから車で15分

MAP 22

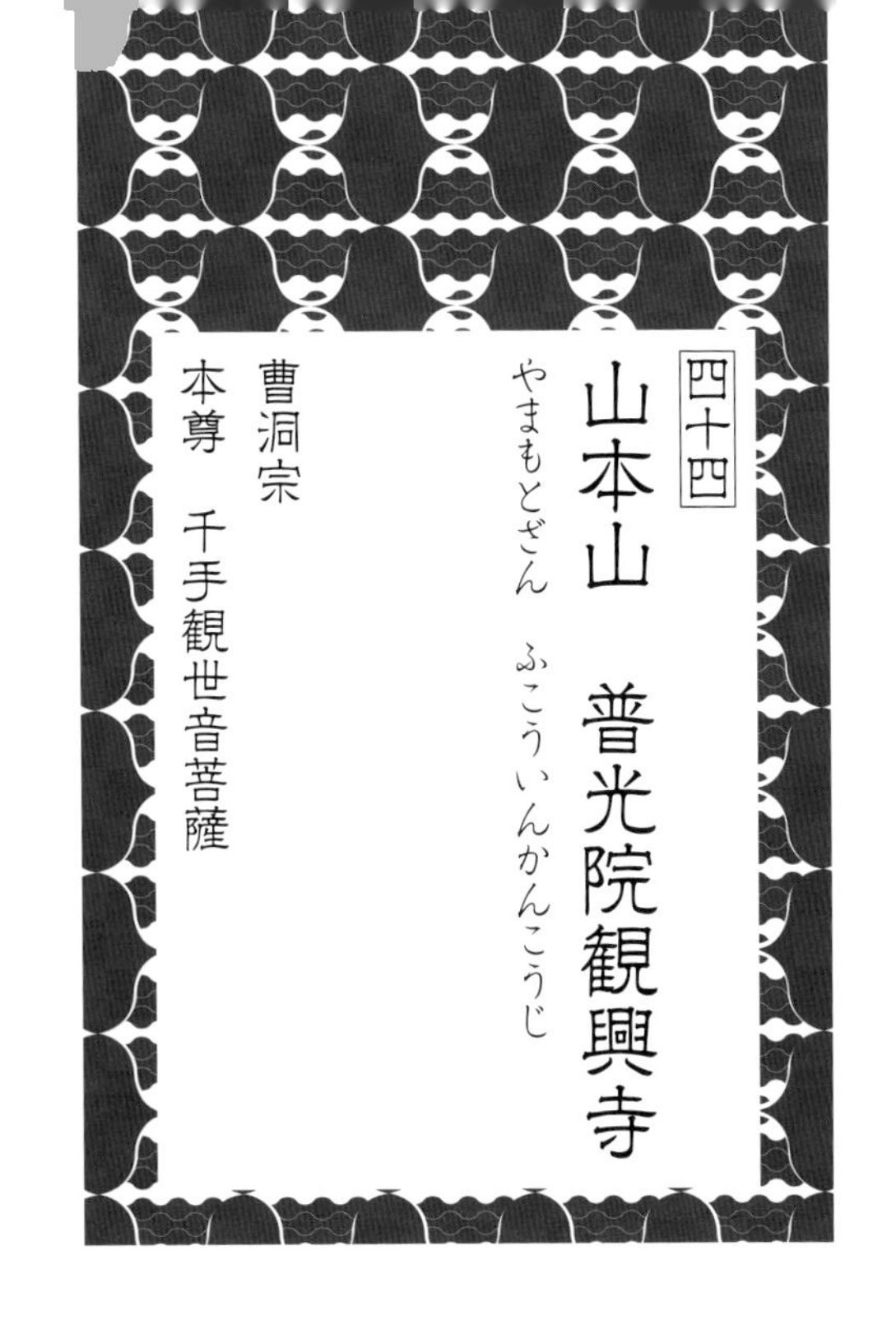

四十四

山本山　普光院観興寺

やまもとざん　ふこういんかんこうじ

曹洞宗

本尊　千手観世音菩薩

地元の豪族草野氏ゆかりの観音像を祀る寺

耳納連山の山麓、山本の里に観興寺はある。JR久大本線と並行して伸びる耳納連山南麓の古道「山辺往還」から分岐する参道周辺の佇まいは温暖な気候と相俟って歴史と豊穣を感じさせてくれる。すぐ近くには我が国に臨済禅を招来した栄西（えいさい）禅師が創建した龍護山千光寺（現在は曹洞宗寺院で征西将軍懐良（えら）親王の廟がある）がある。

寺紋入りの白い幔幕（まんまく）が架かる清々しい観興寺の山門を入ると目の前にまっすぐ伸びる数十段の石段の上に本堂がある。石段の右手が手水場と庫裏、一番奥に法堂（釈迦堂）が建ち並ぶ。

本尊の千手観音は地元では山本観音の名で親しまれている。この寺の創建は奈良時代初期の白雉年間（六五〇〜八六）。その開創と本尊の千手観音については次のような話が伝世する。

天智天皇の御世、草野の里に住む豪族草野太郎常門（つねかど）は狩り好きの青年だった。ある日獲物を追って豊後国石井の里で、悪鬼に攫（さら）われようとする村長（むらおさ）の娘を助けた縁で霊木榧（かや）の大樹に出合う。悪鬼退治のつもりで放った常門の矢は村長が霊夢に従い観音像を彫ろうと伐り出していた榧の大樹に突き刺さっていた。驚く常門の前に白い衣の老人が現れ「この榧は霊木である。傷つけたお前の罪は大きい。すぐに仏堂を建てて償うように」と告げて消えた。しばらくしてその榧の大樹は筑後川を下り草野の里まで流れて来た。仏縁を感じた常門はこの榧の木で観音像を彫らせ、白雉四（六五三）年に小堂を建てて安置した。これが観興寺の始まりである。

やがて堂が手狭になったので、もっと敷地が広い耳納の山下（現山本）の地に伽藍を建立して観音像を遷して本尊とし普光院を創建した。寺は興隆し伽藍と堂房併せて三十六房も数える大寺となった。

観音堂。本尊の千手観音は「山本観音」の名で親しまれる

また、常門自身も出家して常門承督となり、この地の天台座主職を司るようになった。これらの功績に対して時の天智天皇から寺田七十五町と寺名「観興寺」の勅額と「普光院」のご宸筆を賜ったと、縁起は伝える。

もう一つは平安末期の元暦年間（一一八四〜八九）のこと、その頃は源平が争っていた時代で、常門の子孫草野太郎永平は源氏方として平家と戦い、観音さまのご加護で軍功を立てることできた。永平は感謝して大和絵師土佐光信に、観興寺の縁起を二幅の絵画に仕立てさせた。それが現在、国の重要文化財の「絹本着色観興寺縁起」である。一幅は上述の通り常門と霊木の出会いと観音造立のこと、二幅目が永平の軍功と当時の寺の建物の様子が描かれているという。この絵は鎌倉時代の絵画として貴重とかで、今は東京の国立博物館が収蔵するという。

観興寺は最初、法相宗寺院として創建され、後に天台宗に転宗する。しかし中世に度々の兵火に見舞われて伽藍は焼亡、什宝も焼失・四散して衰微する。

正保元（一六四四）年に近くの曹洞宗寺院千光寺の末寺として再興された。

　寺宝には上記の国重文の絵画の他に鎌倉とも南北朝とも推定される「観興寺」の寺名入りの軒平瓦、正安元（一二九九）年十月の銘がある座主長導（文永六年歿）の菩提を弔う五重の石塔などの出土品がある。

寺紋入りの幔幕がかかる山門

ご詠歌
のどかなるこの山本のはるがすみ
み法(のり)のはなも色や添うらん
枯れ木にも花咲く誓いみるからに
法の心をおこしこそすれ

■年行事
1月17日　初観音・大般若会・年頭祈願
2月3日　節分星祭・厄除祈願
5月17日　夏観音・大般若会・健康祈願
8月6日　盂蘭盆大施餓鬼会・精霊供養
8月9日　夜観音・千灯明祈願会
8月10日　朝観音・四万六千日祈願会
11月17日　こども観音・健全成長
12月31日　除夜　祈願会

■アクセス
〒839-0826久留米市山本町耳納2129
TEL・FAX0942（47）0532
JR久大本線善導寺駅から徒歩30分
西鉄バス山本バス停から10分
九州自動車道久留米ICから車で20分

MAP 22

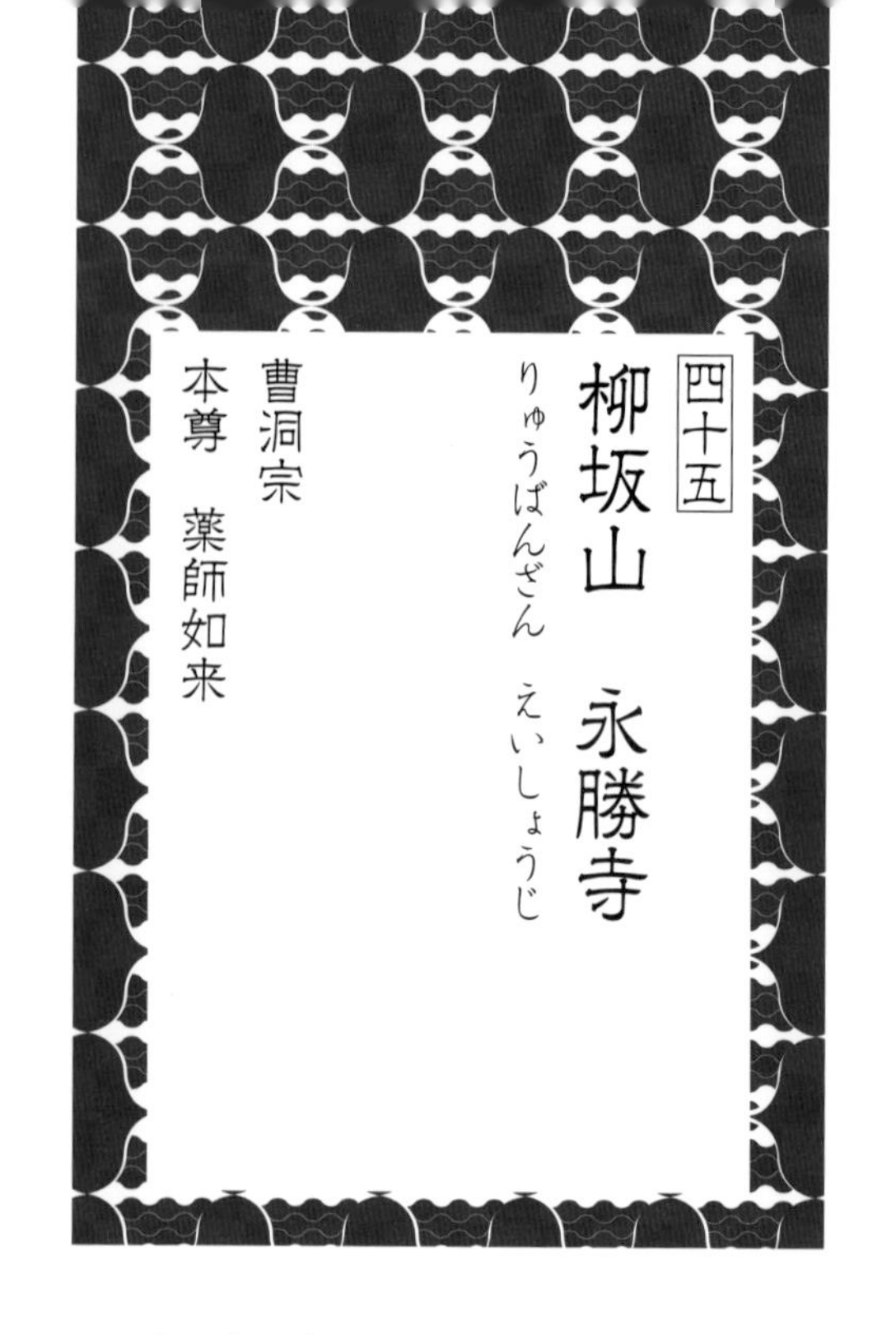

四十五 柳坂山　永勝寺

りゅうばんざん　えいしょうじ

曹洞宗
本尊　薬師如来

鎌倉時代の高僧神子栄尊（しんしえいそん）の数奇な出自を伝承する

耳納連山の兜山山麓の永勝寺は、地元の名所「柳坂曽根のハゼ並木」（福岡県天然記念物）の奥にある。

寺伝によると永勝寺は天武天皇八（六七九）年、天皇が皇后の病気平癒を祈願して建立した天皇勅願寺と伝える。祈願の甲斐あって皇后は快癒、喜ばれた天皇から荘園を賜り伽藍を建立、永く勅願寺として天下国家の安寧を祈願、三年に一度星祭を執行したと伝える。星祭とは年頭や季節の初めに行う仏教儀式の一つで、安寧・息災・豊年・願い事の成就などを仏に祈願することである。

永勝寺は最盛期には五十町の寺領と子院三十六坊を有したという。ことに平安時代は白河天皇の崇敬が篤く、臨時の勅願が数回に及んだと伝える。鎌倉時代には高良山や大善寺玉垂宮と共に筑後の三大天台霊場と称された。しかし戦国時代に、キリシタン大名大友宗麟の兵火や領主毛利秀包（ひでかね）の焼き討ちで寺は焼亡する。

江戸初期の寛文十（一七九八）年、地元奉行と大庄屋が小堂を再建、浄土僧の西応坊が入寺して寺勢を回復、本尊の薬師如来や諸仏像を造立する。また、寺が出す病魔退散の護符が評判をとり、全国から参詣者が訪れ、永勝寺は伊予の山田薬師、出雲の一畑薬師と共に「日本三大薬師」といわれた時代もある。

明治十（一八七七）年に曹洞宗に転宗する。寺宝の大般若経六〇〇巻は明治初（一八六八）年の神仏

杉の大木に囲まれた本堂

分離令で高良山経蔵院から移された。

永勝寺は神子（しんし）禅師栄尊（えいそん）（一一九五～一二七二）と所縁深い寺でもある。栄尊は円爾（えんに）（のちの聖一国師）らと共に入宋、径山（きんざん）の無準師範（むじゅんしはん）の許で臨済禅を学んで帰国、肥前に万寿寺と報恩寺、筑後に朝日寺（ちょうにちじ）、豊前宇佐に円通寺を創建する。また宇佐神宮の神宮寺弥勒寺の復興にも尽力した鎌倉初期の高名の禅僧である。栄尊には次のような出生譚が永勝寺と朝日寺に残る。

三潴の長者藤吉種継には都から望まれるほど美貌の娘がいた。仏心篤い娘はある日、いつも詣でる近所の観音堂の前で一人の若者に出会う。その若者は平康頼といい、鹿ヶ谷事件に連座して俊寛らと共に喜界ヶ島に流罪となるが、許されて都へ帰る途中だった。二人は一目で惹かれ合い、短い逢瀬を重ねた。娘は朝日を飲み込む夢を見て懐胎するが、若者は何も知らぬまま出立した。

月満ちて娘は元気な男児を生むが、父の長者の怒りは納まらず、赤子を近くの叢（くさむら）に捨てさせ、娘も家から追い出した。捨てられた我が子を心配した娘が

山麓に佇む姿は幻想的

叢に行くと、七日間も野ざらしにされたままの赤子は無事で、口から光を放つように元気だった。ひしと抱え上げるが、行く末を案じて途方に暮れ、親子で死のうと河原を彷徨っていた。ちょうどそのとき、通りかかったのが永勝寺の巌琳（がんりん）和尚で、この親子を助けて寺に連れ帰った。筑後川の船着場から寺までの坂道を、和尚は赤子を懐に抱き、汗だくで登って来たという話が今に伝わる。

　和尚は、子は将来仏門に入れる、母は乳は与えるが母子の名乗りはしないことを条件に、厨仕事を与えて、親子の面倒を見ることにした。口光と名付けられた子は利発で、七歳から住職の巌琳和尚（高良山二十四世）に師事、十七歳で天台僧栄尊となり、修行行脚の旅に過ごす。四十一歳で円爾（後の聖一国師）らと共に宋への留学が決まり、永勝寺の旧師へ挨拶のために帰郷した。巌琳和尚は母に親子の名乗りを勧めたが、恩愛の情が生まれては修行の妨げと母は固辞した。三年後、帰国の挨拶に再び永勝寺を訪れると、栄尊は厨の嫗から巌琳和尚の遷化を告げられたという。今、栄尊は自らが生地に開創した大善寺の朝日寺に開山として大切に祀られる。また、その父母が出合ったという観音堂も同じ境内に建つ。

　寺宝には古瓦（市文化財）、有馬家寄進の厨子（ずし）、大聖歓喜天、金剛力士像がある。秋は境内のカエデとイチョウ（樹齢三〇〇年）の紅葉の対比が美しい。

■年行事
1月12日　大般若会
3月春分の日　春彼岸会
4月8日　花まつり、降誕会
8月20日　大施食会
9月23日　秋彼岸会
12月8日　釈尊成道会

■アクセス
〒839－0827久留米市山本町豊田2155
TEL・FAX0942（44）1386
西鉄バス柳坂バス停から徒歩15分
九州自動車道久留米ICから車で15分

MAP 22

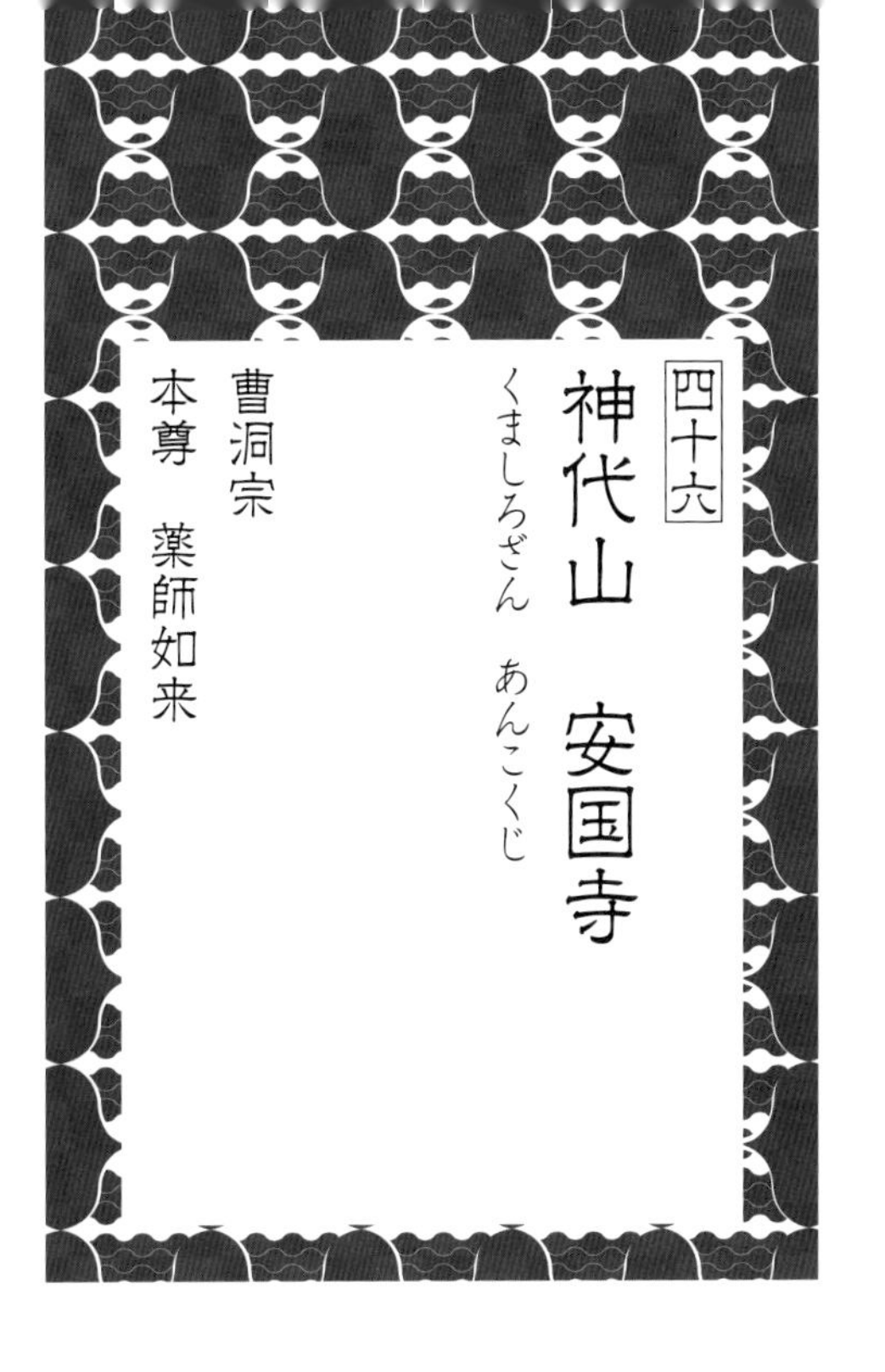

四十六 神代山 安国寺

くましろざん　あんこくじ

曹洞宗
本尊　薬師如来

古代の幹線道路「神代の渡」の袂にある寺

安国寺は筑後川の中流、神代橋のたもとにある。寺の前身は萬法寺と言い、白雉二（六五一）年に萬法唯一大師が開基した。この人は中国から渡来僧で、奈良の東大寺から招かれたという。堂塔は地元有力者で、高良山の神裔と伝えられる神代氏が建立した。最盛期には塔頭九院、末寺二十数カ寺を擁した時代もあったと伝える。

室町時代に萬法守一禅師が臨済宗聖一派の禅宗寺院とする。暦応二（一三三九）年に足利尊氏公から寺領三〇〇石を与えられ、筑後国安国寺となる。開基は月庭守暗禅師である。尊氏が全国に展開した安国寺や利生塔の建立については、「三十 安国寺」や「四十 興国寺」の項で詳述したので割愛する。この筑後の安国寺は江戸時代の慶安元（一六四八）年に同じ臨済宗の南禅寺派に転じる。

「神代の渡」に近いこの寺は、南北朝や戦国時代に戦乱に巻き込まれ、盛衰を繰り返したが、時の支配者からはおおむね優遇された。豊後大友宗麟は渡しの賃米一〇〇俵、豊臣秀吉は除地五十二石

安国寺山門

戦乱に巻き込まれ盛衰を繰り返した安国寺

を寄進した。続く筑後太守の田中吉政公や有馬公もこれらの恩典を踏襲した。

本尊の釈迦如来坐像（欅の寄木造り　像高一一五センチ）は胎内墨書に〝京仏師慶厳作　建長六（一二五四）年〟とあり、昭和三十三（一九五八）年に福岡県文化財に指定される。寛文九（一六六九）年に建立の観音堂に祀る十一面観音像は安永七（一七七八）年に、七代藩主の有馬頼徸（よりゆき）公が自ら開創した「筑後三十三観音霊場」十五番霊場本尊とする。

筑後三十三観音霊場の石碑

本堂裏の墓地には珍しいマリア観音像（石造／像高五〇センチ位）がある。像を守るように左右に並ぶ数基の墓石は隠れキリシタンの人々だろうか。川向こうの大刀洗（たちあらい）の今村に、島原の乱後に高良山中に隠れ、今村で捕えられたキリシタン兄弟がいたから。手水場の水は境内の金剛泉の水だという。金剛泉とは昔から朝妻の泉、松崎の泉と共に「三井の三泉」と言われる名水で、御井郡の名の由来にもなったという。

今は神代橋が架かるが、昔の「神代の渡」の時代は薩摩街道や日田街道に通じる九州有数の交通要衝の地だった。こんな話が残る。

蒙古襲来の文永一一（一二七四）年、鎌倉幕府から動員がかかった肥後・大隅・薩摩・日向の武士団は博多へと急いでいた。しかし神代の渡は数日来の豪雨で川が増水、船が出せず足止めされた。渡（わたし）を預かる神代良忠は危急を知り、浮橋を架けることを決断した。一族郎党や農民を督励して川船を集め、木材や竹を伐り出し、三日三晩、不眠不休で架橋工事を行なった。十月十七日、無事に渡河した軍勢は博多に向かい、今津（福岡市西区）に上陸して博多を目指す蒙古軍に、十月十九日に間一髪で間に合い、室見の辺りで迎え撃ったという。この功績に対して、将軍家政所から神代氏に贈られた感謝状が高良大社に残るという。

ご詠歌
千早ふる神代のままにやすくにと行く末かけて守りたまへや

■年行事
1月19日　大般若会
3月中旬　春彼岸会
4月第1日曜日　永代祠堂会
5月第2日曜日　旧新納骨堂供養会
8月4日　盂蘭盆会
9月中旬　秋彼岸会

■アクセス
〒839-0811久留米市山川神代1-5-21
TEL0942（43）2668
FAX0942（43）2672
西鉄バス神代バス停から徒歩3分
JR久大本線御井駅から徒歩15分
九州自動車道久留米ICから車で5分

MAP 22

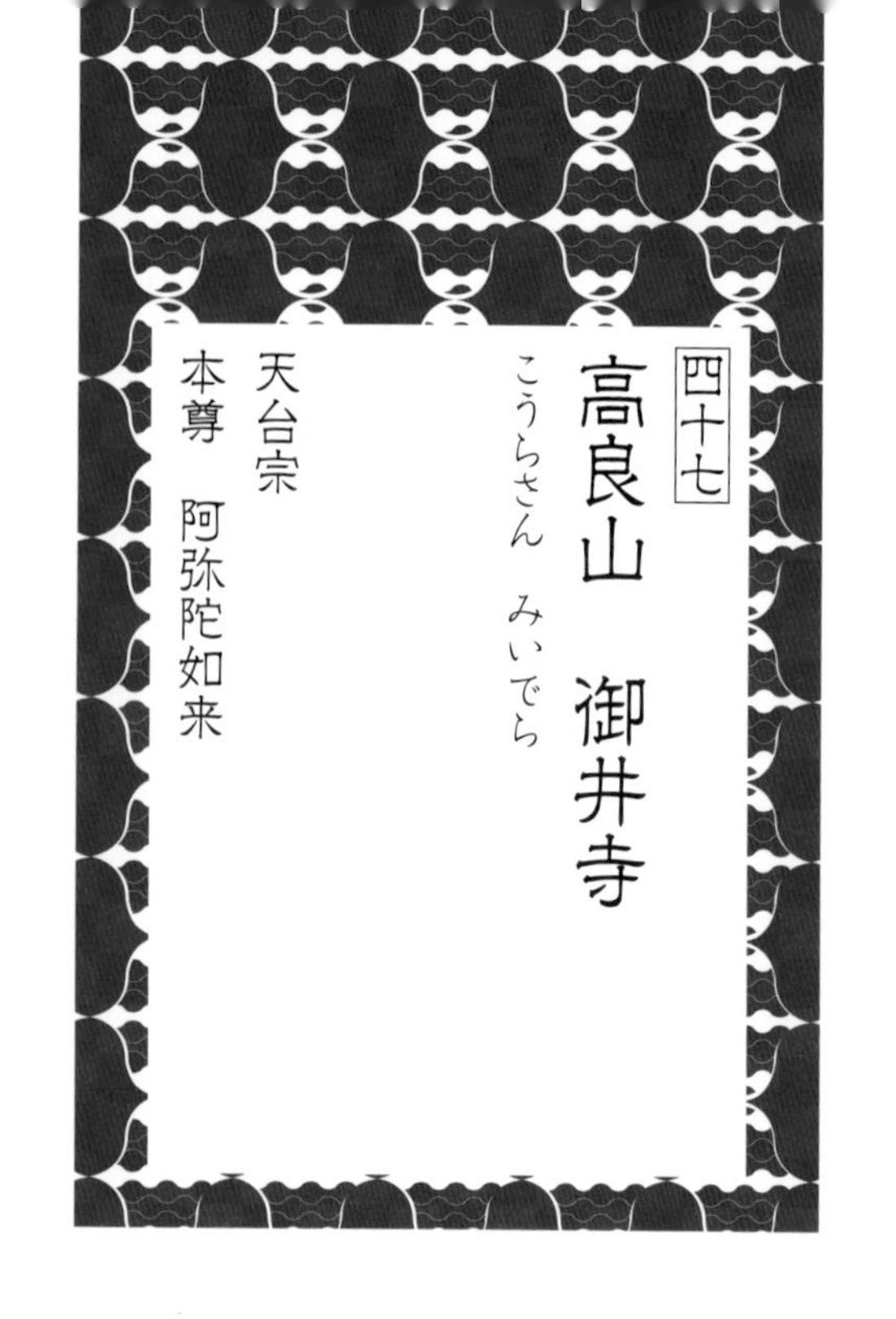

四十七

高良山　御井寺

こうらさん　みいでら

天台宗

本尊　阿弥陀如来

高良大社の神宮寺で座主寺だった

　久留米市の東部、耳納連山の中ほどにある高良大社の旧名高良玉垂神社（祭神高良玉垂命・八幡大神・住吉大神）の創建は五世紀初頭、十七代履中天皇時代（在位四〇〇～四〇五）と伝えられる。その古社、高良の神域に最初に仏教が入ったのは七世紀中葉、高隆寺の創建である。後に座主寺となり、また神宮寺として幕末までの千二百余年間、この神仏混淆の霊地高良山は仏教系の寺院が、神道系の大宮司や大祝家を抑えて君臨した。古くは高隆寺、近世には現在、久留米市御井町にある当寺の前身の御井寺がそれで、次々変る筑後の支配者たちにも絶えず一目置かせていた。ところが明治元（一八六八）年の神仏分離令の公布で全ての支配は瓦解した。

　寺伝によると白鳳二（六六二）年、隆慶国師が高良山の最初の仏堂高隆寺を創建する。隆慶国師は武内宿祢の末裔美濃理麿の三男保依（隆慶は法号）で、神官所縁の人であったことが分かる。高隆寺の縁起によると、清原真人・物部某・安曇某・神部・弓削らが協力して林中の荊棘を刈り払い、石岩を平らにし、五間四面の精舎と五間七間の雑舎を建立、弥勒像と毘沙門天像の二体を安置したという記録が残る。その後は上述の通り座主寺として隆盛、十二院三十六坊を数え、九州では英彦山、阿蘇山に並ぶ天台宗の大寺となる。山内の運営も大宮司や大祝家をしのぎ、高良山神域内外に座主寺兼神宮寺として君臨した。処が中世後半の戦国時代になると、戦略上有利な地形の高良山は戦国武将たちに狙われた。やむなく武装化するもかなわず、霊地は戦乱に巻き込まれて焼亡・衰退する。世襲の座主も四十八世で途絶えた。以後、四十九世座主は比叡山から迎え、蓮台院御井寺が高隆寺に代わり神宮寺となる。

山門から見た本堂

近世になると座主は叡山から迎えたり、叡山との兼務座主が通例となり、蓮台院御井寺が神宮寺として地位を確立する。寺は本坊と呼ばれて、傘下に二十六カ寺三六〇坊を幕末まで差配した。しかし、明治初年に上述の分離令が公布されると、山内は神社としての存続を選び、仏蹟は徹底して廃されることとなった。

高良山最後の座主を務めた五十九世厨亮俊を筆頭に、関係僧侶たちは事態を憂慮し、貴重な仏像・仏具を守るべく、伝手を求めて地元のあちこちの寺に移した。山内に残った堂・仏像・仏具は徹底的に破壊・破却、まさに廃仏毀釈が断行されて、高良山は仏教色を一掃する。亮俊座主には還俗・退職命令が出て座主職は廃止され離山したという。明治四（一八七一）年に高良山の名称も高良玉垂神社に、昭和二十二（一九四七）年に現在名の高良大社となる。

一方、御井寺も一時は廃寺になるが、最後の住職六十世甘井亮憲僧正（比叡山真蔵院住職と兼務）を筆頭に、関係者の熱心な再興への働きかけが功を奏して、翌々年の明治三（一八七〇）年に「元御井寺蓮台院の儀は旧来格別寺院につき……」と認可の運びとなった。そして、明治十一（一八七八）年四月、

高良山麓の宝蔵寺跡地に新しい御井寺が再建された。以来一四〇余年間、現在地で法灯を守り、住職は六十五世を数えている。
現在の御井寺が収蔵する寺宝は善光寺分身如来(三尊阿弥陀像)、天台智者大師像、根本伝教大師像、大聖不動明王像、高良山縁起他と数多い。

神仏分離令により一時廃寺になるも復興された

■年行事
1月1～3日　修正会
2月　星供養・護摩祈祷会
3月　春季彼岸会
8月　施餓鬼会
8月18日　開山講
9月　秋季彼岸会
10月　永代経会
12月6日　天台会・十夜法要

■アクセス
〒839－0851久留米市御井町222
TEL0942(43)4953
FAX0942(65)9050
西鉄バス御井町バス停から徒歩5分
JR久大本線御井駅から徒歩20分
九州自動車道久留米ICから車で5分

MAP 22

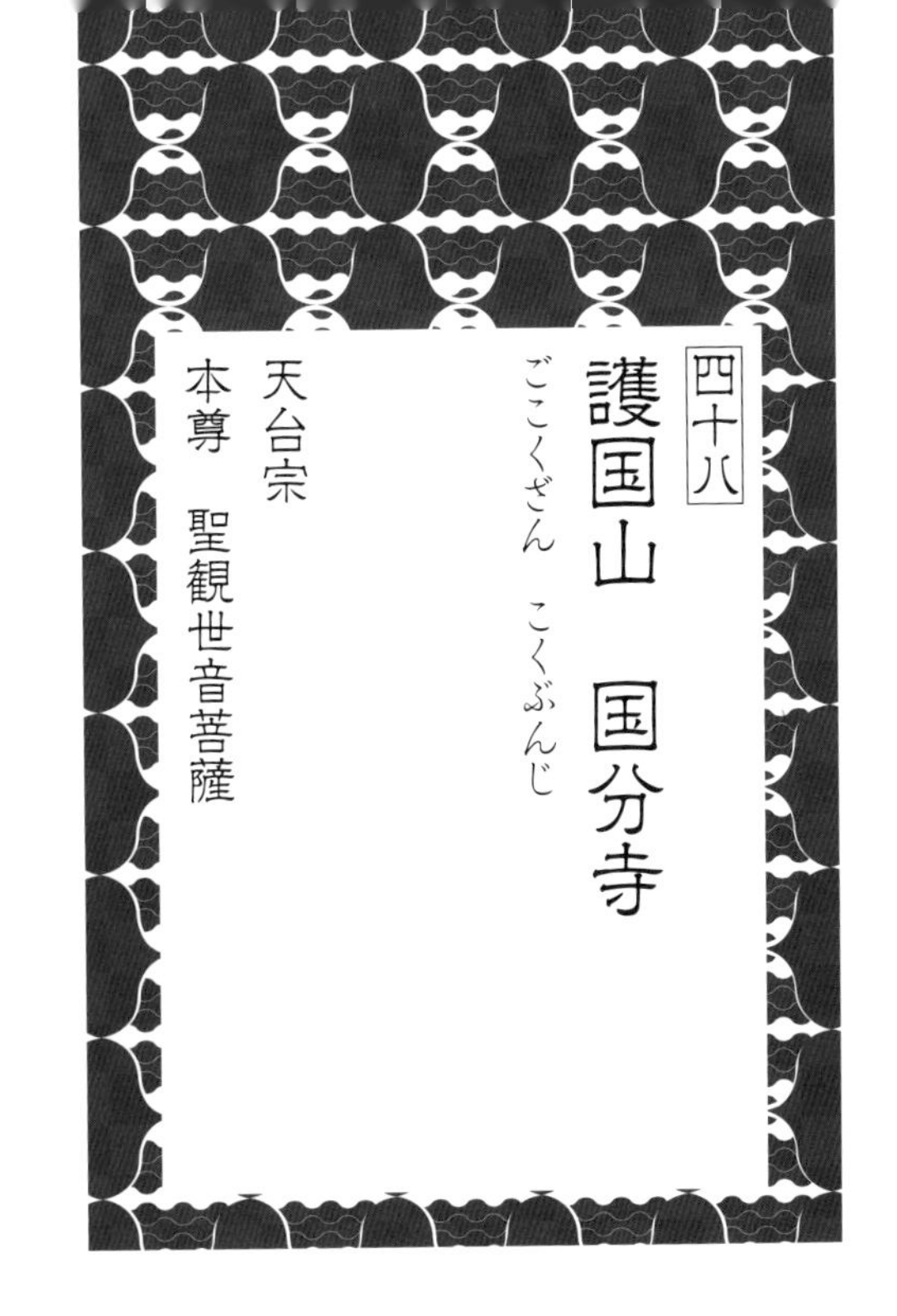

四十八

護国山　国分寺

ごこくざん　こくぶんじ

天台宗

本尊　聖観世音菩薩

筑後国の国分寺の後身の寺

久留米市宮の陣にある国分寺は天平十三（七四一）年に、聖武天皇の詔勅で全国に創られた金光明四天王護国之寺（通称国分寺）を発祥とする寺で、本書でも採り上げた豊前や筑前の国分寺と同じである。筑後国の国分寺は最初、現在の国分町日吉神社の地に創建された。寺域は一五〇メートル四方（推定）で、神社の境内から塔・講堂・回廊跡などが発掘され、現在は「筑後国分寺跡」として久留米市指定史跡になっている。国分尼寺は近くの西村地区に建立されたと推定されているが不詳。中世初頭には国分寺も国分尼寺も共に廃絶した。

寺伝によると暦応二（一三三九）年、足利尊氏公が現在地に両寺を合併して、寺産十五町をつけて再興したと伝える。ちなみに、福岡県には筑前、筑後、豊前と三カ所の国分寺があるが、再興時に場所が移転したのは筑後国分寺だけで、筑前と豊前は同じ場所に再建されている。

新しく筑後の国分寺が創建された宮の陣の地名の由来は、南北朝時代に大宰府に陣を構える足利勢（北朝方）と対峙した懐良親王（南朝方）を戴く菊池勢力がこの地に陣を張ったからという。しかし、すぐにこの地は南北朝期の争いや続く戦国時代の大友、島津、龍造寺らの戦乱の舞台となり、寺も巻き込まれて荒廃、寺勢も衰えていた。慶長年間（一五九六～一六一五）に、筑後の国主となった田中吉政公が堂宇を建立して再々興したと伝える。

江戸時代の安永七（一七七八）年、七代藩主有馬頼徸公が国分寺本尊の聖観世音菩薩を自ら創設した筑後三十三観音霊場の第十一番札所に指定した。

明治二（一八六九）年、その前年に公布された神仏分離令で廃された高良山中の明静院住持の霊徹師が藩命を受け国分寺に移る。そのときに同院の寺宝の元三大師像・大聖歓喜天像・石造仁王像・地蔵来迎図板碑も一緒に廃仏毀釈を避けて国分寺に移る。明治四（一八七一）年から天台宗になる。

仁王像が立つ山門

久留米市の国分寺は足利尊氏公が再興したと伝えられる

寺宝は他にも伝教大師・天台大師掛軸、百壽掛軸（唐代）懐良親王ご宸筆の「観世音菩薩普門品写経」などがある。中でも本堂に置く地蔵来迎図板碑（正平二二年　一三六七）は、元高良山座主大祝家の祖の墓と推定される祇園山古墳の上にあったと伝えられる貴重の宝物、現在は福岡県文化財である

元三大師とは比叡山中興の祖と仰がれる十八代天台座主良源（九一二〜八五）のことで、諡名の慈恵大師の方が有名である。天台僧として位を極め、恵心僧都など高名の弟子を育てた高僧、正月三日に遷化したから元三大師の名がある。また「おみくじの元祖」としても有名で、厄除け大師・角大師・豆大師など、おみくじに因む異称も多い。それは厄除け・病魔退散のお札に見る独特のお姿から生まれた名で、これは大師が夜叉の姿に変じて厄病神を祓ったという謂れに基づくという。

現在、国分寺では毎年一月三日を「がん三大師大祭」、毎月三日を「ご縁日」として、厄除け祈願やお札を求めて訪れる人々に授けている。

ご詠歌

ありがたき誓いを聞きて皆ひとの

誘いをここにこふの古寺

■年行事

1月3日　がん三大師大祭
1月16日　聖天縁日
2月3日　節分会
3月　春彼岸会中日
5月16日　聖天縁日
8月7日　施餓鬼会
9月16日　聖天縁日
9月　秋彼岸会中日
11月24日　天台会

■アクセス

〒839−0801久留米市宮の陣5−14−15
TEL0942（32）7486
FAX0942（32）7894
西鉄天神大牟田線宮の陣駅から徒歩10分
九州自動車道久留米ICから車で5分

MAP 22

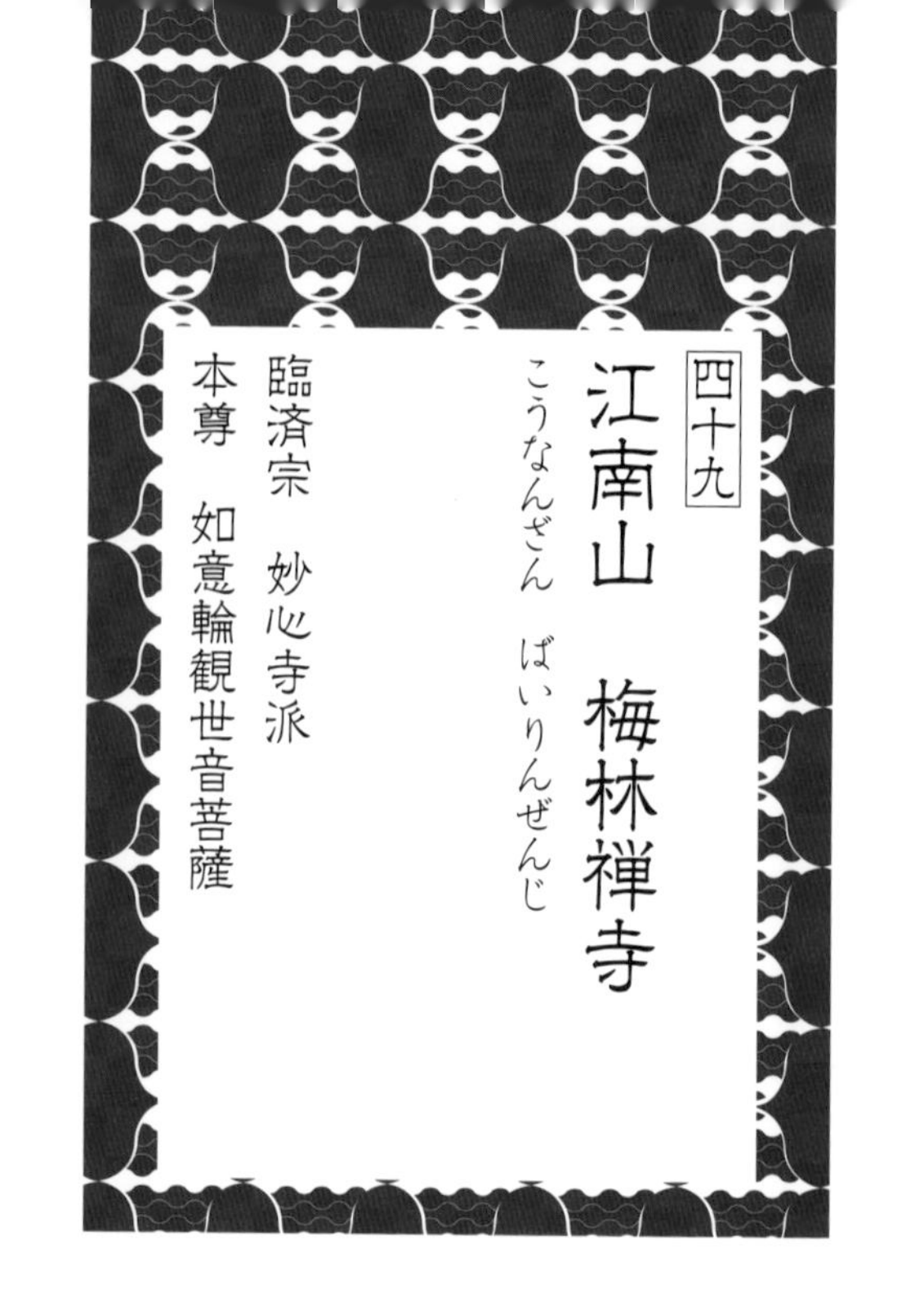

四十九

江南山　梅林禅寺

こうなんざん　ばいりんぜんじ

臨済宗　妙心寺派

本尊　如意輪観世音菩薩

全国でも有名な修行の厳しい禅道場

梅林寺はJR久留米駅と筑後川の間に伽藍を構える。歴代久留米藩主の菩提寺であり、立派な山門、門柱に架かる「碧巌録提唱」の看板はいかにも禅刹らしい。境内の大イチョウと手入れの届いた庭、重厚な建物群が町中の喧騒を忘れさせる別世界である。

開創は元和七（一六二一）年、その前年に丹波福知山から転封で久留米に入国した初代藩主有馬豊氏公が、菩提寺瑞巌寺を現在地に遷座させて建立した。開山は禹門玄級禅師である。寺名は豊氏公の父則頼公の戒名「梅林寺殿」に因んで改めた。当初の寺領は一五〇石、二代藩主忠頼公の時代に加増されて三五〇石となる。今も藩祖則頼公はじめ十名の歴代藩主と、その家族の有馬家一族が眠る廟所である。

梅林寺は九州屈指の禅道場で、修行の厳しい道場として全国的に有名である。文化元（一八〇四）年、九世住職の憲幢威烈禅師（一八二九没）が禅堂を開設すると全国から雲水たちが競って集まり、厳しい修行に励んだという。そして梅林寺から羅山玄磨や猷禅玄達らの名僧や臨済宗本山の管長を輩出した。

平成八（一九九六）年に建て替えられた禅堂金剛窟には今も六名の雲水たちが修行の日々を過ごす。ちなみに梅林寺の先代住職の雪香室老師は本山妙心寺の三十二代（六七七世）管長を務められた。

梅林寺では一般の人や若い世代の教化にも力を注ぎ、坐禅会や学生の禅体験会を開催する。ちなみに

門柱に「碧巌録提唱」がかかる山門

現住職の十九世悠江軒老師は地元八女の西日本短期大学の「伝統文化講座」客員教授も務められて、定期的に付属高校の学生を寺に受け入れて講話や座禅を行う。

本尊は如意輪観音像（木造／像高六九・一センチ／南北朝時代）である。寺宝六〇〇点余のうち、鎌倉時代の絹本著色釈迦三尊像が国の重要文化財、他に尾形光琳筆「富士山の画」、キリシタン燈籠、本堂前の美しい檜皮葺の勅使門（唐門）が福岡県文化財の指定を受ける。

また、地元のウメの名所「梅林寺外苑」は境内地の一部で、昭和三十三（一九五八）年、開山の禹門禅師三五〇年遠諱を記念して、筑後川に面した境内一番の景勝地九五〇〇平米（約三〇〇〇坪弱）を、塀で区切り市民に開放した。そこに久留米市が市民有志の献木、梅三十種五〇〇本、ツツジ三〇〇〇本を植栽、市民公園として整備した。その陰には当時の地元財界人石橋正二郎氏（現株式会社ブリヂストン創業者）の大きな貢献があったと伝える。

境内は手入れされた松が美しい

外苑には今、四季折々に大勢の人々が訪れる。梅の季節は赤、白、ピンクの花々と馥郁(ふくいく)たる梅の香が辺りに満ちる。平成二十（二〇〇八）年に開園五十周年を迎えた。現在は喫茶コーナーや地元の名産品、苗木の販売店などができて、市民の公園として定着している。

平成二十三（二〇一一）年に九州新幹線の開通をきっかけに、ＪＲ久留米駅や梅林寺の周辺地は大がかりに整備されて面目を一新した。駅ビル改築はなったが、周辺道路の整備は今も続き、その佇まいを一変させた。駅のホームから見下ろす梅林寺の豊かな緑は電車の利用客や旅人の目に、潤いと安らぎを与えてくれる。

ご詠歌

香も高し梅の林の観世音導きたまえ弥陀の浄土へ

■年行事

1月1〜3日　修正大般若
2月15日　涅槃会
3月春分の日　彼岸法要
4月8日　降誕会
4月15日　萬人講
7月30日〜8月5日　黙声会（座禅）
8月18日　山門大施餓鬼
9月秋分の日　彼岸法要
9月27日　開山忌
10月5日　達磨忌
10月15日　萬人講
11月2〜3日　曝涼展
12月8日　成道会
毎月17日　観音講
　　23日　般若講

■アクセス

〒830－0028久留米市京町209
TEL・FAX0942（32）2565
西鉄バス梅林寺バス停から徒歩1分
ＪＲ鹿児島本線久留米駅から徒歩5分

MAP 22

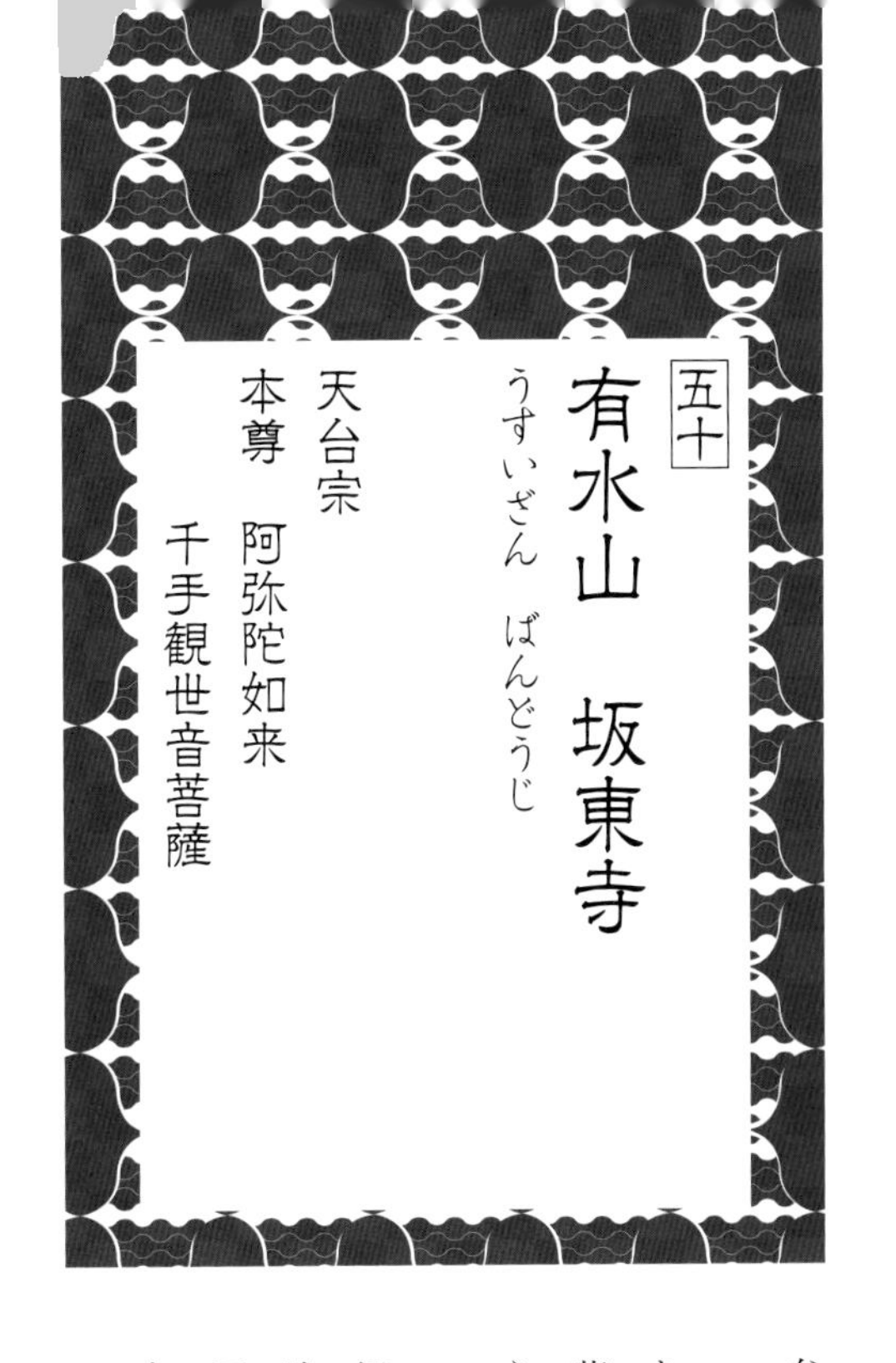

五十

有水山　坂東寺

うすいざん　ばんどうじ

天台宗
本尊　阿弥陀如来
　　　千手観世音菩薩

盛衰を繰り返した筑後の古刹

筑後市の古刹坂東寺は寺伝によると平安初期の延暦三（七八四）年、桓武天皇勅願寺として伝教大師最澄が自ら刻んだ薬師如来像を本尊に開創されたと伝えられる。当時の寺名は広福寺といい、七七〇町の広大な荘園（広川荘）を有した。延暦二十二（八〇三）年の大師入唐のときは、この寺で十七日間の参籠を行って、道中の安全祈願をしたと伝える。

久安二（一一四六）年に紀州の熊野三神（権現）を勧請、熊野神社が創建されるとその神宮寺となり、薬師信仰と権現信仰という神仏混淆の霊地として栄えた。しかし、元弘三（一三三三）年に神社と寺院の内輪の争いで寺が全焼、最澄所縁の貴重な寺宝や縁起書などすべて灰燼に帰したが、堂宇はすぐに再建された。貞和四（一三四八）年に神託により寺名を現在の坂東寺に改める。

戦国時代の天正年間（一五七三〜九二）、西九州で覇を競った豊後大友と肥前龍造寺の戦いで、大友連合軍（戸次道雪・高橋紹運軍）は坂東寺に陣を敷いた。その兵火で天正十二（一五八四）年

新築なった本堂

に再び堂宇が焼失する。しかし、翌十三（一五八五）年には僧快心が坊舎を、大友宗麟と福島城主筑紫広門の支援を受けて、心興僧都が再興する。

京都青蓮院門跡の尊純親王から坂東寺の再興を依頼されていた田中吉政公が慶長六（一六〇一）年に筑後国守になると、寺領三五八石を寄進する。続く有馬公も所領を安堵したので、近世の坂東寺はしばし安寧が続いた。安永七（一七七八）年、七代久留米藩主の有馬頼徸公は坂東寺の千手観音像を「筑後三十三観音霊場」の二十二番霊場本尊とする。

明治元（一八六八）年に神仏分離令が公布されると、時の住職真永師は神社を選び、自らも熊野神社神官となって坂東寺を廃寺にする。本尊薬師如来像はじめ諸仏像・仏具は近隣諸寺に離散する。しかし、

上・本尊阿弥陀如来座像
下・延暦寺から拝領した観音像（霊場本尊）

すぐに再興の機運が高まり、末寺普明院(まつじふみょういん)の光珊和尚らの奔走で、明治十二(一八七九)年に坂東寺再興が許可され、清水寺(五十四番)から入寺した田北隆光和尚の尽力で、坂東寺は明治二十九(一八九六)年に本堂を再建する。本尊は願長寺の好意で戻してもらった塔頭安養院の阿弥陀如来像とする。

現在、本堂で本尊脇に祀る千手観音像は本山延暦寺から拝領した霊場本尊の観音像である。観音信仰心篤く「筑後三十三観音霊場」の二十二番霊場再興を生涯の悲願とする光教尼(先々代住職の母堂)は、自らも勧進などで努力した成果であると聞く。

平成十九(二〇〇七)年に大阪四天王寺から入寺した現住職はまず庫裏の新築、次いで新本堂が令和元(二〇一九)年十月に再建した。

寺宝には山門前の一対の石造五重塔のうち、左の塔には貞永元(一二三二)年の銘があり、鎌倉時代の様式を伝える筑後地方最古の在銘の塔として福岡県文化財指定、桓武天皇ご宸筆の曼荼羅一幅、元当山僧正方位牌四基などがある。

開創以来一二〇〇年余、焼亡や廃寺そして再興と、幾度も盛衰を繰り返すが、やはり坂東寺は仏の加護篤い寺なのだろう。

ご詠歌

打ちつれてのぼるや坂の東寺
参る心ぞたのしかりける

■年行事
1月第4日曜日　修正会
3月春彼岸中の日曜日　春彼岸
7月第1日曜日　大般若会
8月16日　盂蘭盆会
9月秋彼岸中の日曜日　秋彼岸

■アクセス
〒833-0055筑後市熊野1012-1
TEL0942(52)6532
JR鹿児島本線羽犬塚駅から徒歩30分、車またはタクシーで7分
九州自動車道八女ICから車で10分

MAP 24

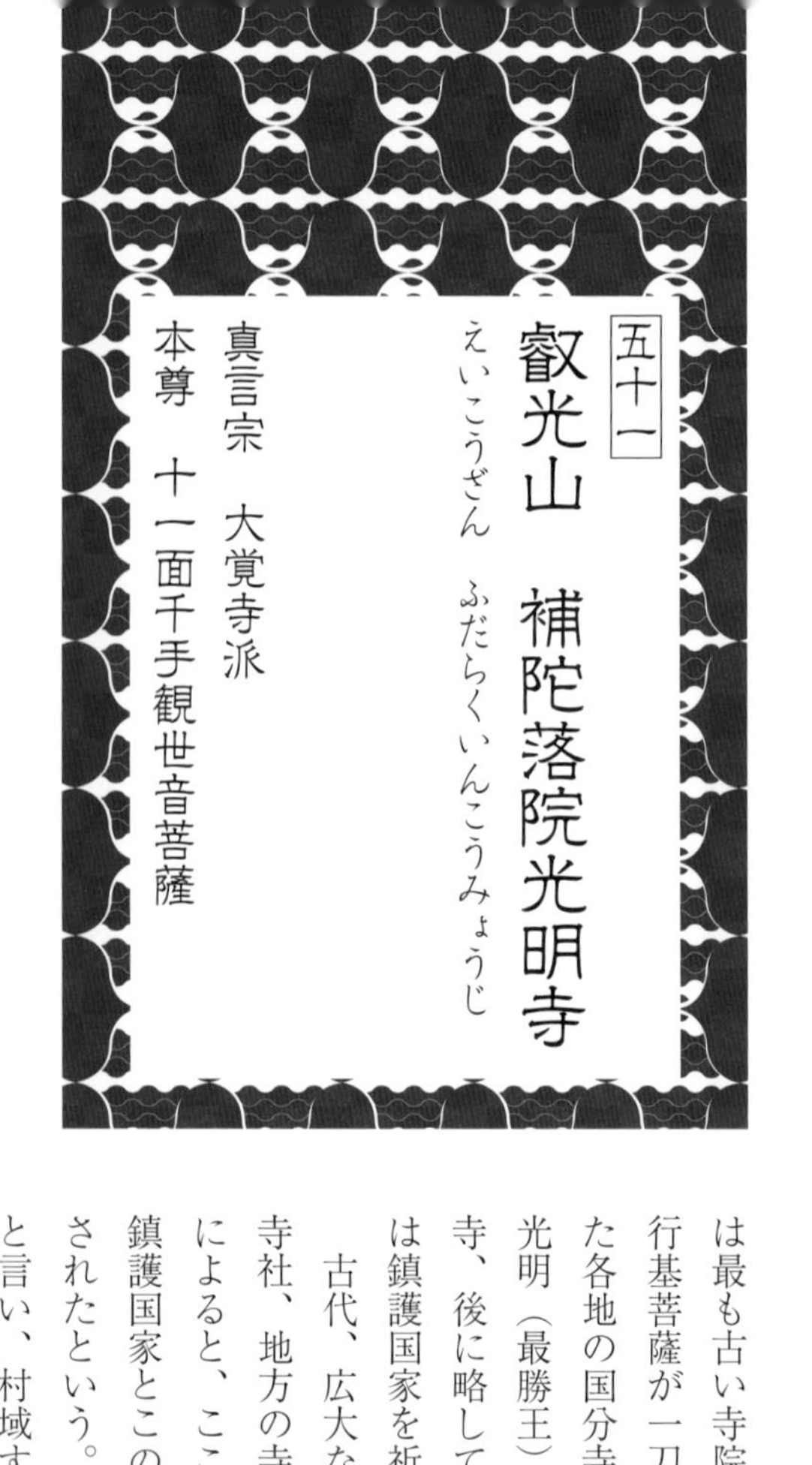

五十一　叡光山（えいこうざん）　補陀落院光明寺（ふだらくいんこうみょうじ）

真言宗　大覚寺派
本尊　十一面千手観世音菩薩

矢部川河畔の天平の古刹

筑後市津島にある光明寺はJR船小屋駅背後の集落の中にある。近年、駅の周辺は新幹線の開通とHAWKSベースボールパーク筑後が建設されて面目を一新した。

光明寺の開創は天平元（七二九）年で、聖武天皇の勅願による行基菩薩の開基と伝えられ、筑後市では最も古い寺院である。本堂に祀る本尊の観音像は行基菩薩が一刀三礼を以って謹彫（きんちょう）したと伝える。また各地の国分寺と同様に、聖武天皇の勅により「金光明（最勝王）経」が納められたから寺名を金光明寺、後に略して光明寺になったという。金光明経とは鎮護国家を祈る大乗経典の一つである。

古代、広大な筑後平野にはいくつかの中央貴族や寺社、地方の寺社が所有する荘園が多かった。寺伝によると、ここ広田の荘は古くは藤原氏の荘園で、鎮護国家とこの地の安寧を祈願して、光明寺は建立されたという。現在、寺のある津島西は昔は今寺村と言い、村域すべてが寺地だったと伝える。このように昔の光明寺は広大な寺域を持ち、都に直結する格式高い寺院だったらしい。本尊の十一面千手観音像は秘仏で、ご開帳は三十三年に一度で、それは平成二十九（二〇一七）年十月だった。華やかな稚児行列などがあり、にぎわった。次回のご開帳までは三十一年待たねばならない。

この寺は開創以来約千三百年、盛衰を繰り返した。

湛慶作の仁王像が立つ仁王門

その間、安元年中（一一七五～七七）に平重盛、貞和年中（一三四五～五〇）に足利尊氏と修復・再興者に中央の著名な人が名前を残し、「金光明経」も納められているから、昔は全国各地の国分寺クラスの大寺院だったのだろうと推察できる。しかし、戦国時代末期（一六〇〇年頃）には衰退して、筑後大守として入府した田中吉政公には寺領を没収されて、しばし無住となる。

江戸初期の延宝三（一六七五）年、柳川藩主が快音和尚を中興開山に任じて再興させた。

現本堂は天保七（一八三六）年の建立。現在、本堂には本尊のほか、庚申堂に祀る青面金剛像、閻魔堂の閻魔十王像なども合祀する。本堂の横の参道沿いには、鳥居と津島西区の氏神五柱を祀る五社神社の本殿がある。神仏習合時代の名残りが伺える。また、参道の両側にある新旧二基の石造九重塔のうち、古い東塔は安元（一一七五）年の銘があり平重盛の建立と伝えられ、福岡県文化財である。山門脇には江戸時代の文十三（一八一六）年に開基された境内新四国八十八ヶ所が

本尊の秘仏は 33 年に 1 度開帳される

あり、弘法大師像と八十八体の石仏を安置する。

今は伽藍の一番奥にあるように見える立派な山門（仁王門）は平成十五（二〇〇三）年の再建で、左右に祀る二体の仁王像は仏師湛慶（運慶の子）の作という。実を言うと、本来（昔）の寺の正面は現在と逆の川側にある。電車も車もなかった昔、参拝の交通手段を川船に頼った時代の名残りだろうか。山門前は矢部川支流の川堤である。このように光明寺は神仏習合や川船による参拝など、古い姿を今に残していると言えようか。

最後に、この地域に残る行基菩薩の足跡を付記する。他にも行基開基の伝承をもつ寺は谷川寺（こくせんじ）（神亀五年開創／八女市立花町）など四～五カ寺ある。また、現在、県道七九一号に架かる行基橋付近は昔、川幅が狭く逆瀬で徒歩の渡河は危険だった。それを行基が郷民を督励して橋を架け、その難渋を解消したという話も今に伝わっている。

ご詠歌
草の庵（いお）あいの川みず浅けれど
宿りてひかるあけの月かげ

■アクセス
〒833-0015筑後市津島807
TEL0942（53）9092（兼務住職直通）
FAX0943（37）0090（谷川寺）
筑後船小屋駅（新幹線・JR鹿児島本線）から徒歩5分
九州自動車道の八女またはみやま柳川ICから車で10分
MAP 25

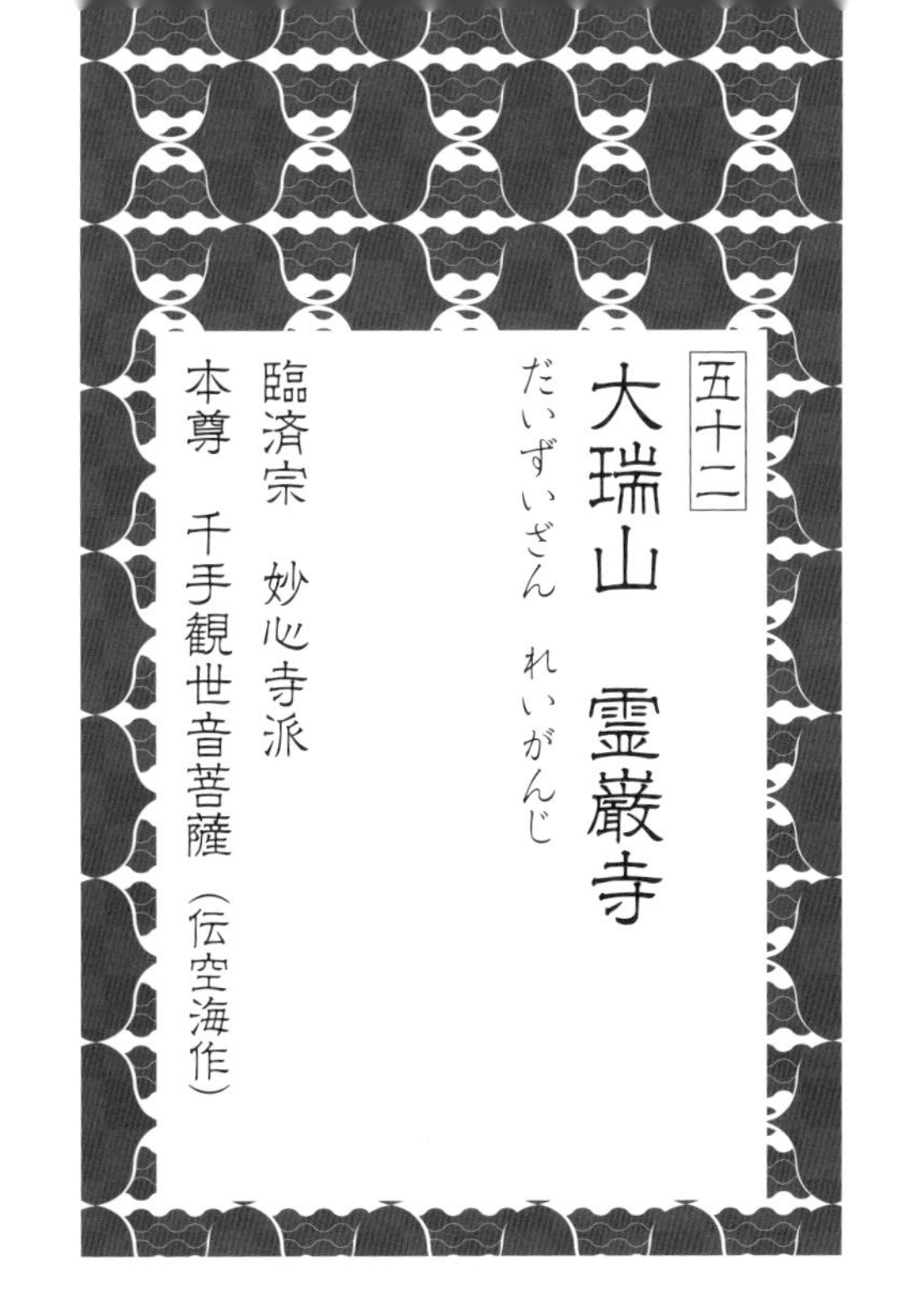

五十二

大瑞山　霊巌寺

だいずいざん　れいがんじ

臨済宗　妙心寺派

本尊　千手観世音菩薩（伝空海作）

八女茶のルーツとなった寺院

八女市黒木町にある霊巌寺は八女茶発祥の地である。天然記念樹「黒木の大藤」の横を左折、笠原川沿いに山襞を分け入ると霊巌寺に至る。

寺の開創は応永十三（一四〇六）年、出羽国の学僧栄林周瑞禅師は諸国を巡錫中にたまたま訪れたこの地の佇まいが、留学中の明国蘇州の霊巌寺に似ていたので、寺の建立を発願したと伝える。ちなみにこの地は昔、修験道所縁の地だったとの話も残る。

こうして霊巌寺は黒木城主黒木氏勝公が寺領を十町歩（一〇ヘクタール）、鹿子尾邑の庄屋松尾太郎五郎久家が伽藍を寄進、周瑞禅師が開山となり創建された。寺名は蘇州の霊巌寺にちなみ命名した。また、禅師は小堂「楞厳堂」を建立、その中に中国から持ち帰った天竺（インド）と唐土（中国）の土に、寺域（日本）の土を混ぜ、三カ国の土で戒壇を造り、いつもその壇で座禅や楞厳経を誦し焚香祈禱したという。また、ここの気候は茶の生育にも適するのではと、持ち帰った茶種を境内に播いて育て、製茶して仏殿に供えた。さらに採れた茶種を寺の

風情ある景観の霊巌寺

外護者の庄屋や村人に分け与え、栽培方法や製茶法を教えた。これが八女茶のルーツという。

　以来六〇〇年余、霊巌寺は兵火などで寺運が衰退、住僧を欠く時代もあったが、その度に中興されて現在に至る。地元の人々や久留米商人たちの篤い尊崇と支援で、由緒ある仏像も次々と集まってお祀りされた。ちなみに今、観音堂に安置する本尊の千手観音坐像と脇侍の文殊・普賢菩薩の三体は空海の作、脇段の聖観音立像は恵心僧都（源信）の作と伝える。

境内に建つ八女茶発祥の碑

本堂には達磨大師、大日如来、釈迦如来、聖徳太子、などの立派な諸仏・諸尊像や開山の周瑞禅師像がお祀りされる。中でも久留米市魚屋町の中島屋主人如件が寄進した釈迦像には「豊前宇佐郡臨済禅寺〇〇　至徳二（一三八五）年」の、同じく開山の周瑞禅師像には「奉建立　楽中　永禄十三（一五七〇）年」との胎内墨書がそれぞれあるという。楽中とは室町時代の住職で霊巌寺中興の祖と讃えられる人である。

　一方、茶の栽培は次第に発展して、麓の八女地方全体に広がって、藩内巡視で訪れる殿様も香り高い鹿子尾茶を賞味し、楽しまれたという。周瑞禅師が伝えた製法は明式の釜炒り茶法だったが、天保年間（一八三一〜四五）に宇治式製茶法が伝えられると、緑茶の生産が急速に普及し産業として発展するようになった。大正十四（一九二五）年に名称を「八女茶」に統一する。その後は度々農林大臣賞を受賞し、八女茶の生産量は全国第六位とブランドを確立した。中でも星野の玉露生産は品質・量共に日本一でそのシェアは五〇パーセント近くを占める。

今、霊巌寺境内には「八女茶発祥の地」の記念碑と記念館が建つ。さらに毎年、禅師の命日四月十七日には厳粛に開山忌を営む。

昭和三十五（一九六〇）年には、禅師の座禅岩や奇岩「珍宝岩」を含む境内裏山の寺域一帯が福岡県文化財に指定された。

ご詠歌

ひとすじに頼む大悲の霊験は巌(いわを)もとおす効力(くりき)なるらん

■年行事

1月17日　観音講
4月17日　開山忌
7月17日　観音講
10月17日　観音講
12月31日　除夜の鐘

■アクセス

〒834-1222八女市黒木町笠原9731
TEL・FAX0943（42）4311
九州自動車道八女ICから車で50分

MAP 26

五十三　梅岳山(ばいがくさん)　福厳寺(ふくごんじ)

黄檗宗
本尊　釈迦如来

旧柳川藩主立花家の菩提寺

柳川市奥州町にある福厳寺は柳川藩主立花家の菩提寺である。山門に架かる寺額は日本の黄檗宗開祖隠元隆琦(いんげんりゅうき)の書という。寺の前身は筑前立花山（福岡市東区）の梅岳寺養孝院(ばいがくじようこういん)。梅岳寺は豊後大友家家臣の戦国武将、筑前立花城主の戸次鑑連(べつきあきつら)（一五一三〜八五のちの立花道雪）が母の養孝院を祀るために、天正三（一五七五）年に開基した曹洞宗寺院である。道雪公も九州の覇権を巡る大友勢の先兵として龍造寺ら肥前・筑紫勢力と戦いの最中、天正十三（一五八五）年に筑後北野で陣没したので大板井に仮埋葬（今も福聚庵に塚が残る）、改めて自ら建立した立花山の梅岳寺に葬られた。法号は梅岳寺殿福厳道雪居士。ちなみに後に柳川藩初代藩主となる立花宗茂公（一五六七〜一六四二）は岩屋城主高橋紹運公の嫡男だが、道雪公に懇望されてその嗣子となり、一人娘誾千代と結婚した。

天正十五（一五八七）年に宗茂公は柳川城主になると、道雪公の墓を柳川城内に移し、道雪公の法号に因む福厳寺を創建する。その後、関ケ原役後に一時東北移封を経て、元和六（一六二〇）年に柳川に再封されると、本格的に立花家菩提寺の梅岳山福厳寺を再建、道雪公を立花藩の藩祖として祀り直した。

もっとも道雪公と養孝院の墓は旧地立花山にも残り、今も立花山梅岳寺の本堂裏の墓地に公と養孝院、家臣で戦国武将の菰野増時（のちの黒田藩家老立花家の祖）の墓石の三碑が大切に祀られる。梅岳寺の話では公の曾孫心空院（立花忠茂公息女、黒田藩主四代綱政公正室）の帰依が厚かったと伝える。

隠元隆琦筆の寺額がかかる山門

寛文九（一六六九）年、二代藩主忠茂公は黄檗禅に傾倒、宇治万福寺二世の木庵禅師の法弟鉄文禅師を柳川に迎え、福厳寺を曹洞宗から黄檗宗に転じた。寺地も現在地に移し、本尊の釈迦如来像を祀る大雄宝殿（本堂）・廟所・方丈などを新築、諸仏も造立して、延宝二（一六七四）年に柳川に新しい福厳寺を開山した。また、忠茂公は領内の諸寺院にも転宗を勧め、筑後での黄檗禅の興隆を図ったと伝える。

町中とは思えない静けさに満ちた福厳寺本堂

黄檗禅とは中国の明代の禅が長崎経由で導入、江戸時代にわが国で流行った禅の教えで、開祖（宗祖）は冒頭に記した宇治の万福寺開山の隠元隆琦（渡来僧、一五九二～一六七三）である。

鉄文道智禅師（一六三四～八八）は山門郡海津（現みやま市）の生まれ、黄檗十鉄の一人に数えられる高僧、書家としても著名である。福厳寺の住職になると、忠茂公の意向に沿い藩内の多くの寺院の開山や中興開山として黄檗禅の普及と興隆に尽力した。

以来三五〇年、福厳寺は初代鉄文禅師から二十七代の現住職まで、柳川の地で黄檗禅の法灯を守る。歴代住職のうち第十四代独唱禅師は本山万福寺三十四世として迎えられた。七代藩主鑑通公が創始した施餓鬼供養、現「旧柳川藩士戦死者供養会」は藩祖以来の家臣戦死者六〇〇余名の位牌を福厳寺に合祀して営む供養で、今も春彼岸の頃に行うという。他に昭和四十四年発足の月一回の座禅と禅の勉強会「福厳座禅会」を催す。

境内には柳川出身の著名人、作家の長谷健や檀一雄、俳人の木村緑平らの墓がある。

■年行事

3月春分の日　彼岸施餓鬼
3月中日ごろ　旧柳川藩士戦死者供養会
5月8日　花まつり
8月13～15日　盆行事
12月31日　除夜の鐘

■アクセス

〒832－0046柳川市奥州町32－1
TEL・FAX0944（74）0033
西鉄天神大牟田線柳川駅から徒歩35分
西鉄バス布橋バス停から徒歩2分
有明海沿岸道路徳益ICから車で30分

MAP 27

五十四

本吉山　普門院清水寺

もとよしざん　ふもんいんきよみずてら

天台宗
本尊　千手観世音菩薩

最澄は立木の合歓の霊木に観音像を刻み……

県南みやま市の清水寺は卑弥呼（ひみこ）伝説をもつ女山（ぞやま）に連なる清水山の山腹にある。麓の本吉の集落から川沿いの参道を進むと、うっそうと茂る樹林の中に建つ年古りた仁王門、どっしりと大きな入母屋造りの楼門（山門）をくぐり、石段を数十段上ると本堂に至る。寺域一帯は地元のモミジの名所としても知られる。

　寺伝によると、唐から帰国の途中の伝教大師最澄は有明海東方の山に輝く一筋の光を見つけた。一羽の雉の案内で山に入り、現在の本堂が建つ地で、光の源である霊木合歓（ねむ）の木に出合った。大師は立木の

樹林のなかに建つ大きな山門

ままの合歓に一丈六尺（四・八エートル）の千手観音像を刻んだ。翌大同元（八〇六）年、像を覆う堂が建立された。これが清水寺の始まりと伝える。

　中世の清水寺は地元の支配者蒲池氏の外護で興隆したが、度重なる兵火で堂宇を焼失、衰微する。天正十五（一五八七）年、柳川城主となった立花宗茂公は、同十八（一五九〇）年に寺領三十石を与え僧寂舜に寺を再興させる。この時から本吉山清水寺が正式寺名となる。以来、法灯を守り現住職で三十六世を数える。

　江戸時代の元和七（一六二一）年に三十八石に加増。その後も柳川藩歴代藩主の篤い支援を受け、本堂と舞台廊下を宝永三（一七〇六）年、楼門と阿弥陀堂は延享二（一七四五）年、鐘堂は寛延二（一七四九）年、九輪塔は安永八（一七七九）年建立、後にこの塔を天保七（一八三六）年、三重塔に改築するなど、諸堂・伽藍を整備して、寺域内外を充実させた。三重塔前の小堂に祀る乳父（ちちぶ）観音は慈覚大師の作と伝えられる。

立花宗茂公が再興した普門院清水寺

近年では昭和五十四（一九七九）年に松久朋琳・宗琳父子により、本尊の丈六千手観音像を復元・造立した。松久朋琳師（一九〇一～八七）は関西を中心に活躍した仏像彫刻家で、京都仏像彫刻研究所を主宰し、生涯に五〇〇〇体～八〇〇〇体もの仏像を彫ったと伝える現代の大仏師である。

また、境内でひときわ目を引く美しい緋色の三重塔は、シロアリ被害が激しく、昭和四十一（一九六六）年に解体復元した。県下最古の塔で現在、冒頭の楼門、法華経千部逆修板碑などと共に福岡県の有形文化財である。

また、参道の途中にある雪舟作と伝える本坊庭園は室町期の庭園様式を今に遺す貴重な名園で、昭和四（一九二九）年に国の名勝庭園指定を受ける。

郷土玩具「きじ車」は伝教大師をこの地に案内した雉にちなむ木製の玩具で、大師が唐から連れ帰った竹本王が竹本翁吉と名乗って瀬高に住み、きじ車を作ったと伝える（別説もあり）。きじ車は郷土の詩人北原白秋も次のような歌を残す。

「普明照世間」（あまねく明らかに世間を照らすなり）の文字が刻まれた燈籠

「父恋し　母恋してふ　子のキジは　赤と青もて
そめられにけり」

ご詠歌
おとにきく名も本吉の法（のり）の水
清き流れを汲みて知るらん

■年行事
1月1〜3日　初詣で
5月8日　花まつり・三重塔ご開帳
8月9〜10日　夜観音（よがんのん）・朝観音（あさがんのん）・本尊ご開帳
10月24日　天台会（てんだいえ）
毎月18日　観音講護摩供・法話

■アクセス
〒835－0003みやま市瀬高町本吉1119－1
TEL0944（63）7625（寺務所）
TEL0944（62）2001（本坊）
FAX0944（62）2080（本坊）
九州自動車道みやま柳川ICから車で12分
JR鹿児島本線瀬高駅から車またはタクシーで10分

MAP 28

五十五
宇今山（うこんざん）　實成院普光寺（じつしょういんふこうじ）

天台宗
本尊　千手観世音菩薩

嵯峨天皇の皇子が開創の臥龍梅の寺

福岡県の天然記念物「臥龍梅」で有名な普光寺は大牟田市今山にある。寺伝によると、開創は平安初期の弘仁十四（八二三）年、郡司として筑後国三毛に下向していた嵯峨天皇の皇子三毛中納言源師親卿（みなもとのもろちか）、開山は慈覚大師円仁と伝える。

開創の経緯にはこんな伝承がある。ある夜、師親卿の夢の中に観音さまが現れて「我は筑後国三毛の山中に庵をおく者なり。速く来て堂宇を建立せよ」と告げた。夢の導きのまま卿が三毛の山に行くと、朽ちかけた古祠があり、中には伝教大師が安置したという薬師如来像と千手観音像があった。師親卿は急ぎ堂を建立、二体の仏像を祀り直したという。

　十数年後の承和五（八三八）年、後に三世天台座主になる円仁が入唐求法の旅に選ばれて西下、いま

本尊を祀る観音堂

大宰府に滞在中ともれ聞いた師親卿はさっそく、円仁を訪ねて礼を尽くし、自ら建立した堂の開山法印になってくれるように懇請したという話が残る。その後も卿の尽力で寺は栄え、三毛郡の護国の寺として、三院七坊を持つ大寺になったと伝える。

　鎌倉時代の建久三（一一九二）年に三毛に大地震があり、山も堂宇も損壊した。そして崩れた山に池が三つできたので、幕府の許可を得て、地名の三毛

石塔・石仏の多い境内

が三池となったという。また、三池南郷の地頭、中原氏(三池氏の祖)が寺の修復や維持に尽力した。それは今に残る夥しい石塔群(福岡県文化財)からも偲ばれる。

戦国時代の慶長十(一六〇五)年、筑後の太守田中吉政公が寺地や灯明料米を寄進して、戦で荒廃したこの寺を昌海法印(しょうかいほういん)に再興させたという。

元和七(一六二一)年、三池に赴任した幕府代官

天然記念物の臥龍梅

の松倉重政公も寺地や支援を安堵した。三池藩二代藩主立花種長公も寺領二十石を寄進するなど、普光寺は盛衰はあったもののおおむね地元有力者から地方の古刹として、さらに比叡山延暦寺の直末寺として、尊崇と庇護を受けた。

本尊の千手観音像を安置する観音堂は江戸時代の文化元(一八〇四)年に修復。庫裏がある寺庭から十数段ほど石段を上った高みにある。中には秘仏の本尊と脇仏(不動明王、毘沙門天)、福岡県文化財の薬師・慈覚大師像、市文化財の仁王像一対、など複数の像を安置する。境内の石塔群、石像不動明王板碑、一乗経供養板碑が福岡県文化財指定で寺宝は多い。神仏習合の寺院として現在に至る。

境内にある「臥龍梅」は推定樹齢四五〇年以上、昭和三十三(一九五八)年に福岡県の天然記念物となった。樹高は三メートル、幹の全長は二八メートル以上という大きさで、花は八重咲の紅梅である。まるで巨大な龍がうねり伏せっているような容姿から命名されたという。寺庭からは花の一番美しい処

を見下ろすかたちで鑑賞できる。他にも数百本、三十種類ほどのウメが植えられており、花の季節は毎年一万人以上の見物客が訪れる。

また、寺の背後にある大牟田市普光寺公園は、昭和初期に先々代住職が花のある寺を目指して寺の裏山一帯を開墾、四季折々の花を植えたのが始まりで、市民は一年中、美しい花木を楽しむことができる。

ご詠歌

かげくらき心の闇の六つの道
　あまねく照らす法（のり）のともしび

■年行事

1月1～3日　初詣・修正鬼会
1月最終日曜日　春季大祭（節分・星祭）
2月上旬～3月下旬　梅花祭
旧暦9月末日　神送祈願祭
旧暦10月末日　神迎祈願祭
12月31日　除夜の鐘

■アクセス

〒837-0922大牟田市今山2538
TEL0944（51）2966
FAX0944（51）2967
西鉄バス普光寺バス停から徒歩20分
西鉄天神大牟田線新栄町駅から車またはタクシーで20分
九州自動車道南関ICから車で20分

MAP 29

参考文献

密教大辞典編纂会編『密教大辞典』法蔵館、一九三一年
筑紫豊『博多と太宰府』文献出版、一九七七年
筑紫豊『筑紫文化財散歩』学生社、一九七七年
三原恕平編輯・田坂大蔵校訂『筑前国福岡区地誌』文献出版、一九八〇年
天本孝志著『九州の山と伝説』葦書房、一九八三年
林田正男『万葉集筑紫篇』新典社、一九八五年
宮家準編『修験道辞典』東京堂出版、一九八六年
井上薫編『行基事典』国書刊行会、一九九八年
菊川春暁『巡礼の道』海鳥社、一九九九年
薬師霊場会編『九州四十九院薬師巡礼』朱鷺書房、一九九九年
武野要子『博多』岩波書店、二〇〇〇年
全国安国寺会編『安国寺風土記』文芸社、二〇〇二年
『日本歴史地名大系』41巻、福岡県の地名、平凡社、二〇〇四年
福岡アーカイブ研究会他編『古地図の中の福岡・博多』海鳥社、二〇〇五年
福岡市美術館学芸課編『大応国師と崇福寺』大応国師展実行委員会、二〇〇七年
みちしるべ編集委員会『みちしるべ』天台宗西教区布教師会、二〇〇九年
保坂晃孝監修『博多祇園山笠大全』西日本新聞社、二〇一三年
東林語録研究会編『東林語録訳注』博多東林寺発行、二〇一四年
石田琳彰『観世音寺の歴史と文化財』花乱社、二〇一五年
山崎恵美編『日本の古寺１００選』宝島社、二〇一七年
山崎進編『天皇１２５代』宝島社、二〇一九年
山崎恵美編『古事記と日本書紀』宝島社、二〇二〇年
『新編日本古典文学全集』「日本書紀」巻二十五・二十六、小学館、一九九六年
西原そめ子『筑前の寺巡り』西日本新聞社、二〇〇八年
西原そめ子『筑後の寺巡り』西日本新聞社、二〇一〇年
西原そめ子『北九州の寺巡り』西日本新聞社、二〇一二年
西原そめ子『新篠栗八十八ヶ所霊場めぐり』西日本新聞社、二〇一七年
西原そめ子『百八観音霊場ガイド』西日本新聞社、二〇一七年

あとがき

この本は二〇一七年十二月から二〇一八年三月まで四十回にわたり西日本新聞の日曜版に連載した「ふくおか古刹・名刹巡り」をもとに加筆、さらに掲載できなかった十余カ寺を追加してまとめたものである。実は当初、企画を持ち込まれた時は一年間の約束だったから、一応五十週五十回分と若干の予備を準備した。ところが連載中に西日本豪雨災害が起きて、新聞は災害関係の多くの特集が続き、期間は一年四カ月と延長されたが、四十回しか掲載できなかった。残念である。取材先のお寺に申し訳なくて……、これが出版を思い立った一番の動機である。

掲載寺院の選択の基準は「古刹」だから寺歴千年以上は原則としてすべてと、鎌倉時代までで リストの七割方が埋まり、あと藩主菩提寺（四カ寺）、国分寺（三カ寺）、安国寺（三カ寺）と、特色ある若干の寺で満杯となってしまった。中世後半（室町）から近世（江戸）創建の浄土宗や浄土真宗の寺院は数的にも多く、おもしろい寺も少なくなかったが、ほとんど割愛せざるを得なかった。残念である。

掲載寺院のご住職様方には毎度ながら大変お世話になりました。いつものことですが、取材・写真撮影・原稿の点検と面倒ごとに快く応じてくださり、ご協力いただきましたことを心から感謝し厚く御礼申し上げます。有難うございました。

合掌

桜の開花を心待ちしながら
令和二年三月

西原そめ子

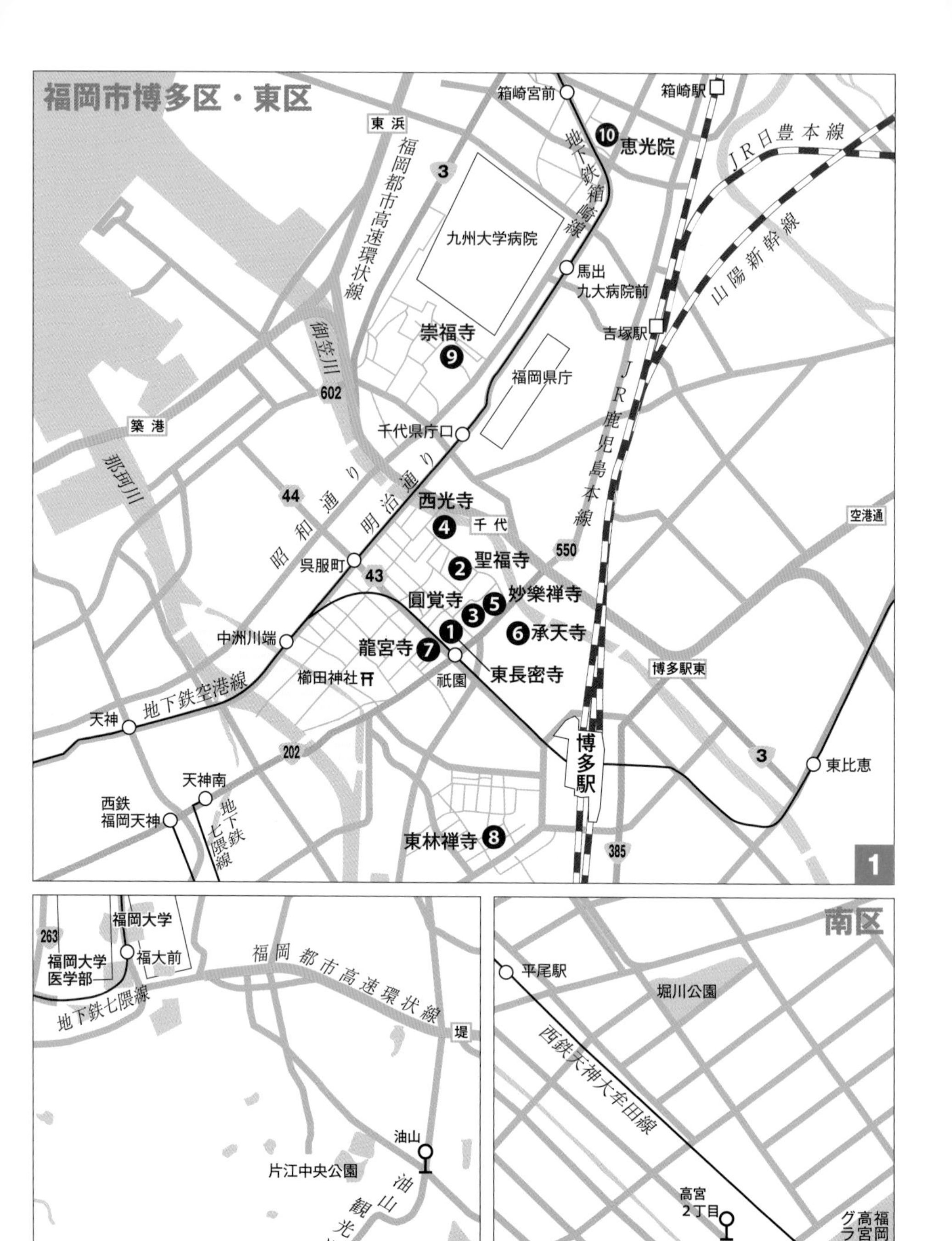

福岡市博多区・東区
箱崎宮前
箱崎駅
東浜
恵光院
地下鉄箱崎線
JR日豊本線
福岡都市高速環状線
九州大学病院
馬出九大病院前
山陽新幹線
崇福寺
吉塚駅
御笠川
福岡県庁
JR鹿児島本線
築港
千代県庁口
那珂川
昭和通り
明治通り
西光寺
千代
空港通
呉服町
聖福寺
妙樂禅寺
圓覚寺
中洲川端
承天寺
龍宮寺
東長密寺
博多駅東
櫛田神社
祇園
地下鉄空港線
天神
博多駅
東比恵
天神南
西鉄福岡天神
地下鉄七隈線
東林禅寺
1
福岡大学
福大前
福岡大学医学部
地下鉄七隈線
福岡都市高速環状線
堤
油山
片江中央公園
油山観光道路
油山観音
油山ゴルフクラブ
城南区
3
南区
平尾駅
堀川公園
西鉄天神大牟田線
高宮2丁目
福岡大学高宮グラウンド
成就院
三月田公園
2

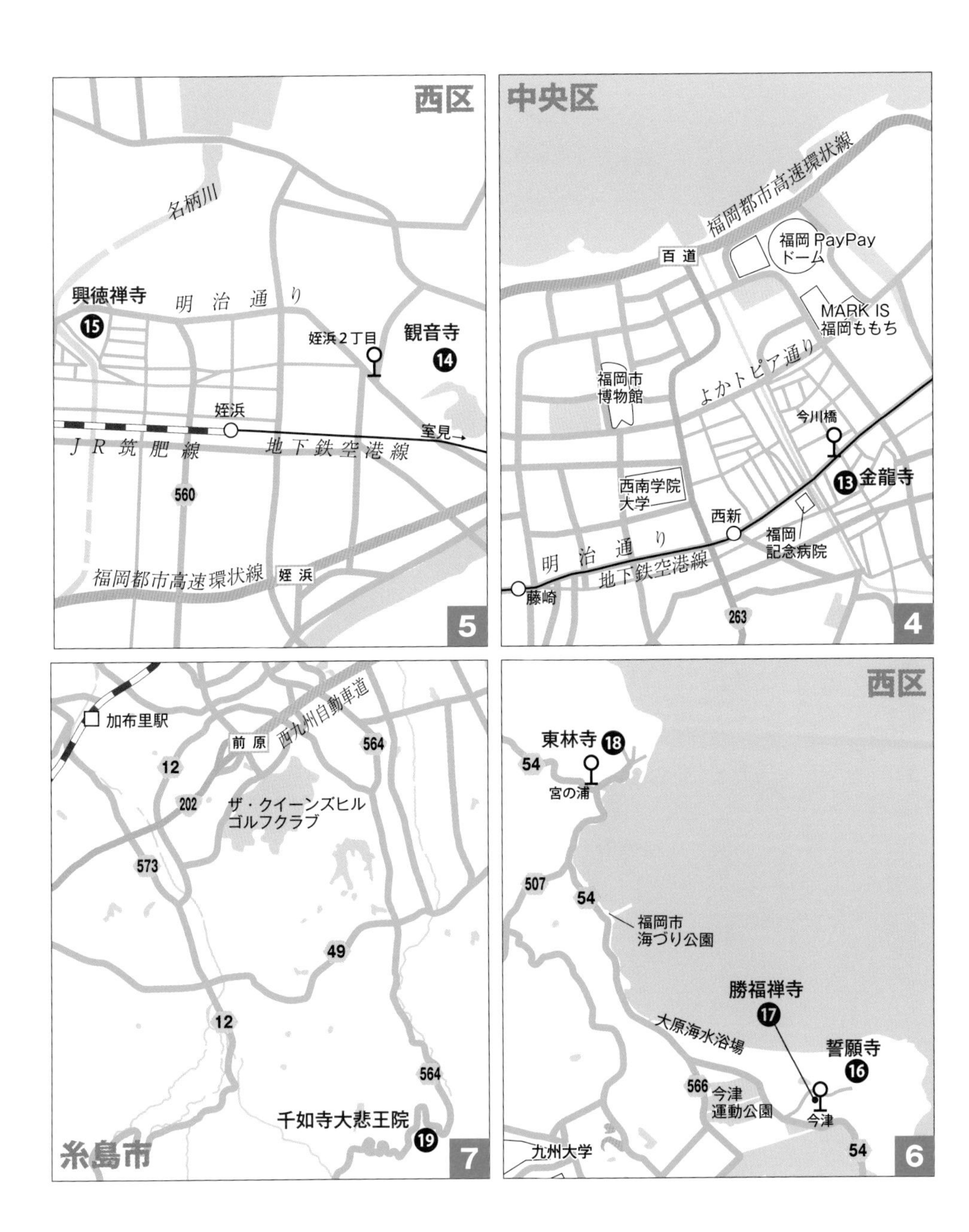
西区
名柄川
興徳禅寺
15
明治通り
姪浜２丁目
観音寺
14
姪浜
室見
JR筑肥線
地下鉄空港線
560
福岡都市高速環状線
姪浜
5
中央区
福岡都市高速環状線
百道
福岡 PayPay
ドーム
MARK IS
福岡ももち
よかトピア通り
福岡市
博物館
今川橋
13
金龍寺
西南学院
大学
西新
福岡
記念病院
明治通り
地下鉄空港線
藤崎
263
4
加布里駅
前原
西九州自動車道
564
12
202
ザ・クイーンズヒル
ゴルフクラブ
573
49
12
564
千如寺大悲王院
19
糸島市
7
西区
東林寺
18
54
宮の浦
507
54
福岡市
海づり公園
勝福禅寺
17
大原海水浴場
誓願寺
16
566
今津
運動公園
今津
九州大学
54
6

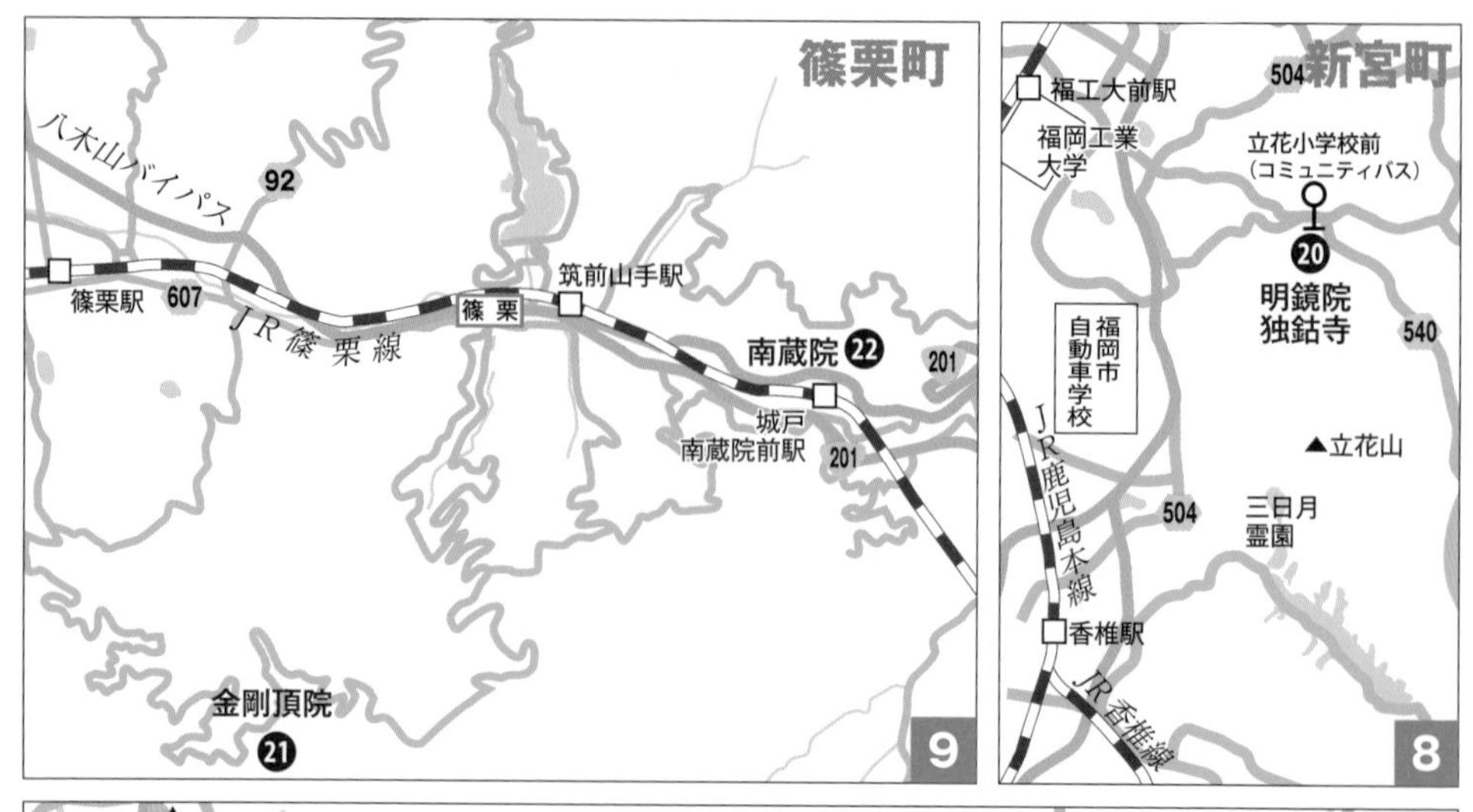
篠栗町
八木山バイパス
92
篠栗駅
607
JR篠栗線
篠栗
筑前山手駅
南蔵院 22
201
城戸
南蔵院前駅
201
金剛頂院
21
9
新宮町
504
福工大前駅
福岡工業
大学
立花小学校前
（コミュニティバス）
20
明鏡院
独鈷寺
540
福岡市
自動車学校
JR鹿児島本線
立花山
504
三日月
霊園
香椎駅
JR香椎線
8

太宰府市
水城IC
国分台通り
25 筑前国分寺
太宰府天満宮
太宰府
九州国立博物館
九州自動車道
西鉄天神大牟田線
JR鹿児島本線
西鉄太宰府線
76
大宰府政庁跡
24 観世音寺
23 戒壇院
76
581
都府楼前
3
112
五条
35
二日市
10

小郡市
88
27 如意輪寺
小郡カンツリー倶楽部
三沢
西鉄天神大牟田線
132
737
大保
53
88
大分自動車道
筑後小郡
大板井
甘木鉄道
小郡
500
小郡
12

3
JR鹿児島本線
112
二日市
九州自動車道
紫
西鉄天神大牟田線
成就院
武蔵寺
26
高速バス
二日市温泉
入口
二日市駅
天拝山
歴史自然公園
筑紫野市
31
11

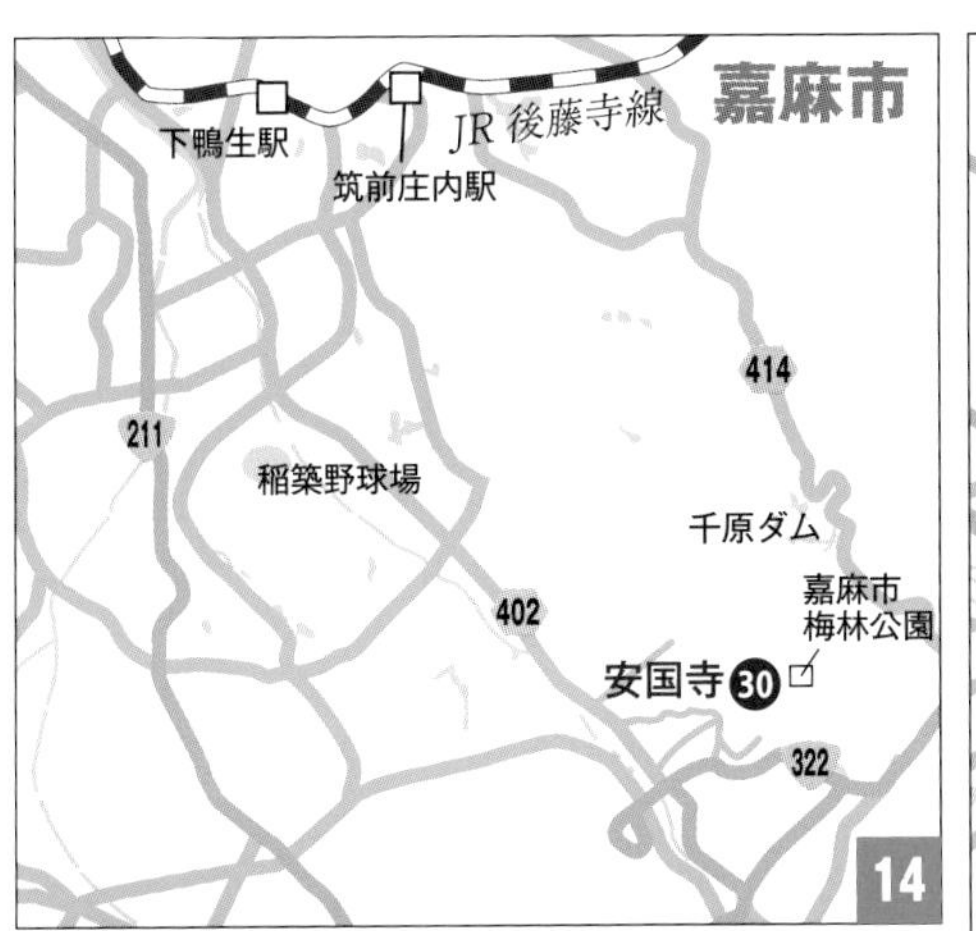
嘉麻市
下鴨生駅
筑前庄内駅
JR 後藤寺線
414
211
稲築野球場
千原ダム
402
嘉麻市
梅林公園
安国寺 30
322
14

朝倉市
28 南淋寺
386
79
386
比良松
朝倉
三連水車
大分自動車道
普門院
29
志波
筑後川
386
杷木IC→
13

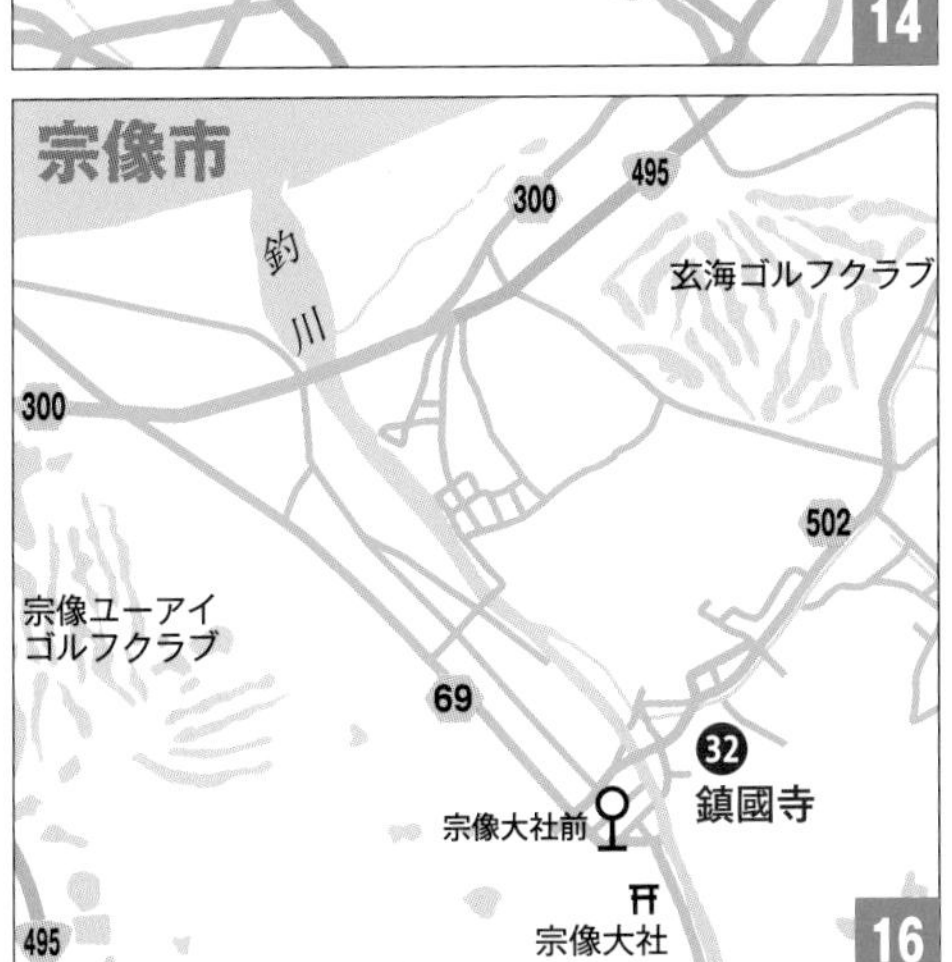
宗像市
495
300
釣川
玄海ゴルフクラブ
300
502
宗像ユーアイ
ゴルフクラブ
69
32
鎮國寺
宗像大社前
宗像大社
495
16

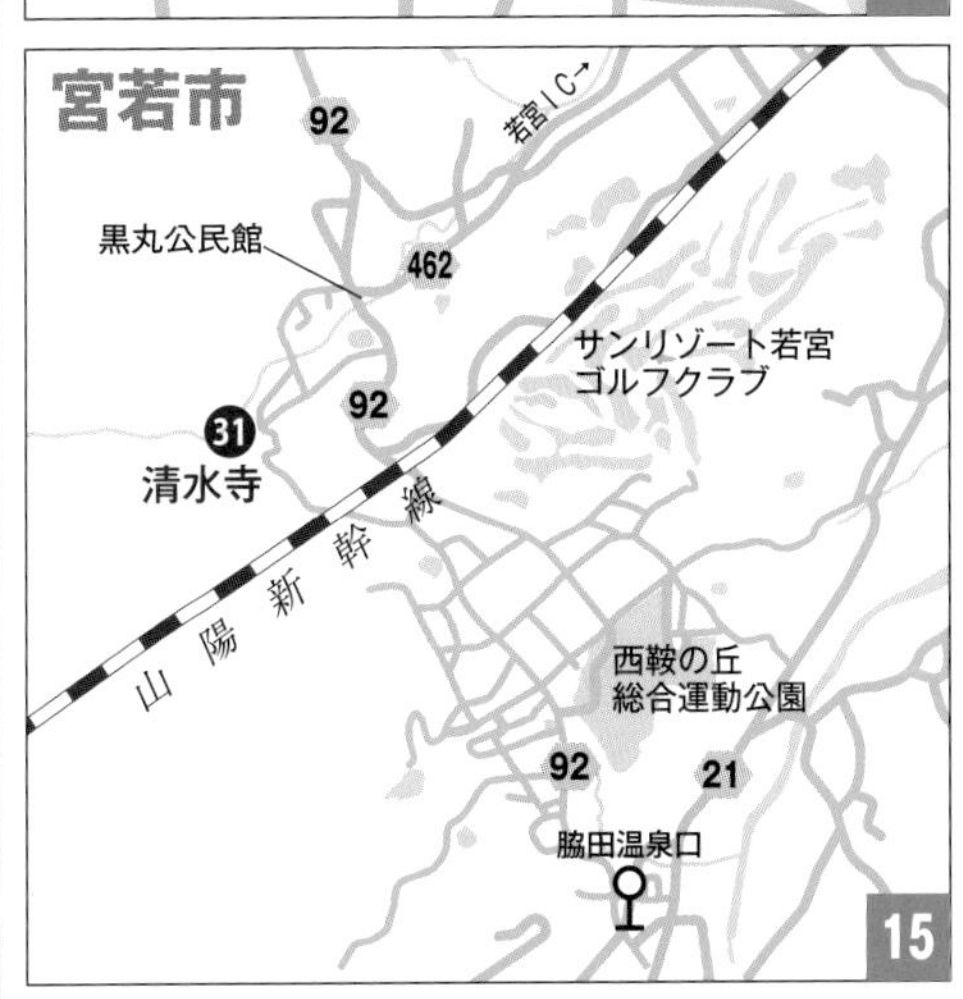
宮若市
92
若宮IC→
黒丸公民館
462
サンリゾート若宮
ゴルフクラブ
92
31
清水寺
山陽新幹線
西鞍の丘
総合運動公園
92
21
脇田温泉口
15

北九州市
八幡西区
小嶺
高速千代
ニュータウン
280
北九州都市高速4号線
200
明治団地
吉祥寺公園
34
吉祥寺
白岩池公園
280
白岩神社
北九州市立
香月市民センター
35
聖福寺
香月市民センター
18

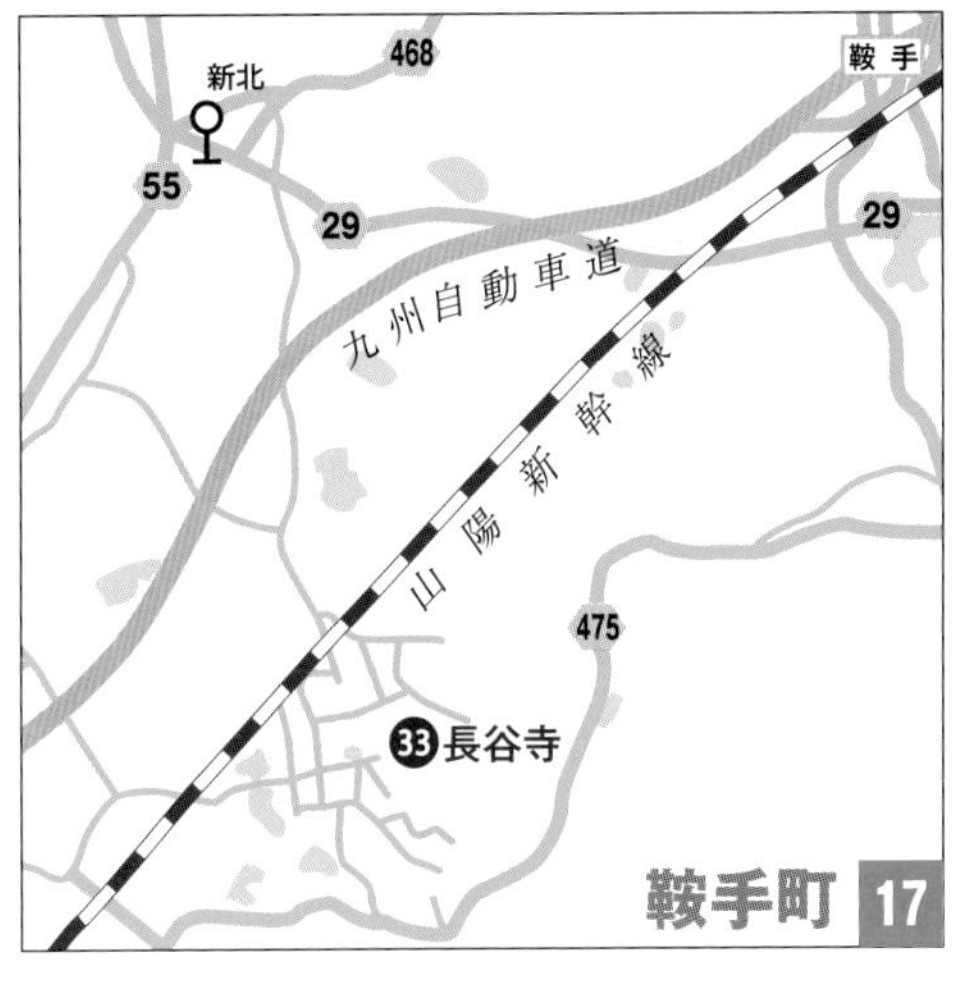
新北
468
鞍手
55
29
29
九州自動車道
山陽新幹線
475
33 長谷寺
鞍手町
17

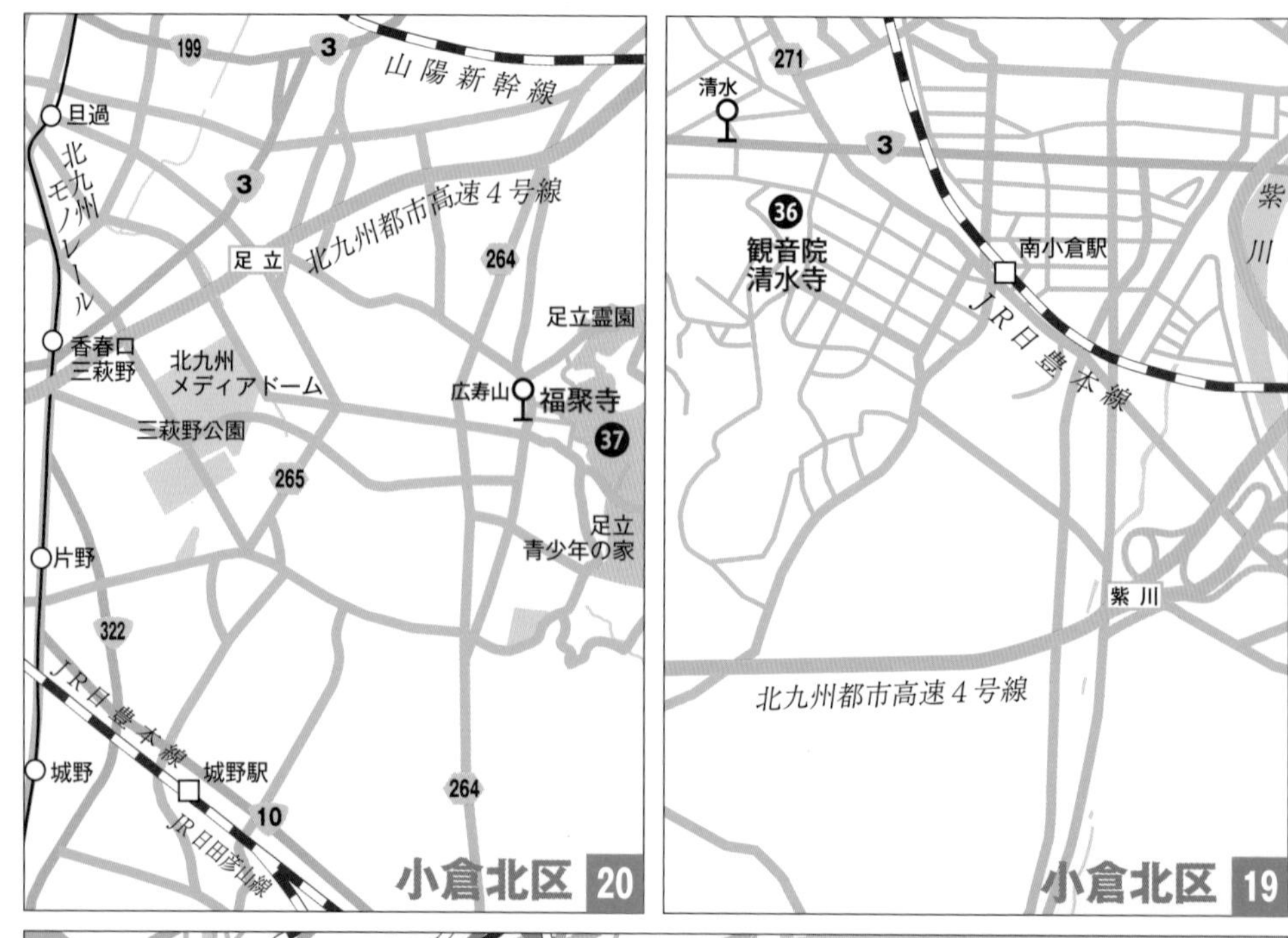
199
3
山陽新幹線
旦過
北九州モノレール
3
北九州都市高速４号線
足立
264
足立霊園
香春口
三萩野
北九州
メディアドーム
広寿山
福聚寺
37
三萩野公園
265
足立
青少年の家
片野
322
JR日豊本線
城野
城野駅
10
264
JR日田彦山線
小倉北区
20
271
清水
3
36
観音院
清水寺
紫川
南小倉駅
JR日豊本線
紫川
北九州都市高速４号線
小倉北区
19

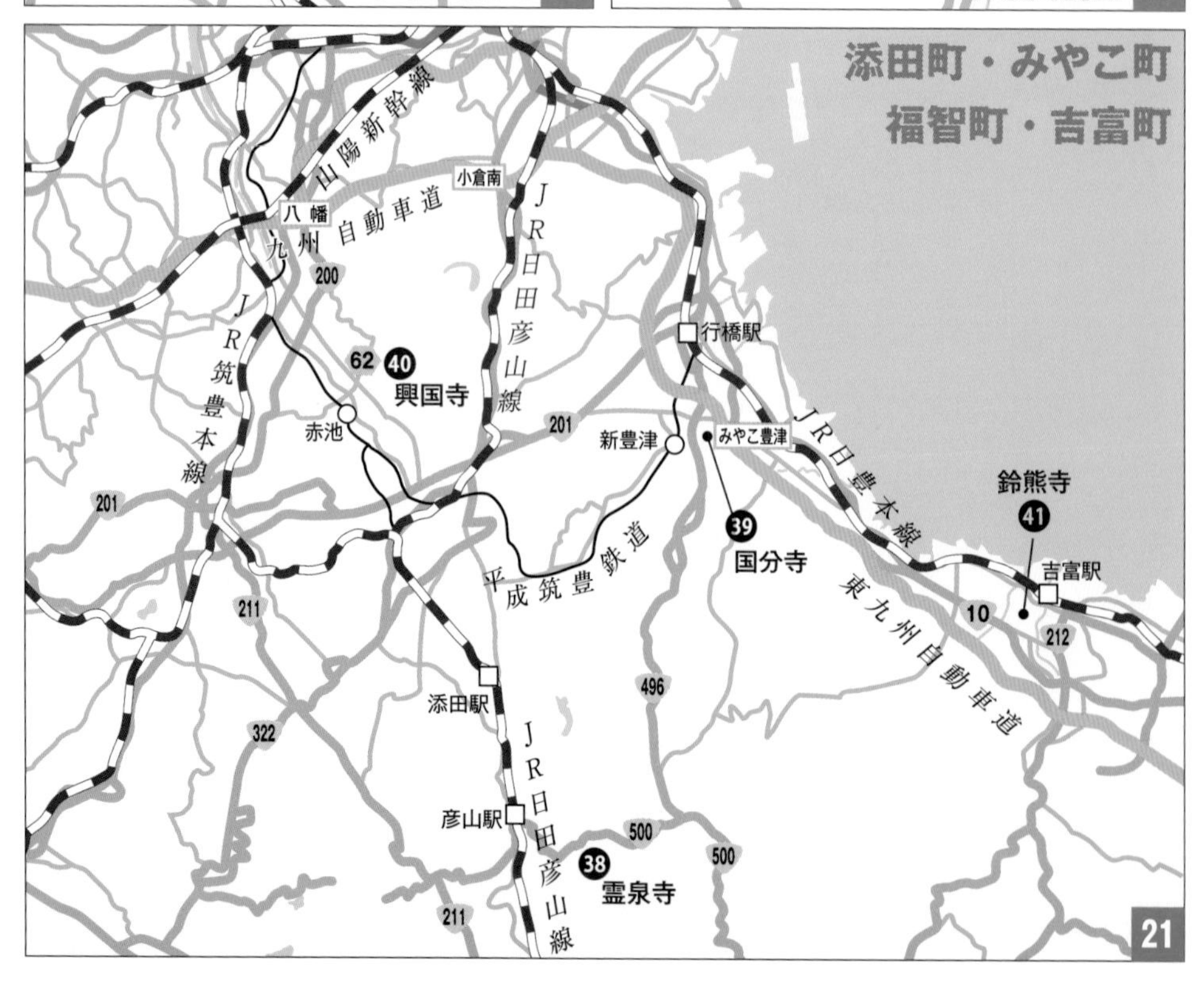
添田町・みやこ町
福智町・吉富町
山陽新幹線
小倉南
八幡
九州自動車道
JR日田彦山線
200
行橋駅
JR筑豊本線
62
40
興国寺
赤池
201
新豊津
みやこ豊津
JR日豊本線
鈴熊寺
41
201
39
国分寺
平成筑豊鉄道
吉富駅
10
212
211
東九州自動車道
添田駅
496
322
JR日田彦山線
彦山駅
500
500
38
霊泉寺
211
21

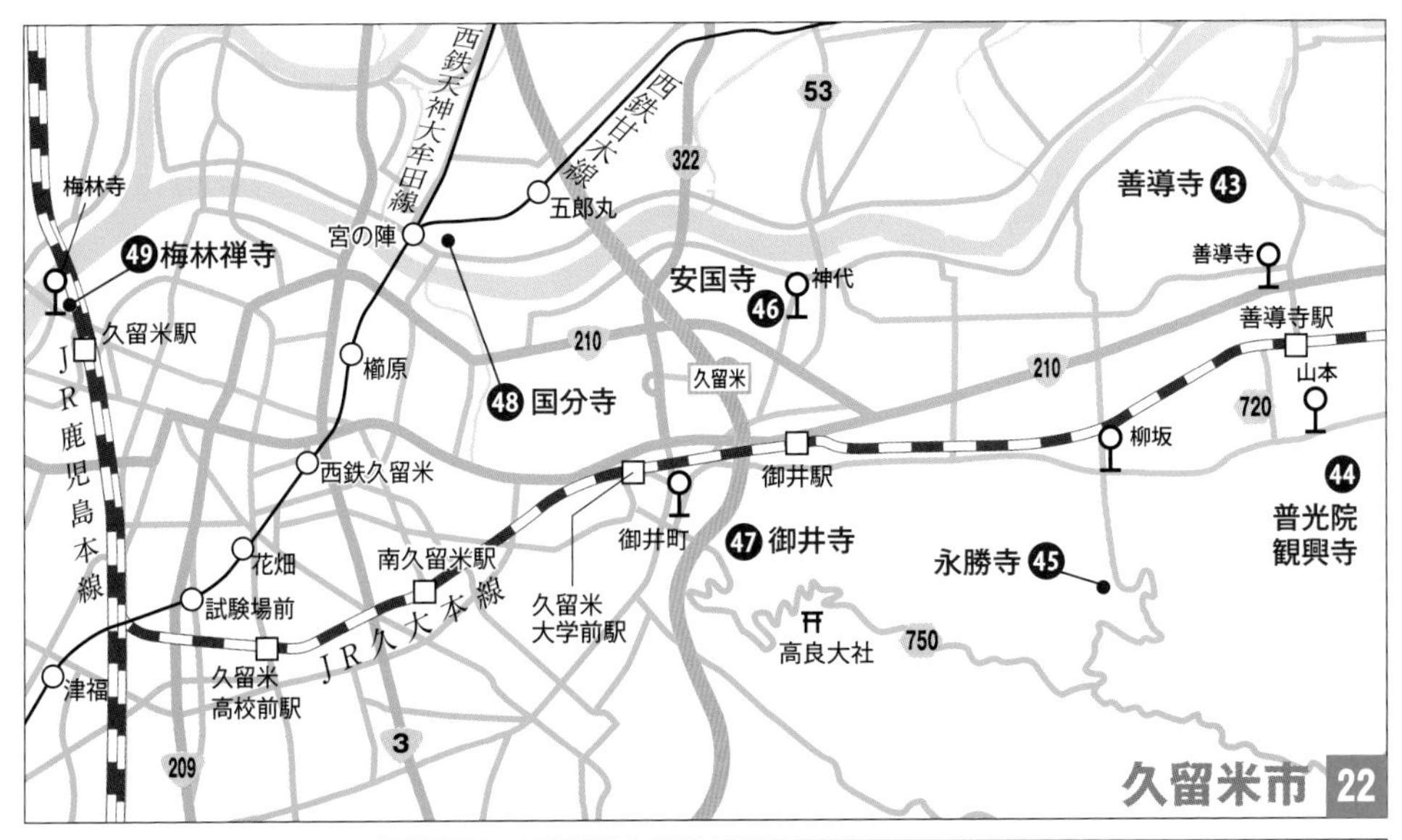

西鉄天神大牟田線
西鉄甘木線
53
322
梅林寺
49 梅林禅寺
宮の陣
五郎丸
善導寺 43
善導寺
安国寺
46
神代
久留米駅
JR鹿児島本線
櫛原
210
48 国分寺
久留米
210
善導寺駅
山本
720
柳坂
西鉄久留米
御井駅
44
普光院
観興寺
御井町
47 御井寺
永勝寺 45
花畑
南久留米駅
試験場前
JR久大本線
久留米
大学前駅
高良大社
750
津福
久留米
高校前駅
3
209
久留米市
22

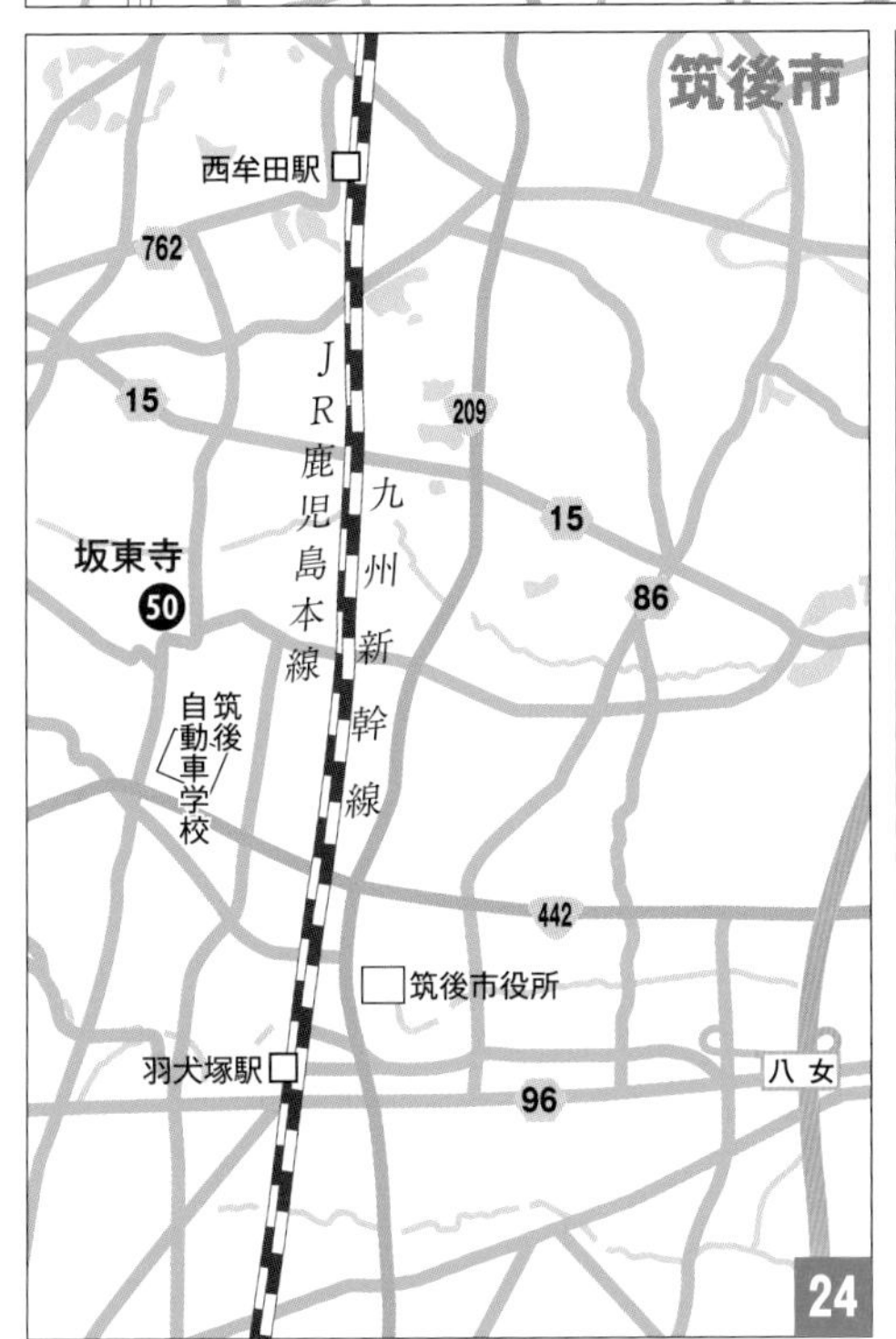

筑後市
西牟田駅
762
15
JR鹿児島本線
209
九州新幹線
15
坂東寺
50
86
筑後
自動車学校
442
筑後市役所
羽犬塚駅
八女
96
24

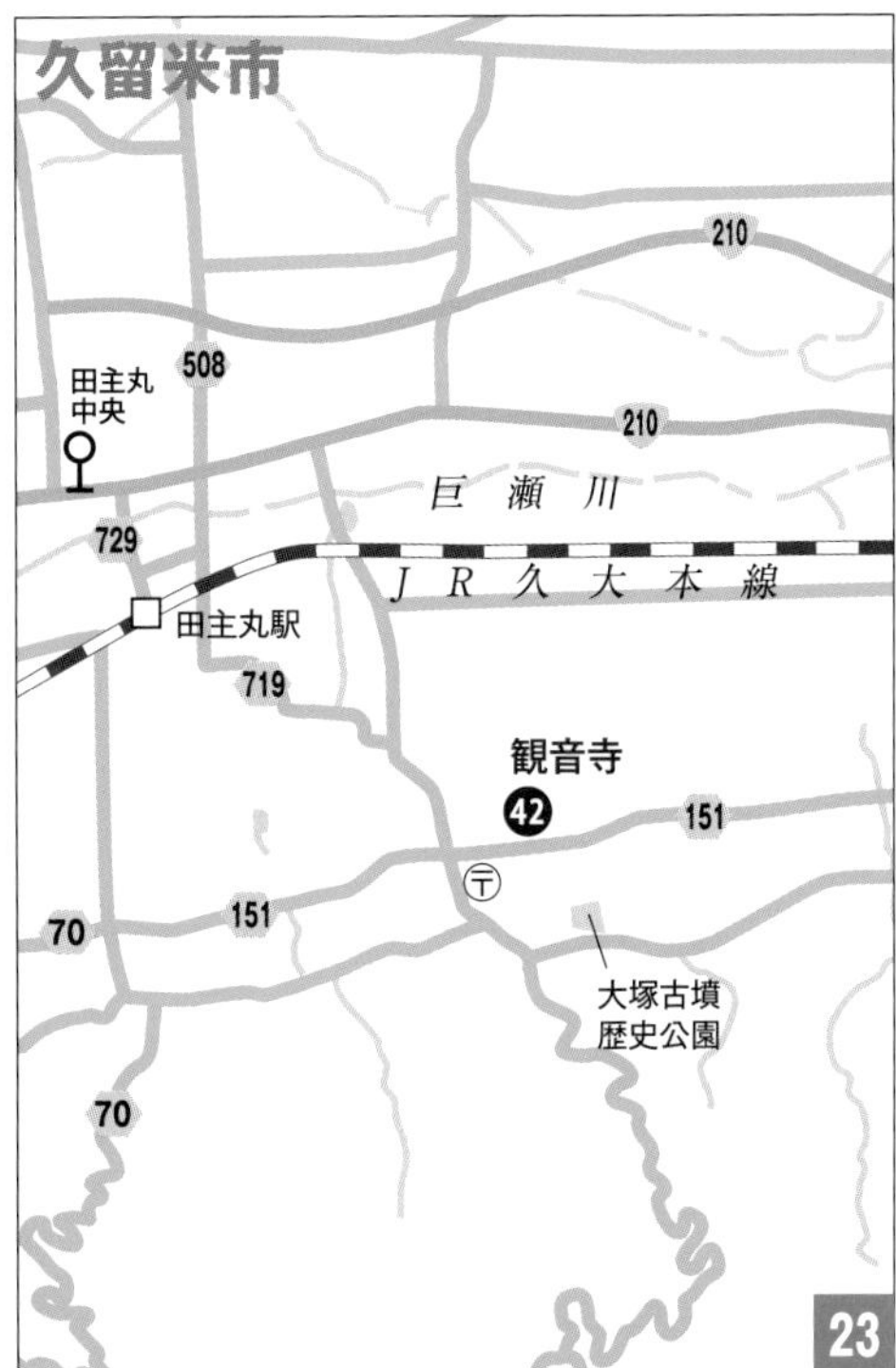

久留米市
210
508
田主丸
中央
210
巨瀬川
729
JR久大本線
田主丸駅
719
観音寺
42
151
70
151
大塚古墳
歴史公園
70
23

八女市
笠原神社
797
霊厳寺
52
←黒木の大藤
797
笠原川
お茶の里記念館
九州
人形芝居会館
442
26

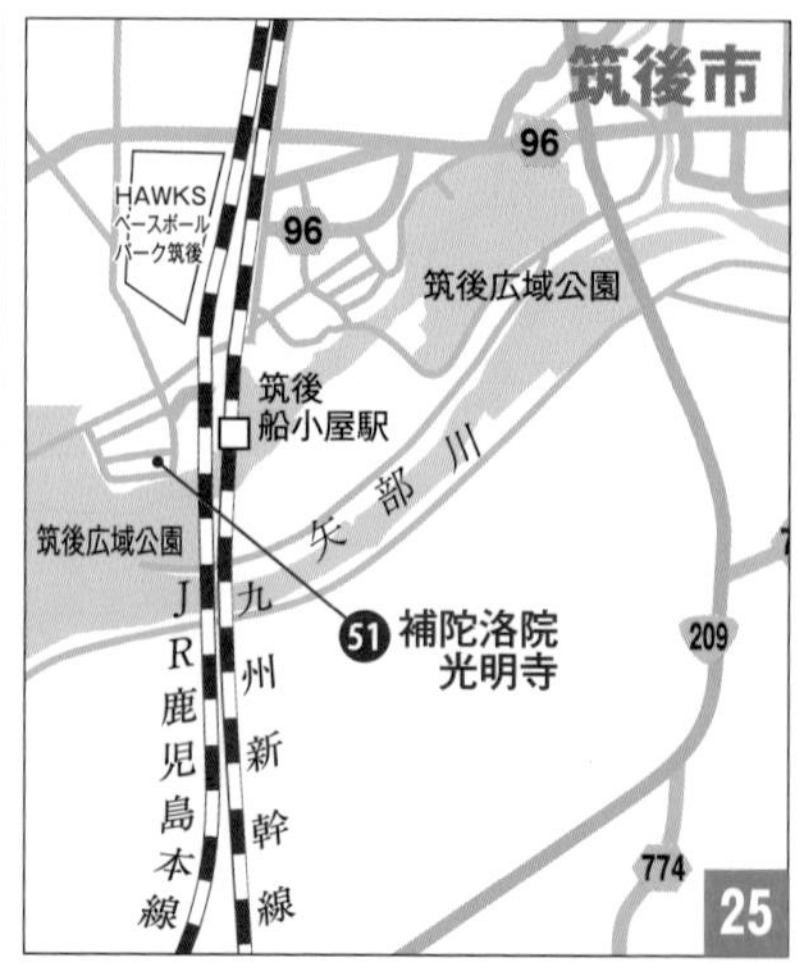
筑後市
96
HAWKS
ベースボール
パーク筑後
96
筑後広域公園
筑後
船小屋駅
矢部川
筑後広域公園
JR鹿児島本線
九州新幹線
51 補陀洛院
光明寺
209
774
25

九州自動車道
みやま市
774
清水運動広場
清水寺
本坊庭園
普門院
清水寺
54
775
みやま柳川
774
28

柳川市
702
西鉄天神大牟田線
443
770
柳川
柳川市役所
208
770
柳川城跡
布橋
53
767
福厳寺
766
有明海沿岸道路
徳益
714
714
27

西鉄天神大牟田線
JR鹿児島本線
208
新栄町
5
大牟田駅
九州新幹線
普光寺
實成院
普光寺
55
龍湖瀬墓地
93
大牟田市
29

西原そめ子（にしはら・そめこ）
昭和11(1936)年，大阪生まれ。昭和34年，福岡女子大学家政科卒業。昭和34～平成20年，福岡女子大学ほか複数校で非常勤講師を務める。

連絡先：〒810-0031　福岡市中央区谷2-1-33
※電話は海鳥社までお問い合わせください
主な著書
『現代日本の消費経済』（共著，ミネルヴァ書房，1985年）
『消費経済と生活行動』（共著，ミネルヴァ書房，1993年）
『消費経済と生活環境』（共著，ミネルヴァ書房，1999年）
『物価にみる昭和の暮ら史』（西日本新聞社，1988年）
『筑前の寺めぐり』（西日本新聞社，2008年）
『筑後の寺めぐり』（西日本新聞社，2010年）
『北九州の寺めぐり』（西日本新聞社，2012年）
『新篠栗八十八ヶ所霊場めぐり』（西日本新聞社，2013年）
『満州まぼろし』（西日本新聞社，2015年）
『百八観音霊場ガイド』（西日本新聞社，2017年）

福岡の名刹・古刹55ヶ寺

■

2020年9月20日　第1刷発行

■

著者　西原　そめ子

発行者　杉本　雅子

発行所　有限会社海鳥社

〒812-0023 福岡市博多区奈良屋町13番4号

電話092(272)0120　FAX092(272)0121

http://www.kaichosha-f.co.jp

印刷・製本　モリモト印刷株式会社

ISBN978-4-86656-083-0

[定価は表紙カバーに表示]